Fortbildung für Tagesmütter

DJI-Reihe
Familie

Band 8

Lis Keimeleder, Marianne Schumann,
Susanne Stempinski, Karin Weiß

Fortbildung für Tagesmütter

Konzepte – Inhalte – Methoden

Leske + Budrich, Opladen 2001

Das Deutsche Jugendinstitut e.V. (DJI) ist ein zentrales sozialwissenschaftliches Forschungsinstitut auf Bundesebene mit den Abteilungen „Kinder und Kinderbetreuung", „Jugend und Jugendhilfe", „Familie und Familienpolitik", „Geschlechterforschung und Frauenpolitik" und „Social Monitoring", sowie den Forschungsschwerpunkten „Übergänge in Arbeit" und „Soziale Räume – Soziale Infrastruktur". Es führt sowohl eigene Forschungsvorhaben als auch Auftragsforschung durch. Die Finanzierung erfolgt überwiegend aus Mitteln des Bundesministeriums für Familie, Senioren, Frauen und Jugend und im Rahmen von Projektförderung aus Mitteln des Bundesministeriums für Bildung und Forschung. Weitere Zuwendungen erhält das DJI von den Bundesländern und Institutionen der Wissenschaftsförderung.

Das Modellprojekt „Entwicklung und Evaluation curricularer Elemente zur Qualifizierung von Tagespflegepersonen" (Kurztitel: „Qualifizierung in der Tagespflege") wurde durchgeführt im Auftrag und mit Mitteln des Bundesministeriums für Familie, Senioren, Frauen und Jugend, des Sozialministeriums Mecklenburg-Vorpommern, des Ministeriums für Kultur, Jugend Familie und Frauen, Rheinland-Pfalz und des Senats für Arbeit, Frauen, Gesundheit, Jugend und Soziales, Bremen.

Gedruckt auf alterungsbeständigem und säurefreiem Papier

Die Deutsche Bibliothek – CIP-Einheitsaufnahme
Ein Titeldatensatz für diese Publikation ist bei
Der Deutschen Bibliothek erhältlich.

ISBN 3-8100-3274-3

© 2001 Leske + Budrich, Opladen

Das Werk einschließlich aller seiner Teile ist urheberrechtlich geschützt. Jede Verwertung außerhalb der engen Grenzen des Urheberrechtsgesetzes ist ohne Zustimmung des Verlages unzulässig und strafbar. Das gilt insbesondere für Vervielfältigungen, Übersetzungen, Mikroverfilmungen und die Einspeicherung und Verarbeitung in elektronischen Systemen.

Einbandgestaltung: disegno, Wuppertal
Satz: Leske + Budrich, Opladen
Druck: DruckPartner Rübelmann, Hemsbach
Printed in Germany

Danksagung

Wir danken dem Bundesministerium für Familie, Senioren, Frauen und Jugend, dem Sozialministerium Mecklenburg-Vorpommern, dem Ministerium für Kultur, Jugend, Familie und Frauen in Rheinland-Pfalz und dem Senat für Frauen, Gesundheit, Jugend, Soziales und Umweltschutz in Bremen für die Förderung des Modellprojekts. Ebenso danken wir den Mitgliedern des Projektbeirats für die konstruktive fachliche Unterstützung.

Besonderen Dank möchten wir unseren ProjektpartnerInnen an den Modellorten für die wohlwollende Aufnahme und konstruktive Zusammenarbeit aussprechen. Nur durch die Bereitschaft der ReferentInnen, KursleiterInnen, VertreterInnen der öffentlichen und freien Jugendhilfe und nicht zuletzt der Teilnehmerinnen an Qualifizierungsprogrammen, dem Projektteam einen Einblick in ihre Praxis zu gewähren, wurde es möglich, dieses Projekt durchzuführen. Auch dem Video-Team, Frau Irini Karistianou und Herrn Berthold Schweiz, möchten wir Dank sagen für die einfühlsame und professionelle Erstellung der Videoaufnahmen.

Nicht zuletzt ist Herrn Dr. Rudolf Pettinger, Leiter der Abteilung „Familie und Familienpolitik" und Teamkollege, für die gute Kooperation und fachliche Begleitung der Projektarbeit zu danken. Unser Dank gilt auch Frau Christina Kokodynsky-Haas für die kompetente und hilfreiche Sachbearbeitung und organisatorische Unterstützung, Frau Kornelia Schneider für ihre kollegiale Beratung, sowie Herrn Hermann Schwarzer für die sorgfältige Bearbeitung des Manuskripts.

Das Projekt-Team

Inhalt

Lis Keimeleder
Einführung 11

Susanne Stempinski/Karin Weiß
1 Ziele und Arbeitsschritte des Modellprojekts 17
1.1 Literaturanalyse 19
1.2 Erhebungen an den Modellorten 19
1.3 Auswertung und Workshops 22
1.4 Formulierung von Qualitätsmerkmalen 23
1.5 Fortbildungsmaterialien/Curriculum für die
     Tagespflege 23

Lis Keimeleder
2 Die Ergebnisse der Erhebungen an den Modellorten ... 25
2.1 Die untersuchten Curricula 25
2.1.1 Aufbau, Gesamtumfang und Zielsetzungen der
      Curricula 26
2.1.2 Thematische Schwerpunkte, Inhalte und Methoden 30
2.1.3 Rahmenbedingungen und Abschlußmodalitäten 36
2.2 Arbeitsbedingungen der ReferentInnen an den
     Modellorten 42
2.3 Trägerstrukturen und Qualifizierung im fachlichen
     Kontext 49
2.4 Die Sicht der Teilnehmerinnen der
     Qualifizierungskurse 55
2.4.1 Motive für die Teilnahme 57
2.4.2 Zufriedenheit mit der Qualifizierung 59
2.4.3 Bewertung von Inhalten, Methoden und
      ReferentInnen 65
2.5 Zusammenfassende Ergebnisse aus den Hospitationen ... 68

Karin Weiß

3 Zentrale Gütemerkmale für die Qualifizierung in der Tagespflege 73
3.1 Erwachsenenpädagogischer Rahmen 77
3.1.1 Wann ist Lernen lebendig? 78
3.1.2 Didaktik: Wie kann lebendiges Lernen ermöglicht werden? 79
3.1.3 Welche Lehrenden können lebendiges Lernen ermöglichen? 82
3.1.4 Problemorientiertes Lernen (POL) als Umsetzung einer Ermöglichungsdidaktik 83
3.1.5 Eignung von POL für die Tagespflege-Qualifizierung ... 84
3.2 Kriterien der Frauenbildung 86
3.2.1 Lernen Frauen anders? 87
3.2.2 Was kennzeichnet weibliches Lernverhalten? 89
3.2.3 Woher kommen die Unterschiede? 91
3.2.4 Konsequenzen für die Gestaltung von Weiterbildung 92
3.3 Fachlich-inhaltliche Basis der curricularen Elemente 95
3.4 Definition von Gütemerkmalen für die Entwicklung curricularer Elemente 98
3.4.1 Konstante Fortbildungsgruppe 100
3.4.2 Fachübergreifende Themenbearbeitung 101
3.4.3 Qualifizierung von Tagesmüttern nach den Prinzipien der Frauenbildung 101
3.4.4 Praxisorientierung und Bezug zur Tagespflege 103
3.4.5 Themenzentrierter Erfahrungsaustausch 103
3.4.6 Wesentliches Wissen vermitteln 105
3.4.7 Theorie, Praxis, Reflexion und Selbsterfahrung in ausgewogenem Verhältnis 105
3.4.8 Ausgewogenes Verhältnis von Stoff und Zeit 106
3.4.9 Vielfalt partizipativer Methoden 107
3.4.10 Zugewandte, wohlwollende, ermöglichende Haltung der Referentin/des Referenten 109
3.4.11 Angenehmer Rahmen 110
3.4.12 Verständliche und ansprechende Materialien 111

Karin Weiß
4 Der „Bogen zur Selbstevaluation" als Instrument für ReferentInnen in der Qualifizierung zur Tagespflege 113
4.1 Selbstevaluation als Königsweg der Personalentwicklung? 114
4.2 Was ist Selbstevaluation? 115
4.3 Wie aufwendig ist Selbstevaluation? 116
4.4 Unser Bogen zur Selbstevaluation 117
4.5 Förderliche Bedingungen für die Anwendung des Bogens zur Selbstevaluation 118
4.6 Praxisprüfung 118
4.7 Rückmeldung der ReferentInnen zum Selbstevaluationsbogen 119
4.7.1 Allgemeine Anmerkungen der ReferentInnen 124
4.7.2 Zusammenfassung der Ergebnisse 125
4.8 Fazit 126

Susanne Stempinski
5 Aufbau und ausgewählte Rahmenbedingungen eines Gesamtcurriculums 127
5.1 Entwurf eines Themenspektrums 127
5.2 Stundenumfang des Curriculums unter besonderer Berücksichtigung der Familienkompetenzen 133
5.3 Aufbau und thematische Schwerpunkte 136
5.4 Zur praxisvorbereitenden und praxisbegleitenden Funktion der Fortbildung 137
5.5 Teilnahmeverpflichtung 138
5.6 Empfehlungen zur Durchführung einer Abschlußprüfung 139
5.7 Ein spezielles Fortbildungsangebot für Personen mit pädagogischer Vorbildung? 140

Marianne Schumann
6 Exemplarisch ausgearbeitete curriculare Elemente 143
6.1 Aufbau und Struktur der curricularen Elemente 143
6.2 Evaluation der curricularen Elemente 146
6.3 Leitfaden zur Umsetzung des Curriculums 147
6.4 Beispiel: „Tageskinder – eigene Kinder: Wie komme ich damit zurecht?" 149
6.4.1 Leitfaden für ReferentInnen 150

6.4.2 Handreichung für Tagesmütter 160
6.4.3 Einschätzbogen für Tagesmütter 164
6.4.4 ReferentInnen-Informationen 165
6.4.5 Arbeitsblatt 168
6.4.6 Literaturhinweise zum Thema „Tageskinder –
eigene Kinder" 170

Susanne Stempinski
7   **Anhang I: Wissenschaftliche Anlage des Projekts** 171
7.1   Mitglieder des Projektbeirats 171
7.2   Zeitplan: Projektphasen und Arbeitsschwerpunkte im
      Überblick 172
7.3   Methoden der Datenerhebung an den Modellorten 172
7.3.1 Dokumentenanalyse 172
7.3.2 Interviews 174
7.3.3 Schriftliche Befragung 176
7.3.4 Hospitation von Qualifizierungsveranstaltungen/
      Videohospitation 177
7.3.5 Fachgespräche und Expertisen 180

Lis Keimeleder/Marianne Schumann/
Susanne Stempinski/Karin Weiß
8   **Anhang II: Selbstevaluationsbogen** 183

Literatur 207

Lis Keimeleder
Einführung

Tagespflege – als familienähnliche Form der Kinderbetreuung aller Altersstufen – hat in den letzten Jahren eine enorme Aufwertung erfahren. Tagesmütter werden als Alternative und Ergänzung zum Betreuungsangebot in Einrichtungen wahrgenommen und zunehmend nachgefragt. Statistiken über die Zahl der Tageskinder liegen für die Bundesrepublik Deutschland nicht vor, aber nach qualifizierten neueren Schätzungen sind es derzeit ca. 300.000 Kinder, die jährlich in Westdeutschland in Tagespflege betreut werden (Seckinger/van Santen 2000).

Aus Sicht der Eltern hat die Tagespflege viele Vorteile. Tagespflege unterscheidet sich von der institutionellen Betreuung vor allem in der geringeren Anzahl der betreuten Kinder in der Tagesfamilie, den engeren Kontakt zu einer Bezugsperson, der Möglichkeit der individuelleren Förderung des Tageskindes und der größeren Flexibilität in den Betreuungszeiten (häufig in Ergänzung zu Kindergarten und Hort).

Durch die Neuregelungen im Kinder- und Jugendhilfegesetz im Jahre 1991 haben sich die gesetzlichen Grundlagen der Tagespflege als Betreuungs- und Förderungsangebot für Kinder aller Altersstufen entscheidend verbessert. Im § 23 (KJHG) wird ihre Gleichrangigkeit zur institutionellen Kinderbetreuung festgestellt. Daraus läßt sich für das Angebot der Tagespflege ableiten, daß dieses nicht nur Betreuung und Pflege, sondern ausdrücklich auch Erziehung, Bildung und Förderung von Kindern umfassen soll.

Eltern haben einen Anspruch auf ein qualifiziertes Betreuungsangebot – auch in der Tagespflege. Das gesellschaftliche und in aktuellen politischen Programmen erneut formulierte Ziel, die Berufstätigkeit von Frauen und die Vereinbarkeit von Familie und Beruf, soll so – in Ergänzung zur institutionellen Kinderbetreuung – erreicht und gesichert werden. Damit rückt aber gleichzeitig auch die Fortbildung von Tagespflegepersonen in das Blickfeld, denn, anders als ErzieherInnen, durchlaufen Tagesmütter keine staatlich geregelte Berufsausbildung, in der sie für ihr Praxisfeld qualifiziert werden.

Es ist fachlich unbestritten, daß auch Tagesmütter für ihre verantwortliche Aufgabe eine vorbereitende und praxisbegleitende Qualifizierung benötigen. In der Bundesrepublik Deutschland werden deshalb an vielen Orten von öffentlichen und freien Trägern Fortbildungsprogramme durchgeführt. Diese Kurse und Seminare, die Tagesmütter in freiwilliger Leistung – und bei entsprechendem Angebot – besuchen können, sehen in Abhängigkeit von Bundesland und Fortbildungsträger sehr unterschiedlich aus. Bisher wurden keine vereinheitlichenden Bestimmungen dazu erlassen.

Mit Förderung durch das Bundesministerium für Familie, Senioren, Frauen und Jugend sowie der Bundesländer Mecklenburg-Vorpommern, Rheinland-Pfalz und Bremen wurde daher ein Modellprojekt initiiert, das bestehende Fortbildungsmaßnahmen in der Tagespflege untersuchen und weiterentwickeln soll.

Das Modellprojekt „Entwicklung und Evaluation curricularer Elemente zur Qualifizierung von Tagespflegepersonen" wurde in der Hauptphase von Juni 1998 bis November 2000 am Deutschen Jugendinstitut durchgeführt. Zentraler Ausgangspunkt der Forschungsarbeit war die Frage, welche Fortbildungsprogramme sich für die Tagespflege als geeignet erweisen. Dazu wurden neun Fortbildungsprogramme für Tagesmütter an neun Standorten der Bundesrepublik Deutschland evaluiert (vgl. Kapitel 1).

Ein weiterer Schritt des Projektes bestand darin, fundierte schriftliche Materialien (curriculare Elemente) für die Qualifizierung in der Tagespflege zu erarbeiten. Die FortbildnerInnen von Tagesmüttern[1] sollen in ihrer Aufgabe unterstützt werden, um die Qualität der Tagespflege im Interesse aller Beteiligten, insbesondere von Kindern, Eltern und Tagespflegepersonen, zu erhöhen. Das Projekt bildet somit einen weiteren Baustein in den Bemühungen um das Ziel der Qualitätssicherung in der Tagespflege und die Umsetzung der Normen des Kinder- und Jugendhilfegesetztes in die Praxis der Jugendhilfe.

---

1 Und auch Tagesvätern – die selbstverständlich mit gemeint sind. In die vorliegende Untersuchung konnten jedoch keine Tagesväter einbezogen werden, da in den Fortabildungsprogrammen keine männlichen Teilnehmer anzutreffen waren.

Einführung

Damit knüpft das Deutsche Jugendinstitut an eine langjährige Forschungstradition zum Thema Betreuung von Kindern in Tagespflege an, die mit dem Bundesmodellprojekt „Tagesmütter" (1974-79) ihren Anfang nahm. Ein gutes Jahrzehnt später folgte das „Tagesmütter-Handbuch", das zu einem angesehenen Standard-Werk für alle an der Tagespflege Beteiligten und Interessierten wurde. Mit dem hier dokumentierten Forschungsvorhaben zur Qualifizierung in der Tagespflege fand diese Forschungsreihe ihre Fortsetzung.

In der vorliegenden Buchpublikation werden Forschungsverlauf, zentrale Ergebnisse und Empfehlungen des Modellprojekts beschrieben. Hingewiesen werden soll an dieser Stelle auf zwei weitere Produkte des Modellprojekts:

- Der *„Bogen zur Selbstevaluation für ReferentInnen und KursleiterInnen in der Tagespflege-Fortbildung"* stellt eine Antwort auf den großen Bedarf an fachlicher Supervision in diesem Feld der Erwachsenenbildung dar. Die 41 Items des Bogens beziehen sich auf die im Projekt formulierten Qualitätsmerkmale, zugeordnet den relevanten Bewertungsdimensionen der Tagespflege-Fortbildung: Thema/Aufbau der Veranstaltung, Methoden, Inhalte, Kursleitung, Lernklima/Gruppenatmosphäre und äußerer Rahmen. In den Anmerkungen und Beschreibungen zu den Items werden den ReferentInnen in der Tagespflege Orientierungs- und Reflexionshilfen für den Fortbildungsalltag zur Hand gegeben. Der Bogen zur Selbstevaluation befindet sich im Anhang des Buches.

- Im Rahmen einer Projektverlängerung bis Dezember 2001 wird ein vollständiges *Curriculum für die Qualifizierung in der Tagespflege im Umfang von etwa 160 Unterrichtsstunden* erarbeitet und der Praxis zur Verfügung gestellt. Diese Erweiterung des ursprünglichen Projektansatzes wurde vorgenommen, nachdem eine Bestandsaufnahme der untersuchten Programme erfolgt war und erste Ergebnisse vorlagen. Die Untersuchung der beruflichen Situation von KursleiterInnen und ReferentInnen zeigte, daß sie in der Vorbereitung ihrer Angebote sehr auf sich selbst gestellt sind, da wenig ausgereiftes didaktisches Material für die Tagespflege zur Verfügung steht. In vielen der untersuchten Fortbildungsveranstaltungen und schriftlichen Materialien wurden Qualifizierungsthemen nicht auf die Spezifika der Tagespflege zugeschnitten. Dies kann in der Fortbildungspraxis dazu führen, daß die Themen – bei fehlender Erfahrung der ReferentIn auf dem Gebiet der Tagespflege – nicht zielgruppengerecht aufbereitet werden. Diese und weitere Aspekte, die in der Untersuchung der Fortbildungsprogramme sichtbar wurden (vgl. Kapitel 2), haben zu dem Vorhaben geführt, nicht nur einzelne curriculare Elemente, sondern ein vollständiges Curriculum zu erarbeiten. Die Veröffentlichung ist für das 2. Quartal 2002 vorgesehen.

Die Untersuchung im Überblick

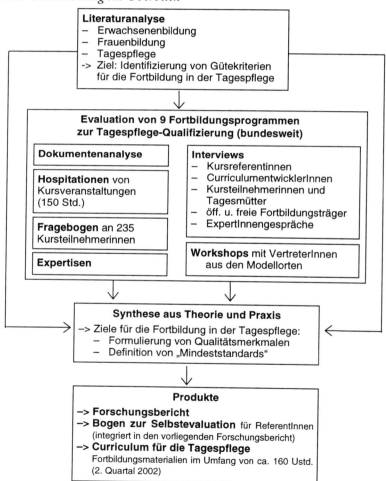

Einführung

Insgesamt – so ist an dieser Stelle festzuhalten – stellen die im Projekt untersuchten Qualifizierungsprogramme eine große Anstrengung und Entwicklungsleistung der Praxis dar. Die ReferentInnen, KursleiterInnen und PionierInnen der Tagespflege haben die Kursangebote häufig in ehrenamtlicher Arbeit aufgebaut. Zu nennen ist hier vor allem das Werkstattcurriculum des Bundesverbandes für Kinderbetreuung in Tagespflege e.V., das 1996 auf diese Weise entstanden ist und einen „Meilenstein" auf dem Weg der Qualitätsentwicklung in der Tagespflege darstellte. Die EntwicklerInnen an den Modellorten sind permanent bestrebt, dieses Angebot den Bedürfnissen der Tagesmütter anzupassen. Diese Anstrengung findet nun zumindest darin Würdigung, daß einzelne curriculare Elemente und Bausteine aus den untersuchten Fortbildungsprogrammen in das Curriculum des Deutschen Jugendinstituts eingehen und dort für eine große Anzahl von ReferentInnen und öffentlichen und feien Trägern der Fortbildung in der Tagespflege verfügbar gemacht werden.

Susanne Stempinski, Karin Weiß

1 Ziele und Arbeitsschritte des Modellprojekts

Bei der Eröffnungstagung des Projekts im Juni 1998 formulierte der Vertreter des Bundesministeriums für Familie, Senioren, Frauen und Jugend die Intentionen des Projekts wie folgt:

„Das herausragende Produkt des Modellversuchs sollen curriculare Bausteine für eine Qualifizierung von Tagespflegepersonen sein. Diese Bausteine, auf breiter Basis entwickelt und erprobt, können dreierlei leisten. Zum einen können sie denen eine Hilfestellung bringen, die Tagesmütter qualifizieren wollen. Solche Institutionen, wer immer es sei, brauchen nach dem Projekt das Rad nicht mehr neu zu erfinden, sondern höchstens noch für sich passend zu machen. Zweitens könnte – ich bin einmal optimistisch – mit den Ergebnissen des Projekts der Wildwuchs ein Ende haben, der darin besteht, daß jede Institution nach der Methode ‚Versuch und Irrtum' handelt. Drittens hat das Projekt alleine durch seine Existenz eine nicht zu unterschätzende fachpolitische Wirkung, denn es unterstreicht nachdrücklich die Bedeutung der Qualifizierung von Tagespflegepersonen. Nach dem Projekt wird es schwieriger werden, die Frage der Qualifizierung als zweitrangig abzutun. Das Projekt setzt damit – viertens – ein Gegengewicht zu den überall zu beobachtenden Anstrengungen, freiwillige, scheinbar nicht so wichtige Leistungen zu kürzen." (Dichans 1998, S. 8)

Hauptziel des Modellprojekts war es daher, wissenschaftlich fundierte Anregungen hinsichtlich der curricularen Gestaltung von Qualifizierungsprogrammen in der Tagespflege zu erarbeiten.

Eine wichtige Grundlage für die Ausarbeitung von Curriculumelementen bildete die Evaluation der pädagogischen Praxis an neun ausgewählten Modellorten. Die bei dieser Bestandsaufnahme gewonnenen Einblicke dienten dazu, Aussagen zu treffen, welche Fortbildungsveranstaltungen geeignet sind, Tagespflegepersonen für ihre Tätigkeit zu sensibilisieren, ihnen relevante Kenntnisse zu vermitteln und ihre Kompetenz für die Bewältigung typischer Situationen im Tagespflege-Alltag zu erhöhen. Im Projektverlauf wurden diese Erkenntnisse den Vertreterinnen der Praxis zurückgemeldet und mit ihnen diskutiert. In der nächsten Arbeitsphase arbeitete das Projektteam curriculare Elemente aus, die im Gegenzug von den FortbildungsreferentInnen der Modellorte unter anderem auf ihre Umsetzbarkeit hin begutachtet wurden. Auf ihre Rückmeldungen hin nahmen die Wissenschaftlerinnen Überarbeitungen vor und zogen Konsequenzen für die Entwicklung noch zu erstellender curricularer Elemente. In diesem Prozeß des gegenseitigen Auswertens und Rückmeldens und des darauf bezogenen Überarbeitens wird der formative Evaluationsansatz des Projekts deutlich[2].

An dem Modellprojekt beteiligten sich neun Modellorte als Kooperationspartner (vgl. Tabelle).

Ort	Bundesland	Träger
Bremen	Bremen	Paritätisches Bildungswerk
Lkr. Parchim Rostock Neubrandenburg	Mecklenburg-Vorpommern	Ländliche Erwachsenenbildung e.V. (LEB)
Neustadt a.d.Weinstr/Bad Dürkheim Lkr. Bitburg-Prüm/Lkr. Daun	Rheinland-Pfalz	Volkshochschule
Essen	Nordrhein-Westfalen	Sozialdienst katholischer Frauen (SkF) – Tageseltern e.V.
Lkr. Böblingen	Baden-Württemberg	Tages- und Pflegeeltern e.V.
Lkr. Harburg	Niedersachsen	Tagesmütter und -väter e.V.

Durch das vergleichsweise anspruchsvolle Niveau fortgeschrittener Programme sollte eine gute Ausgangsbasis für die Weiterentwicklung von Curriculum-Elementen geschaffen werden. Die Modellorte wurden so ausgewählt, daß die Zusammensetzung der Stichprobe Variationen aufwies im Hinblick auf:

– Fortbildungskonzepte und Curricula
– Stadt/Landkreis
– alte/neue Bundesländer
– Trägerschaft der Qualifizierungsprogramme

---

2 Formative Evaluation ist – im Unterschied zur summativen Evaluation – dadurch gekennzeichnet, daß „man nicht nur feststellen (will), wie erfolgreich oder erfolglos ein Dienstleistungsangebot war. Die Evaluation soll außerdem durch Prozeßbegleitung dazu beitragen, daß sich eine Organisation oder ein Team mit Hilfe der Informationen und Rückmeldungen der Evaluatorinnen kontinuierlich korrigieren und sein Angebot verbessern kann" (Heiner 1996, S. 33).

- Zielgruppen der Fortbildungsmaßnahmen (mit und ohne pädagogische Vorausbildung bzw. gemischt)

Die AnsprechpartnerInnen an den Modellorten waren neben TrägervertreterInnen, JugendamtsvertreterInnen, Tagesmüttern, Eltern sowie VertreterInnen der fördernden Bundesländer in der Hauptsache die für die Fortbildung zuständigen ReferentInnen. Alle Beteiligten brachten große Kooperationsbereitschaft mit. Die Zusammenarbeit gestaltete sich dadurch außerordentlich positiv, so daß ein konstruktiver und effektiver fachlicher Austausch gelang.

Um zum Projektziel – zur Erarbeitung curricularer Elemente – zu kommen, wurden folgende *Arbeitsschritte* durchgeführt:

1.1 Literaturanalyse

Im Projekt-Team war aus vorangegangener langjähriger Forschung zum Thema Tagespflege bereits ExpertInnen-Kompetenz vertreten. Schon in den 70er Jahren war am Deutschen Jugendinstitut im „Tagesmütter-Projekt"[3] bundesweit relevante Grundlagenarbeit durchgeführt worden. Auch brachten alle aus dem Forschungsteam eigene Erfahrungen als Referentinnen der Erwachsenenbildung mit. Zusätzlich zu diesem ExpertInnen-Wissen wurde vor dem Kontakt mit der Praxis der Tagespflege-Qualifizierung in den Modellorten in einem *ersten Schritt* die *aktuelle relevante Literatur zum Thema Erwachsenenbildung, Frauenbildung und Tagespflege* ausgewertet. Auf diese Weise war es möglich, erste Gütekriterien für die Evaluation der Qualifizierungsprogramme zu identifizieren.

1.2 Erhebungen an den Modellorten

In einem *zweiten Schritt* wurden Datenerhebungen durchgeführt, die zu einer Bestandsaufnahme über die Gestaltung der Fortbildung an den Modellorten führen sollten. Bei der *Datenerhebung an den Modellorten* ging es vorrangig um die Ausstattung der pädagogischen Programme. Dokumentiert und ausgewertet wurden insbesondere folgende Aspekte:

---

[3] Abschlußbericht der Autorengruppe „Tagesmütter-Projekt". Pädagogische Gruppenarbeit und Beratung. Werkstattbericht aus dem Tagesmütter-Projekt, 1980, München: Deutsches Jugendinstitut, unveröffentlicht.

- didaktische Konzepte
- Ziele und Programmaufbau
- Inhalte
- Methoden
- Differenzierung nach spezifischen Zielgruppen
- Rahmenbedingungen (räumlich, zeitlich, finanziell etc.)
- Verbindlichkeitsgrad der Teilnahme an der Qualifizierung
- Zertifikat und Bedingungen für den Erwerb
- fachliche Voraussetzungen und Arbeitsbedingungen der Fachkräfte, die die Fortbildung durchführen

Es wurde ein multimethodisches Vorgehen gewählt. Die empirische Datenerhebung in den Modellorten stützte sich auf die drei Säulen

- Dokumentenanalyse,
- Hospitation bei Fortbildungsveranstaltungen und
- schriftliche und mündliche Befragung relevanter Beteiligtengruppen.

Zur ersten Bestandsaufnahme wurden zunächst *Dokumentenanalysen* von schriftlichen Kursmaterialien vorgenommen, die Aussagen hinsichtlich Aufbau, Durchführung, Inhalte und Methoden der Qualifizierungsprogramme enthielten. Zur Verfügung standen hier vor allem Beschreibungen zu den Fortbildungsprogrammen, die sich an die Teilnehmerinnen richteten. In geringem Umfang konnten auch Seminarkonzepte einbezogen werden.

Nach dieser ersten Vororientierung wurden *teilnehmende Beobachtungen (Hospitationen)* ausgewählter Veranstaltungen durchgeführt. Dazu waren meist zwei Projektmitarbeiterinnen vor Ort im Qualifizierungskurs anwesend. Einzelne Veranstaltungen wurden auch auf Video aufgezeichnet. Insgesamt wurden 150 Unterrichtsstunden auf diese Weise hospitiert. Während der Kursveranstaltungen wurden Verlaufsprotokolle angefertigt. Kriterien, die bereits im Vorfeld durch Literaturstudien als maßgebend für die Qualität von Fortbildung identifiziert worden waren, strukturierten diese Protokollierung und bildeten einen ersten Anhalt für die Bewertung. Die Verlaufsprotokolle wurden von den Beobachterinnen inhaltsanalytisch ausgewertet und – unter Zuhilfenahme diskursiver Prozesse aller Projektmitarbeiterinnen – evaluiert. Widersprüchliche Einschätzungen der Beobachterinnen wurden zum Ausgangspunkt genommen, die jeweiligen Aspekte vertiefend zu betrachten und sich über Ursachen für unterschiedliche Interpretationen einzelner Kurssituationen zu verständigen.

Ergänzend zu den Hospitationen des Projektteams wurden zu der jeweiligen Veranstaltung die Teilnehmerinnen und ReferentInnen zu Ablauf, Zufriedenheit und zu weiteren Aspekten der Fortbildungsveranstaltung befragt, um die Wahrscheinlichkeit von Fehlinterpretation zu verringern (vgl. Schründer-Lenzen 1997, S. 107). Diese systematische Perspektivenverschränkung (Triangulation) gilt als zuverlässiges Verfahren zur Validierung von Ergebnissen (vgl. Flick 1995, S. 249ff.) in der Bildungsforschung (vgl. Gieseke 1995).

Aus diesem Grund wurden am Ende der hospitierten Kursveranstaltungen *Fragebögen* an die Kurs-Teilnehmerinnen[4] verteilt. Sie wurden gebeten, zu Hause Angaben zu ihrer Zufriedenheit mit dieser besuchten Veranstaltung zu machen. Die Fragen wurden auf die wesentlichen Kriterien bezogen, die auch in den Hospitationen im Zentrum der Betrachtung gestanden hatten und ermöglichten somit einen Vergleich mit den Hospitationsergebnissen des wissenschaftlichen Teams.

Im Anschluß an die Hospitation führten die Wissenschaftlerinnen *Interviews mit den ReferentInnen* zur Einschätzung der soeben durchgeführten Fortbildungsveranstaltung und zu weiteren Aspekten, z.B. Rahmen- und Arbeitsbedingungen, Zufriedenheit, Zugang zu Fortbildungsmaterialien, Wünsche an ein Curriculum.

Ergänzend wurden meist zusätzlich *leitfadengestützte Interviews* mit Personen geführt, die vor Ort für die Konzeption und Durchführung der Qualifizierung verantwortlich sind (aus Trägereinrichtung, Jugendamt, Ministerium). Gegenstand dieser Gespräche waren schwerpunktmäßig ortsspezifische Rahmenbedingungen, Erwartungen an und Erfahrungen mit der Qualifizierung.

Um über punktuelle Eindrücke von Einzelveranstaltungen hinaus auch Aussagen über einen ganzen Kursverlauf zu bekommen, wurden in Ergänzung zu dem bisher Beschriebenen auch *Gruppeninterviews mit Teilnehmerinnen* organisiert, die einen Kurs bereits über einen längeren Zeitraum hinweg besucht oder schon abgeschlossen hatten. In geringem Umfang konnten auch *Erwartungen von Eltern* an eine Qualifizierung von Tagesmüttern erhoben und in die Auswertung einbezogen werden. Details zur Datenerhebung sind im Anhang nachzulesen.

---

4 Im Projekt hat sich gezeigt, daß sowohl die Tagespflege selbst als auch die Qualifizierung von Tagespflegepersonen Arbeitsfelder sind, in denen fast ausschließlich Frauen tätig sind. Dies wurde in der Sprachform in diesem Bericht berücksichtigt.

1.3 Auswertung und Workshops

Die jeweils vorgefundene Ausstattung der Fortbildungsprogramme wurde hinsichtlich ihrer Eignung für die Zielgruppe und das Praxisfeld Tagespflege untersucht und bewertet. Dazu wurde das umfassende Datenmaterial in einem *dritten Schritt* auf Stärken und Schwächen in den oben genannten Aspekten ausgewertet. Das Ziel war, die im ersten Schritt in der Theorie aufgestellten Gütekriterien an der Praxis zu überprüfen und für das Praxisfeld der Tagespflege zu spezifizieren.

Nach Abschluß der Erhebungen an den Modellorten und der teaminternen Auswertung des Materials wurden die Ergebnisse aufbereitet und mit den pädagogischen Fachkräften aus den Modellorten diskutiert. „Die Kooperation von Praxis und Forschung garantiert vielleicht am ehesten eine wechselseitige Korrektur der blinden Flecke" (Heiner 1998, S. 30). Dieser Diskussionsprozeß fand konzentriert in Form von *drei* dreitägigen *Workshops* statt. Die Workshops verfolgten folgende Ziele:

- Die wissenschaftliche Begleitung berichtete zentrale Ergebnisse aus der ersten Erhebungsphase und stellte sie zur Diskussion. Die intensive gemeinsame Reflexion der Analyseergebnisse und Interpretationen entspricht einer dialogischen Validierung, die von Mayring als ein Gütekriterium qualitativer Forschung bezeichnet wird (Mayring 1990, S. 105f.).
- Entsprechend dem formativen Evaluationskonzept des Modellprojekts bearbeiteten die Teilnehmerinnen und das DJI-Team auf den Workshops gemeinsam gezielte Fragestellungen zu ausgewählten curricularen Inhalten.
- Diskutiert wurden auch notwendige und geeignete Rahmenbedingungen für die Qualifizierung von Tagespflegepersonen.
- Unter den Modellorten wurde ein intensiver Austausch angeregt, der einen Blick über den Tellerrand ermöglichen und Impulse für die unmittelbare fachliche Weiterentwicklung vor Ort bringen sollte. Dieser Aspekt ist von den Teilnehmerinnen immer wieder als besonders wertvoller Projekt-Effekt hervorgehoben worden.

Die Themenwahl für die Workshops orientierte sich an den drei Handlungsebenen der Tagesmutter: Arbeit mit Kindern, Kooperation mit den Eltern auf der Erwachsenenebene und Reflexion und aktive Gestaltung der Arbeitsbedingungen. Außerdem wurde jeweils ein zu den Rahmenbedingungen gehörendes Thema bearbeitet.

Workshop 1 „Förderung von Kindern in Tagespflege"
„Arbeitsbedingungen der pädagogischen Fachkräfte"
Workshop 2 „Beziehungssystem Tagespflege"
„Trägerschaft der Qualifizierungsmaßnahmen für Tagespflegepersonen"
Workshop 3 „Professionalisierung der Tagespflege"
„Abschlußmodalitäten der Fortbildungsmaßnahmen"

Die Zusammenarbeit in den Workshops gestaltete sich für Wissenschaftlerinnen und Teilnehmerinnen ausgesprochen konstruktiv und ergiebig. Die Ergebnisse der Arbeitsgruppen wurden in Form von drei projektinternen Rundbriefen ausführlich dokumentiert.

1.4 Formulierung von Qualitätsmerkmalen

Aus den zusätzlich in den Workshops überprüften und diskutierten Befunden der Untersuchung und aus den Ergebnissen der Literaturanalyse wurden in einem *vierten Schritt* zentrale Gütemerkmale für die Fortbildung in der Tagespflege formuliert. Als Produkt für die Praxis entstand in diesem Zusammenhang ein Bogen zur Selbstevaluation für Referentinnen und Referenten in der Tagespflege-Qualifizierung. Dieses Instrument, das die im Projekt formulierten Qualitätsmerkmale in die Praxis übersetzt, wurde im Sinne einer praktischen Orientierungshilfe für den Fortbildungsalltag erstellt. Der Bogen zur Selbstevaluation wurde den ReferentInnen aus den Modellorten vorgelegt und von diesen fachlich evaluiert (vgl. Kap. 4). Er ist im Anhang II des Buches abgedruckt.

1.5 Fortbildungsmaterialien/Curriculum für die Tagespflege

In Bezug auf die Entwicklung von Praxismaterialien stellte sich die Frage: Wie müssen schriftliche Materialien inhaltlich, methodisch, didaktisch gestaltet sein, um sich für ReferentInnen als fachlich hilfreich bei der Durchführung qualifizierter Fortbildungsveranstaltungen für Tagesmütter zu erweisen?

Dieser Aspekt der Projektarbeit – die Erarbeitung von Praxismaterialien auf Basis der Erhebungen und evaluierten Fortbildungsprogramme – erwies sich als Aufgabenstellung, die weit über eine reine Praxisevaluation hinausging, da es sich vorrangig um Entwicklungsarbeit handelte. Es stellte sich heraus, daß das Projektteam – weniger als anfangs angenommen – vorhandenes Fortbildungsmaterial weiterentwickeln und überarbeiten oder ganz übernehmen konnte. Es wurde vielmehr notwendig, überwiegend eine Neu-Entwicklung von curricularen Elementen vorzunehmen, da in vielen Aspekten schriftliches Material gar nicht oder nur unzulänglich vorhanden war und die hospitierte Praxis im Laufe des Projekts z.T. als wenig angemessen erschien (z.B. zu wenig Bezug zur Praxis der Tagespflege). Diese Aufgabenstellung forderte in hohem Maße das interdisziplinäre und kreative Potential der beteiligten Wissenschaftlerinnen, die sich für diese Arbeit jeweils auch in die inhaltlichen Themenstellungen eines Tagespflege-Curriculums einarbeiten mußten.

Es wurde ein Themen- und Ablaufplan für ein Curriculum entworfen (s. Kap.5) und ein formales „Gerüst" für die curricularen Elemente erstellt - mit Bestandteilen wie einem Leitfaden für ReferentInnen, Handreichungen für Teilnehmerinnen und Hintergrund-Infos (vgl. Kap. 6). Nach diesem „Bauplan" „konstruierte" jede Wissenschaftlerin unter Zuhilfenahme von Fachliteratur und – in geringem Umfang – auch unter Zugriff auf schriftliches Material (Curricula, Unterlagen von ReferentInnen, dokumentierte Hospitationen) verschiedene Fortbildungsveranstaltungen. Die Qualitätsmerkmale, die zuvor für die Gestaltung von Tagespflege-Qualifizierung formuliert wurden, gaben die Richtschnur und Orientierungshilfe ab, um die Themen, Inhalte und Methoden zielgruppengerecht entwickeln zu können (vgl. Kap. 6).

Auch diese Materialien wurden einer Evaluation unterzogen. Ein repräsentativer Teil der ausgearbeiteten curricularen Elemente (eine Mappe mit neun Veranstaltungen im Umfang von 28 Unterrichtsstunden à 45 Minuten) wurde an die am Modellprojekt beteiligten ReferentInnen verschickt. In Gruppen- und Einzelgesprächen vor Ort wurden diese Elemente hinsichtlich Aufbau, Gestaltung und Inhalt evaluiert. Durch dieses Verfahren erhielt das Projekt-Team von 26 Fachkräften eine fundierte fachliche Rückmeldung zu den neu entwickelten curricularen Elementen.

Als weiteres zentrales Projektergebnis wird ein fachlich ausgearbeitetes Curriculum für die Grundqualifizierung von Tagespflegepersonen im Umfang von 160 Unterrichtsstunden erarbeitet werden und voraussichtlich im 2. Quartal 2002 vorliegen.

Lis Keimeleder

2 Die Ergebnisse der Erhebungen an den Modellorten

Die im Rahmen des Projektantrags formulierte Ausgangssituation in der Tagespflegequalifizierung wurde durch die vorliegenden Ergebnisse bestätigt: Die untersuchten Ausbildungsprogramme unterscheiden sich voneinander hinsichtlich zeitlicher Struktur, Inhalte, Methoden und personeller Ausstattung. Im nächsten Abschnitt werden die untersuchten Curricula anhand ihrer zentralen Merkmale skizziert. Daran schließt sich eine Darstellung und kritische Betrachtung der wesentlichen Ergebnisse zur Arbeitssituation der pädagogischen Fachkräfte an. In den darauf folgenden Abschnitten werden Ergebnisse zur Situation der Fortbildung an den Modellorten im Kontext anderer Säulen der fachlichen Unterstützung sowie die wichtigsten Ergebnisse der Befragung der Teilnehmerinnen der Kurse dokumentiert. Im fünften und letzten Abschnitt dieses Kapitels werden die Ergebnisse zusammenfassend gewürdigt, insbesondere vor dem Hintergrund der Eindrücke und Ergebnisse aus den teilnehmenden Beobachtungen.

2.1 Die untersuchten Curricula

Die jeweils an den Modellorten realisierten Fortbildungsprogramme wurden einer eingehenden wissenschaftlichen Evaluation unterzogen. Es wurden die Perspektiven aller Personen(gruppen), die für die Konzeption und Durchführung der Fortbildung verantwortlich sind (Träger, Jugendämter, PädagogInnen) sowie der TeilnehmerInnen (Tagespflegepersonen) und indirekt Betroffenen (Eltern) erhoben. Dabei wurde ein multimethodisches Vorgehen gewählt: Dokumentenanalysen, teilnehmende Beobachtung, Videoaufnahmen, schriftliche Befragungen, Einzel- und Gruppeninterviews stellen sicher, daß die Sichtweisen aller Beteiligten Berücksichtigung finden und umfassendes Datenmaterial über Konzepte, Inhalte,

Methoden, intendierte und nicht-intendierte Effekte der Fortbildungsprogramme gewonnen werden konnte (vgl. Kapitel 1 und in der Anlage). Die Qualifizierungsprogramme wurden hinsichtlich ihrer Ziele, Struktur, Inhalte, methodischer Umsetzung, Rahmenbedingungen, Abschlußmodalitäten sowie ihrer trägerspezifischen Merkmale ausgewertet.

2.1.1 Aufbau, Gesamtumfang und Zielsetzungen der Curricula

Aus der Analyse der zur Verfügung stehenden schriftlichen Unterlagen der Modellorte wird ersichtlich, daß die Qualifizierungsprogramme an den Modellorten jeweils in einem mehrjährigen Entstehungsprozeß „gewachsen sind". Teilweise lagen dem Projekt-Team zu einem Ort mehrere aufeinanderfolgende Versionen bis zu dem aktuellen Programm vor. Der Aufbau der Kurse wird stark bestimmt durch die regionalen Rahmenbedingungen und die Anforderungen der jeweiligen Zielgruppen.

Die Teilnehmerinnen besuchen in der Regel über einen Zeitraum von neun Monaten bis eineinhalb Jahren Fortbildungsveranstaltungen. Der Gesamtumfang der untersuchten Programme liegt zwischen 132 und 195 Unterrichtsstunden. Die meisten weisen zwischen 160 und 170 Unterrichtsstunden auf, was der Empfehlung des *tagesmütter* Bundesverbands entspricht. Eine Besonderheit stellt dabei ein Kurs dar, der sich gezielt an ausgebildete Erzieherinnen wendet und einen reduzierten Stundenumfang von 70 Unterrichtsstunden aufweist.

Die Struktur der Kurse weicht stark voneinander ab. An manchen Orten wird das Curriculum in einem einzigen durchgehenden Kurs behandelt. Andernorts wird der Kurs unterteilt in mehrere Qualifizierungsabschnitte, z.B. in Orientierungs- bzw. Vorbereitungskurs, Grundkurs und Aufbau- bzw. Weiterbildungskurs sowie Nachqualifizierungen. Teilweise werden schon einzelne Fortbildungsabschnitte mit einem Zertifikat abgeschlossen. Ansonsten zertifizieren die Träger die Teilnahme an der Fortbildung erst, wenn das gesamte Programm vollständig absolviert ist. An einigen Orten wird die Lizenz des *tagesmütter* Bundesverbands vergeben. Im Rahmen der Qualifizierung wird an einigen Orten von den Kursteilnehmerinnen zusätzlich der Besuch einer Beratungsgruppe bzw. eines Gesprächskreises erwartet. Jedoch finden nicht überall solche an Austausch orientierten Veranstaltungen statt (teilweise übernehmen andere Träger dieses Angebot außerhalb der Qualifizierung). Die meisten Programme beinhalten eine vorbereitende Qualifizierung, die TagespflegeInteressentInnen eine Entscheidungshilfe bieten soll, ihre Erwartungen und Motivation zur Aufnahme der Tagespflegetätigkeit zu überprüfen. In der Regel ist ein Erste-Hilfe-am-Kind-Kurs zusätzlich zu absolvieren. Dieser wird im Kursprogramm angeboten.

Die folgenden Darstellungen geben einen Überblick über die Kursstruktur an den Modellorten.

Paritätisches Bildungswerk Bremen

Orientierungskurs	*Grundkurs*	*Aufbaukurs*
(12 Ustd.)	73 Ustd.	120 Ustd.
oder *Informationsabend*		
(3 Ustd.)		

insgesamt 193 Ustd. Zertifikat des Paritätischen Bildungswerks
(Orientierung/Information wird nicht mitgerechnet)
zusätzlich: ständige stadtteilorientierte Beratungsgruppen

Tages- und Pflegeeltern Kreis Böblingen e. V.

Pflichtkurs	*Weiterbildungskurse I-III*
36 Unterrichtsstunden	Weiterbildungskurs I 45 Ustd.
(incl. 12 Ustd.	Weiterbildungskurs II 39 Ustd.
Vorbereitungskurs)	Weiterbildungskurs III 40 Ustd.
⇩	⇩
Zertifikat des Vereins	Lizenz des *tagesmütter* Bundesverbands
(insgesamt 36 Ustd.)	(insgesamt 160 Ustd.)

Sozialdienst katholischer Frauen, SkF – Tageseltern e.V. Essen

Grundkurs	*Aufbaukurs*	*Gesprächskreis*
12 Ustd.	90 Ustd.	30 Ustd.
(4 Abende)	(10 Samstage)	(10 Abende)

zustätzlich:
ständige Stadtteilgruppen als Gespächs- und Beratungsangebot

insgesamt 132 Ustd. Zertifikat des Vereins

Tagesmütter und -väter e.V. Landkreis Harburg

Vorbereitungskurs	Grundkurs	Aufbaukurs
12 Ustd.	100 Ustd.	48 Ustd.
4 Abende	2 Abende/Woche	6 Samstage
	(ca. 3 Mon.)	(ca. 6 Mon.) |􏰀
⇩ ⇩

Zertifikat des Vereins   Lizenz des *tagesmütter*
(112 Ustd.)   Bundesverbands
                                          (160 Ustd.)

Ländliche Erwachsenenbildung e.V. Parchim
(Modellstandorte: Neubrandenburg und Parchim)

insgesamt 170 Ustd.   ⟹   Lizenz des *tagesmütter* Bundesverbands
durchgängiger Fortbildungskurs

Ländliche Erwachsenenbildung e.V. Parchim
(Modellstandort Rostock)

insgesamt 70 Ustd.   ⟹   Lizenz des *tagesmütter* Bundesverbands
Fortbildungskurs nur für Erzieherinnen

Volkshochschule Neustadt an der Weinstraße

Lehrgang	*Nachqualifizierung*
135 Ustd.	60 Ustd.
insgesamt 195 Ustd. ⟹	vhs-Zertifikat

Volkshochschule Prüm

Lehrgang	*Nachqualifizierung*
142 Ustd.	40 Ustd.
insgesamt 182 Ustd. ⟹	vhs-Zertifikat

Volkshochschule Bitburg

Lehrgang	*Nachqualifizierung*
142 Ustd.	30 Ustd.
insgesamt 172 Ustd. ⟹	vhs-Zertifikat

Die Ziele, die mit der Qualifizierung angestrebt werden, liegen – soweit sie von den befragten PädagogInnen formuliert wurden – auf drei Ebenen:
- Qualifizierungsziele für die Teilnehmerin
- Ziele für die betreuten Kinder
- Ziele für Tagespflege als Betreuungsform

Es wird deutlich, daß die Qualifizierung in der Tagespflege als vielschichtiges Qualifizierungsgeschehen wahrgenommen wird. Wie in jedem komplexen System sind Wechselwirkungen sowie direkte und indirekte Auswirkungen zu erwarten (vgl. Abbildung).

Abbildung: Qualifizierungsziele

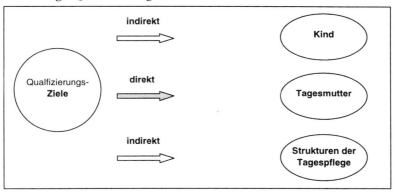

Explizite und implizite Qualifizierungsziele für die Teilnehmerinnen: Neben dem direkten Wissens- und Handlungszuwachs in den fachlichen Disziplinen der Tagespflege spielen vor allem die Gesichtspunkte eine Rolle, die speziell die für die Frauenbildung typischen impliziten emanzipatorischen Bemühungen kennzeichnen. So sind gerade auch die Ziele „Förderung des Kompetenzbewußtseins und der Selbstsicherheit", einen „eigenen Standpunkt finden" und „professionelles Bewußtsein entwickeln", übergreifende Ziele, die immer wieder genannt wurden.

Ziele für das Tageskind: Die Qualifizierung wird in erster Linie als notwendig hinsichtlich der Verbesserung der Betreuungssituation der Tageskinder gesehen. Die betreuten Kinder sollen profitieren, z.B. von dem Wissen und Verständnis über kindliche Entwicklung/ kindliche Bedürfnisse, das der Tagesmutter durch Qualifizierung erwächst, aus der Auseinandersetzung der Tagesmutter mit eigenen Einstellungen und Handlungsmustern sowie durch ihr Wissen über die Besonderheiten des Zwei-Familien-Systems Tagespflege. Es wird als ebenso wichtig gesehen, daß sich die positiven Effekte der Frauenbildung auf die Persönlichkeit der Tagesmutter und damit auch auf die Betreuungsbeziehung und Betreuungsqualität auswirken.

Ziele für die Tagespflege als Betreuungsform: Durch einen Zugewinn an Selbstsicherheit und professionellem Selbstverständnis bei den Tagesmüttern werden Verbesserungen auch für die Strukturen der Tagespflege erhofft, was deren gesellschaftliche, finanzielle und berufliche Rahmensituation betrifft. Der Kreis derjenigen, die ihr Engagement für die Tagespflege auch öffentlich und politisch einsetzen (z.B. durch Herausgabe einer Vereinszeitung) soll größer und wirksamer werden. Es wird ebenfalls längerfristig ein Zugewinn an sozialer Anerkennung für die Tagespflege und die Tätigkeit der Tagesmütter mittels Qualifizierung angestrebt.

Auch die konkreten Strukturen vor Ort sollen sich verbessern: die Isolation der Tagesmütter soll aufgehoben werden und ein reger Austausch von Erfahrungen und Informationen soll stattfinden. Kennenlernen und Vernetzung (mit anderen Tagesmüttern, Vereinen, Institutionen) und der Aufbau gegenseitiger Unterstützungs- und Vertretungsgemeinschaften (im Urlaubs- und Krankheitsfalle) sind weitere wichtige Ziele, die durch Qualifizierung erreicht werden sollen.

Übergreifend wurde auch das Ziel benannt, die bisher erreichten Qualitätsstandards in der Tagespflege durch eine verbindliche und bundesweit einheitlich geregelte Qualifizierung sichern zu wollen.

2.1.2 Thematische Schwerpunkte, Inhalte und Methoden

Die thematische Zuordnung der einzelnen Kurs-Veranstaltungen zu Themenschwerpunkten in den Programmen wurde weitgehend aus den vorliegenden Kursunterlagen zusammengestellt. Wo dies nicht möglich war, wurde nach Ermessen eine Einteilung vorgenommen, obwohl dem Forschungsteam bewußt ist, daß diese Rekonstruktion zum Teil die Zuordnung der behandelten Inhalte entstellt abbilden könnte. Nicht alle Kursbeschreibungen gaben ausreichend Aufschluß über die behandelten Inhalte.

In der Aussagekraft der Kursbeschreibungen lassen sich deutliche Unterschiede wahrnehmen. Manche Veranstaltungstitel wurden eher überblicksartig in Einwortbeschreibungen formuliert, andere eher ausführlich mit zusätzlicher Legende. Es fiel auf, daß sie sich an manchen Orten eher an einem Fächerkanon orientieren (z.B. „Soziologische und familiensoziologische Grundaussagen"), während sie an anderen Orten eher auf die Tagespflegepraxis bezogen werden und teilweise auch in Frageform die TeilnehmerInnen ansprechen sollen („Einführung in die Entwicklungspsychologie: Was muß die Tagesmutter/Kinderfrau darüber wissen? An was erkennt sie den Entwicklungsstand des Kindes, wie erkennt sie seine Bedürfnisse?").

Generell stellt sich das Problem, daß die formulierten Überthemen (z.B. Pädagogik/Psychologie) kaum eindeutig gegeneinander abgrenzbar erscheinen. Die errechneten Stundenzahlen sind insofern von begrenzter Aussagekraft und dienen einer allgemeinen Orientierung. Einen Überblick über die Themenverteilung innerhalb der Qualifizierungsprogramme an den Modellorten geben die nachstehenden Zusammenfassungen.

Landkreis Böblingen	Unterrichtsstunden
Tagespflege als Betreuungsform	37
Pädagogik	33
Psychologie	30
Soziologie	15
Recht	12
Umwelt/Gesundheit	9
Kommunikation/Kooperation	9
Zertifizierung	6
Ethik und Kultur	3
insgesamt	**154** (excl. Erste-Hilfe-Kurs)

Bremen	Unterrichtsstunden
Pädagogik/Psychologie	97
Kooperation	38
Tagespflege als Betreuungsform	25
Kursreflexion	15
Gesundheit	12
Recht/Finanzen	6
insgesamt	**193** (excl. Erste-Hilfe-Kurs)

Essen	Unterrichtsstunden
Psychologie	36
Pädagogik	27
Tagespflege als Betreuungsform	15
Gesundheit	12
Kommunikation	12
Sonstiges (z.B. „Mit Kind und Kegel in den Urlaub")	9
Soziologie	9
Erste Hilfe am Kind	9
Religiöse Erziehung	3
insgesamt	**132**

Landkreis Harburg	Unterrichtsstunden
Pädagogik	40
Psychologie	36
Tagespflege als Betreuungsform	17
Soziologie	16
Recht	11
Gesundheit/Ernährung	8
Kommunikation/Kooperation	8
Zertifizierung	8
Ethik und Kultur	8
insgesamt	**152** (excl. Erste-Hilfe-Kurs)

Neubrandenburg	Unterrichtsstunden
Pädagogik	50
Tagespflege als Betreuungsform	36
Soziologie	20
Psychologie	20
Vorbereitungskurs	12
Erste Hilfe am Kind	10
Recht	9
Ethik	6
Kooperation/Institutionen	4
Kolloquium/Kursabschluß	3
insgesamt	**170**

Neustadt	Unterrichtsstunden
Pädagogik	51
Psychologie	20
Gesundheit	15
Soziologie	14
Prüfung/Reflexion	13
Recht	10
Tagesmutterzentrierte Themen	5
Erste Hilfe am Kind	5
Ethik und Kultur	2
insgesamt	**135**

Die Ergebnisse der Erhebungen an den Modellorten 33

Parchim	Unterrichtsstunden
Pädagogik	50
Tagespflege als Betreuungsform	35
Soziologie	20
Psychologie	20
Vorbereitungskurs	12
Erste Hilfe am Kind	10
Recht	9
Ethik und Kultur	6
Kooperation/Institutionen	5
Kolloquium/Kursabschluß	3
insgesamt	**170**

Bitburg/Prüm	Unterrichtsstunden
Erziehungslehre	26
Spielpädagogik	22
Soziales Management	18
Psychologie	14
Gesundheitslehre	14
Bewegungserziehung	11
Soziologie	10
Rechtskunde	10
Wiederholung/Prüfung	10
Grundlagen der Tagesbetreuung	7
insgesamt	**142 (excl. Erste-Hilfe-Kurs)**

Rostock (Erzieherinnen)	Unterrichtsstunden
Tagespflege als Betreuungsform	40
Vorbereitungskurs	12
Erste Hilfe am Kind	10
Recht	8
insgesamt	**70**

In der (vergleichenden) Auswertung der Inhalte und methodischen Zugangsweisen in den unterschiedlichen Programmen kristallisierten sich folgende Aspekte heraus, die insgesamt verbesserungswürdig erscheinen:

a) Orientierung an der Ausbildung von ErzieherInnen
b) Bezug zur Tagespflege
c) Qualifizierung von Tagespflegepersonen als Frauenbildung

Diese weitgehend in allen Programmen vorfindbaren Tendenzen bzw. Desiderate sollen nachfolgend erläutert werden.

a) Orientierung an der Ausbildung von ErzieherInnen
Es gibt Anzeichen dafür, daß sich manche Programme – eher implizit und vor allem in bestimmten Programmteilen – an der Fortbildung für ErzieherInnen orientieren. Indizien dafür finden sich speziell in den Bereichen Entwicklungspsychologie und Pädagogik, deren eher schulische Aufteilung in getrennte Fächer und strikte Stoffvorgaben an die Lehrpläne für ErzieherInnen bzw. KinderpflegerInnen erinnert. Zwei Faktoren könnten dazu beitragen: zum einen die Intention, durch die Nähe des Tagespflege-Lehrplans zu den Lehrplänen bereits anerkannter Berufe der Fortbildung von Tagespflegepersonen ein größeres fachliches Gewicht zu verleihen; zum anderen sind einige der Curriculum-EntwicklerInnen und ReferentInnen in der Aus- und Fortbildung von ErzieherInnen und KinderpflegerInnen tätig und ihnen mag eine Übertragung der Inhalte und Methoden naheliegend scheinen.

Bei der Übertragung von Ansätzen aus dem institutionellen Bereich besteht die Gefahr, die strukturellen Unterschiede zwischen einer Förderung von Kindern in Tagespflege – also im familiären Kontext – und in Institutionen zu vernachlässigen. Zum anderen stellt sich die Frage, ob es – zumal angesichts der relativ kurzen Fortbildungsdauer – sinnvoll ist, Tagesmüttern z.B. entwicklungspsychologische Stufenlehren beizubringen, ohne danach zu fragen, welche Relevanz dies für ihr Verhalten im Alltag hat. Gerade im Fach Entwicklungspsychologie wurde mehrfach im Rahmen der Hospitationen eine Stofffülle beobachtet, die die Aufnahmekapazität der Tagespflegepersonen überforderte und die letztlich unter lernpsychologischen Gesichtspunkten den Transfer in die Praxis fraglich erscheinen läßt. In der gegenwärtigen Fachdiskussion wird die bisherige Ausrichtung der ErzieherInnen-Ausbildung grundlegend kritisiert: So heißt es z.B. in einer Stellungnahme der AGJ: „Spezifische Inhalte (etwa nach einem Fächerkanon) verlieren (...) insgesamt an Bedeutung, während die exemplarische Bearbeitung und Vertiefung von praxisrelevanten Schwerpunkten und die entsprechende Befähigung zum Erwerb von Schlüsselkompetenzen, Erkenntnissen und Einstellungen an Bedeutung gewinnen." (Arbeitsgemeinschaft für Jugendhilfe, 1999, S. 8f.)

b) Bezug zur Tagespflege
Die Ergebnisse der Hospitationen zeigen, daß sich die Veranstaltungen sehr dahingehend unterschieden, ob sowohl bei der Formulierung des Themas als auch in der Durchführung immer wieder

Bezug genommen wurde auf typische Situationen in der Tagespflege oder ob der Transfer in ihr Praxisfeld den Tagespflegepersonen weitgehend selbst überlassen wurde. Ebenso wurde auf die Erfahrungen, die die TeilnehmerInnen aus ihrer Tagespflegetätigkeit – bzw. ihrer bisherigen sonstigen Erziehungstätigkeit – mitbringen, in sehr unterschiedlicher Intensität eingegangen. Auch methodische Ansätze, die den Transfer in die Praxis fördern, wurden in sehr unterschiedlichem Ausmaß genutzt.

Es ist zu vermuten, daß zum einen fehlende Erfahrungen und Kenntnisse mancher ReferentInnen auf dem Gebiet der Tagespflege dazu beitrugen, daß ein Thema nicht spezifisch auf dieses Tätigkeitsfeld bezogen wurde. Zum anderen kann es selbst für versierte und tagespflegeerfahrene ReferentInnen schwierig sein, die TagespflegeSpezifik eines Themenkomplexes zu erkennen und praxisorientiert umzusetzen. Teilweise wurde unseres Erachtens auch zu wenig von den Fragen und Problemen ausgegangen, die die TeilnehmerInnen aus ihrem konkreten Alltag in die Fortbildung mitbringen. Bei Fragen der Entwicklung und Förderung von eigenen und aufgenommenen Kindern in Tagespflegefamilien, also in den Bereichen der Entwicklungspsychologie und Pädagogik, fiel diese Unsicherheit besonders auf.

c) Qualifizierung von Tagespflegepersonen als Frauenbildung
Es wurde deutlich, daß nicht in allen Programmen bewußt berücksichtigt wird, daß es sich bei der Qualifizierung von Tagespflegepersonen nahezu ausschließlich um Frauen handelt. Dies zeigte sich beispielsweise am Sprachgebrauch und der Verwendung von männlichen Sprachformen.

Jenseits einer Definition von Geschlechterdifferenz ist es notwendig, die geschlechtsspezifische Verteilung von Arbeit und Rollen in Beruf und Familie zu reflektieren, mit dem Ziel, die Entwicklungs-, Wahl- und Entscheidungsspielräume von Frauen zu erweitern. Professionell verstandene Erziehung und Beziehungsgestaltung erfordern ein Bewußtsein darüber, welche geschlechtsspezifischen „Botschaften" an die Kinder transportiert werden. Auf dem Weg dazu müssen „gesellschaftlich suggerierte Weiblichkeitsvorstellungen, die meist nicht erreicht werden und deshalb ein negatives Selbstbild erzeugen können, (...) im Alltag immer wieder abgewiesen werden" (Gieseke, 1995a, S. 44).

Außerdem ist es aus Sicht des Evaluationsteams wichtig, daß die strukturelle Isoliertheit von Tagesmüttern in ihrer Tätigkeit als typisches Frauenthema beachtet und im Fortbildungskonzept berücksichtigt wird.[5] Das Bedürfnis nach partnerschaftlicher Zusammenarbeit in der Gruppe und dem Einbringen eigener Erfahrungen – wie es auch in den Antworten der Tagesmütter in Interviews und schriftlicher Befragung zum Ausdruck kommt – muß in diesem Kontext gesehen werden.

Weiterhin verdienen das Ziel einer Stärkung des Selbstbewußtseins der Teilnehmerinnen und ein Anknüpfen an vorhandenen Ressourcen als Basis von Lernprozessen und Verhaltensänderungen in einer Frauengruppe besondere Beachtung (vgl. Sauer 1993, Schiersmann 1997a). In diesem Zusammenhang ist interessant, daß manche Programme im Modellprojekt Anforderungen an die Teilnehmerinnen stellten (z.B. Protokoll führen, selbst Spiele und Kinderbücher in der Gruppe vorstellen, eine Hausarbeit schreiben), die von den Teilnehmerinnen selbst – im Gruppeninterview – als zwar anstrengend, aber gleichzeitig positiv für das eigene Selbstbewußtsein geschildert wurden („Ich habe gar nicht gewußt, daß ich das schaffe!").

Wie diese Anforderungen (Empowerment-Aufgaben) von Teilnehmerinnen akzeptiert und antizipiert werden, hängt vermutlich damit zusammen, wie diese Anforderungen eingeführt und begründet werden. Ebenso ist wahrscheinlich von Bedeutung, ob eine unterstützende Betreuung und Begleitung, z.B. von schriftlichen „Hausarbeiten" oder Prüfungsaufgaben, durch die ReferentIn stattfindet. In den Orten, deren Kursprogramme diese Anforderungen nicht aufweisen, gaben die Teilnehmerinnen bei ihrer Befragung starke Ängste und eine abwehrende Haltung zu erkennen, z.B. bei neu einzuführenden Prüfungsmodalitäten, die eher an schulische Standards erinnern.

2.1.3 Rahmenbedingungen und Abschlußmodalitäten

In der Frage der Rahmenbedingungen der Kurse finden sich große Unterschiede, die erhebliche Auswirkungen auf die Fortbildungsarbeit haben können. Insbesondere zwei Aspekte – die *Zusammensetzung der Fortbildungsgruppe* und *die Kursleitung* – erscheinen beson-

---

5 Generell gilt dies für alle in der familialen Erziehungsarbeit Tätigen. Junge Frauen betonen, daß sie sich mit den familialen Aufgaben allein gelassen fühlen und signalisieren gegenüber Weiterbildungsinstitutionen einen Wunsch nach Unterstützung und Information (Gieseke 1997e).

ders hervorhebenswert. So gibt es einerseits Programme, in denen über einen längeren Zeitraum eine bestimmte KursleiterIn für eine in ihrer Zusammensetzung konstante Gruppe von Tagespflegepersonen zuständig ist. Zu bestimmten Themen werden dann meistens zusätzliche ReferentInnen hinzugezogen, aber die KursleiterIn bleibt auch bei diesen Veranstaltungen dabei. Bei dieser Variante entsteht im allgemeinen in einem intensiven Kooperations- und Verständigungsprozeß ein enger persönlicher Bezug sowohl der Gruppenteilnehmerinnen zueinander als auch zwischen Gruppe und KursleiterIn. In ähnlicher Struktur wurde auch die Gruppenarbeit im Tagesmütter-Projekt der 70er Jahre (vgl. Bundesministerium für Familie, Senioren, Frauen und Jugend 1996) durchgeführt, und dieses Konzept fand ebenfalls im Tagespflege-Projekt Maintal Anwendung (vgl. Kallert & Helbig 1994, 1995). Zweifellos ist die fachliche Kompetenz der KursleiterIn bei diesem Ansatz von besonderer Bedeutung.

Ein anderes Modell, das sich gewissermaßen am entgegengesetzten Ende der Skala befindet, sieht vor, daß sich die Gruppe pro Veranstaltung aufgrund des Interesses an dem jeweiligen Thema zusammensetzt und daher jedesmal variiert. Die Veranstaltungen werden außerdem von jeweils unterschiedlichen ReferentInnen durchgeführt. Zwar treffen die Tagespflegepersonen in den Veranstaltungen zufällig wieder zusammen, es ist aber nicht von einem kontinuierlichen Gruppenprozeß auszugehen. Auf Seiten der ReferentInnen kann auch nicht an vorherigen Lernerfahrungen angeknüpft oder auf spätere Sequenzen verwiesen werden. Das Konzept der Fortbildung im Bausteinsystem findet hier seine Umsetzung.

Zwischen diesen beiden Modellen gibt es verschiedene Varianten mit größerer und geringerer Konstanz von TeilnehmerInnen-Gruppe und ReferentInnen.

Ein weiterer Aspekt in den Rahmenbedingungen, der die Fortbildungsarbeit beeinflussen kann, stellt die an manchen Modellorten angebotene Möglichkeit der *kursbegleitenden Kinderbetreuung* dar. Bei Veranstaltungen, die untertags stattfinden, muß – mit Ausnahme der Wochenenden – fast zwangsläufig eine Kinderbetreuung angeboten werden. Erfahrungsgemäß sind Mütter, deren Kinder in räumlicher Nähe betreut werden, im Kurs immer wieder abgelenkt. Meist gibt es einige Kinder, die gelegentlich in die Fortbildungsgruppe kommen und sich ihrer Mütter versichern wollen. Kurse mit Kinderbetreuung sind in der Regel weniger konzentriert und brauchen deshalb unter Umständen mehr Zeit. Generell sind bei der kursbegleitenden Kinderbetreuung weitere Punkte zu berücksichtigen, um sie sinnvoll in Hinblick auf die Qualifizierung und die Bedürfnisse der Kinder zu gestalten (vgl. Kapitel 5).

Nicht zuletzt ist ein weiterer Unterschied in den Modellprogrammen in den *Teilnahmekosten* zu sehen. An den Modellorten wurden Teilnahmebeiträge erhoben, die sich in einem Spektrum von DM 36,– bis 300,– für den Grundkurs bewegen. Die Kosten werden teilweise bei erfolgreichem Kursabschluß zurückerstattet und/oder sind mit einer Mitgliedschaft in einem Verein und z.B. einer günstigen Möglichkeit für eine Berufshaftpflichtversicherung verbunden. Es ist zu bedenken, daß, da die Teilnahme mit keinen finanziellen Statusverbesserungen für die Tagesmutter verbunden ist, der finanzielle Aufwand in keiner Relation zu den zu erwartenden Einnahmen in der Tagespflege steht. Es könnten auch potentielle Teilnehmerinnen aus diesem Grunde von einer Qualifizierung absehen. Grundsätzlich sollte eine Finanzierung aus öffentlichen Haushalten und damit eine Kostenfreiheit für die Teilnehmerinnen angestrebt werden.

Abschlußmodalitäten: An acht von neun beteiligten Modellorten wurden unterschiedliche Prüfungsformen bestehend aus mehreren Elementen praktiziert bzw. beobachtet. Einige davon befinden sich noch im Experimentierstadium – bei anderen liegen bereits umfangreiche Erfahrungen mit der Prüfungsgestaltung vor. Die PrüfungskandidatInnen absolvieren in der Regel ein mündliches Kolloquium. Teilweise werden ergänzend schriftliche Prüfungsleistungen verlangt.

Für den mündlichen Teil wird an allen Orten die Form des *Gruppengesprächs* mit zwei bis vier TeilnehmerInnen gewählt. Häufig bereiten die KandidatInnen ca. 10- bis 15minütige Vorträge vor und präsentieren sie nacheinander der Prüfungskommission. Die Themenstellung wird innerhalb der Dreiergruppe und mit der Kursleitung vorher abgesprochen und orientiert sich an den Neigungen der jeweiligen TeilnehmerInnen. Dabei dürfen mitgebrachte Unterlagen wie z.B. Manuskripte benutzt werden, auch Anschauungsmaterialien werden zuweilen mitgebracht. An jeden Vortrag schließt ein Fachgespräch an, in das meistens auch die anderen TeilnehmerInnen einbezogen werden. Wird kein mündlicher Vortrag verlangt, so kann auch eine schriftliche Hausarbeit den Ausgangspunkt für das Fachgespräch bilden, oder es findet eine mündliche Befragung über ein vorher abgestecktes Themenspektrum statt. Teilweise werden im Rahmen des Abschlußkolloquiums auch kreativere Formen wie z.B. Rollenspiele von den TeilnehmerInnen umgesetzt.

Die Auswahl und *Bandbreite an behandelten Themen* wird sehr unterschiedlich gehandhabt. Während das Curriculum des *tagesmütter* Bundesverbands vorgibt, daß die TeilnehmerInnen in den Kolloquien Kompetenz in den sechs zentralen Themenfeldern nachweisen sollten, wird im Rahmen anderer Konzepte eher Wert gelegt auf eine vertiefte exemplarische Behandlung einer einzigen Fragestellung. Das Fachgespräch eignet sich weniger zum Abfragen von Detailwissen, sondern soll vorwiegend zeigen, daß die KandidatInnen in der Lage sind, ihre Tagespflege-Praxis mit der gelernten Theorie zu verbinden und sich darüber fachlich auszutauschen, sowie ihr Reflexionsvermögen zu dokumentieren. Die Gesprächsführung orientiert sich eher daran, Stärken der TeilnehmerInnen sichtbar zu machen als systematisch nach Schwächen zu suchen.

Häufig wird zusätzlich eine *schriftliche Prüfung* durchgeführt. An einem Ort haben die PrüfungskandidatInnen z.B. 100 Minuten Zeit, einen Katalog mit 18 Fragen aus fünf Themenfeldern zu beantworten. Dabei wird den KandidatInnen im Vergleich zu anderen Prüfungsformen relativ wenig Spielraum gelassen, eigene Gestaltungsimpulse einfließen zu lassen und den Verlauf der Prüfung selbst mitzubestimmen. Die ReferentInnen stehen zudem vor der Aufgabe, für jeden Kurs neue Prüfungsfragen entwickeln zu müssen.

Eine weitere Variante ist die *schriftliche Hausarbeit*. Sie wird von den FortbildungsteilnehmerInnen an zwei Modellorten selbständig über einen längeren Zeitraum parallel zum Kurs bearbeitet. Die Themenwahl erfolgt nach Neigung in Absprache mit der betreuenden Referentin/dem betreuenden Referenten. Mit dieser Prüfungsform wird aus dem relevanten Qualifikationsspektrum ein relativ kleiner Ausschnitt exemplarisch erarbeitet. Zum Teil werden die Hausarbeiten der TeilnehmerInnen-Gruppe vorgetragen und gemeinsam diskutiert. Die Referentinnen betonen den sehr hohen Zeitaufwand, den die intensive persönliche Anleitung und Betreuung sowie die Bewertung der Ergebnisse erfordert.

An einem der Modellorte wurde der schriftliche Teil der Prüfung (Hausarbeit) versuchsweise als Gruppenarbeit anhand vorgegebener Fallstudien durchgeführt, was von den TeilnehmerInnen ausgesprochen positiv angenommen wurde und gute Ergebnisse hervorgebracht hat.

Das Ergebnis der Abschlußprüfung drückt sich in den meisten Fällen in den Kategorien „bestanden" bzw. „nicht bestanden" aus. Eine *Benotung der Prüfungsleistung* wird deutlich skeptisch betrachtet. Teilweise ergibt sich aus der Prüfungsform, daß ein echter Leistungsvergleich nicht stattfinden kann. Die Ergebnisse sind kaum miteinander vergleichbar. Andererseits soll der Eindruck vermieden werden, daß z.B. eine Tagespflege-Kandidatin mit einer „Abschlußnote Zwei" als die bessere Tagesmutter wahrgenommen werden könnte im Vergleich zu einer Absolventin mit der „Abschlußnote Drei".

Grundsätzlich muß berücksichtigt werden, daß die Teilnehmerinnen *nicht im Rahmen der praktischen Arbeit im Tagespflegealltag geprüft* werden. Bewertet werden ausschließlich Kenntnisse und Fähigkeiten, die in der Fortbildungssituation zum Ausdruck kommen. Es wurde die Möglichkeit diskutiert, den Umgang mit Kindern im Familienhaushalt oder etwa bei gemeinsamen Aktionstagen in die Bewertung miteinzubeziehen. Das Risiko besteht, daß Kinder dadurch leicht zu Vorführobjekten werden.

Bei den meisten Prüfungsformen finden die Kurs-TeilnehmerInnen einen relativ großen *Spielraum für persönliche Schwerpunktsetzungen* vor. Erfahrungsgemäß erhöht dies die Identifikation mit den gewählten Themen und führt zu einer intensiveren Auseinandersetzung mit den Inhalten. Die TeilnehmerInnen werden innerhalb und außerhalb des Kurses zu ExpertInnen. Die Zusammenarbeit innerhalb der Gruppe und die gegenseitige Unterstützung (z.B. durch Anerkennung von Fortschritten) sind ein wesentlicher Teil der Lernerfahrung[6].

Der *Stellenwert und die Aussagekraft der Prüfung* wurden von den pädagogischen Fachkräften unterschiedlich beurteilt. Viele ReferentInnen wollen den Kursabschluß nicht als Prüfung im strengen Sinne verstanden wissen. Sie versuchen den Begriff Prüfung zu vermeiden und bevorzugen z.B. die Bezeichnung Abschlußkolloquium.

In der praktizierten Form erfüllt die „Prüfung" in keinem Fall eine Selektionsfunktion. Je nach Träger der Qualifizierung herrscht

---

6 Die Prüfungsformen, die an manchen Modellorten vorgefunden wurden, entsprechen sehr dem Lernansatz des problemorientierten Lernens (POL), der im Rahmen einer Expertise in seiner Übertragbarkeit auf die Qualifizierung in der Tagespflege überprüft wurde (Handgraaf/Bögemann-Großheim 2000, unveröf-fentlichte Expertise im Auftrag des Modellprojekts).

in bezug darauf ein unterschiedliches Selbstverständnis. Während bei einem Bildungsträger wie z.B. der Volkshochschule eine Abschlußprüfung mit Zertifikat und Benotung eher mit Selbstverständlichkeit vorausgesetzt wird, müssen sich z.B. Tageseltern-Vereine, die eher auf einer Selbsthilfe-Basis tätig sind, bei der Einführung einer Abschlußprüfung stärker den grundsätzlichen Fragen stellen, wer wen wie (auf welche Art und Weise) woraufhin (Inhalte) und wozu (zu welchem Zweck) prüfen soll. Die Notwendigkeit einer Abschlußprüfung wird dabei weitgehend anerkannt, denn es wird davon ausgegangen, daß eine Zertifizierung die Tagespflegetätigkeit aufwertet.

Als problematisch erweist sich in diesem Zusammenhang die Frage, inwieweit durch den Kursabschluß tatsächlich eine *Eignung der TeilnehmerInnen* für die Tätigkeit als Tagespflegeperson dokumentiert wird. Auch wenn ReferentInnen und DozentInnen objektiv nicht in der Lage (und der Funktion) sind, die tatsächliche Eignung einer Teilnehmerin für die Tagespflegepraxis zu beurteilen, so müssen sie sich doch im klaren sein, daß das ausgestellte Zertifikat in der Öffentlichkeit durchaus als Eignungsnachweis aufgefaßt wird. In der Diskussion zeigte sich, daß viele ReferentInnen sich dieser Problematik bewußt sind und sich darum bemühen, anhand der Äußerungen und des Gesamteindrucks der TeilnehmerInnen in der Qualifizierung zu einem Urteil zu gelangen, ob sie die einzelnen Personen „mit gutem Gewissen" mit einer Lizenz des Bildungsträgers aus der Qualifizierung entlassen können.

Falls die Kursleitung in Einzelfällen eine Teilnehmerin oder einen Teilnehmer für nicht geeignet hält und die Vergabe eines Zertifikats grundsätzlich nicht verantworten kann, so wird versucht, dies im Vorfeld der Prüfung mit der Teilnehmerin zu klären, und von einem weiteren Besuch der Fortbildung abgeraten. Dies gelingt jedoch nicht immer. Manchmal findet die Vermittlung eines Tageskindes auch ohne Kontakt zur Kursleitung statt. Der Umgang mit dem Thema „Eignung" manifestierte sich im Verlauf der Untersuchung als Problemfeld im Schnittpunkt von Qualifizierung und Vermittlung.

2.2 Arbeitsbedingungen der ReferentInnen an den Modellorten

„Was uns fehlt, aber ich denke, so geht es vielen Referentinnen, das ist dieser inhaltliche Austausch. Ist das so in Ordnung, wie ich's mache? Wie machen es andere? Man kann beruhigter mit so einer Sache umgehen, wenn man sieht, die machen das auch so."
(Referentin in einem Qualifizierungskurs in der Tagespflege)

Die Arbeitssituation der pädagogischen Fachkräfte war als Fragestellung im Projekt insoweit von Bedeutung, als davon ausgegangen wurde, daß die Arbeitssituation der ReferentInnen und KursleiterInnen sich auf die Gestaltung der Fortbildungsarbeit auswirkt. Die Fragen zu den Arbeitsbedingungen der ReferentInnen wurden:

— im Anschluß der Hospitationen eingebracht, im Rahmen der Interviews, die mit den jeweiligen PädagogInnen, KursleiterInnen geführt wurden,
— in projektinternen Workshops und Tagungen mit den beteiligten PädagogInnen und KursleiterInnen aus den Modellorten bearbeitet,
— sowie im Rahmen von Gesprächen mit ExpertInnen der Tagespflege oder/und Erwachsenenbildung diskutiert.

Es konnten vor allem vier Aspekte in den Arbeitsbedingungen der ReferentInnen, DozentInnen und KursleiterInnen identifiziert werden, die die Qualität von Fortbildungsmaßnahmen in der Tagespflege beeinflussen können[7]. Zu nennen sind:

a) Regelmäßigkeit und Häufigkeit des Austausches mit anderen am Modellort in der Ausbildung tätigen KollegInnen,
b) Beschäftigungsstatus,
c) Qualifikation,
d) räumliche und materielle Ausstattung zur Durchführung von Fortbildungsveranstaltungen.

Die vorgefundenen Bedingungen, die für die Situation der Erwachsenenbildung allgemein als charakteristisch angesehen werden können, sollen nachfolgend verdeutlicht werden.

---

7 Die dabei festgestellten Aspekte und Tendenzen können unseres Erachtens – aufgrund der hohen Übereinstimmung in den Aussagen aller Befragten – als repräsentativ für die Gesamtheit der als FortbildnerInnen in der Tagespflege tätigen Fachkräfte gesehen werden.

a) Regelmäßigkeit und Häufigkeit des Austausches
Die Häufigkeit von Arbeitsbesprechungen zwischen ReferentInnen unterscheidet sich sehr an den untersuchten Modellorten. Sie ist meist abhängig vom Beschäftigungsstatus der ReferentInnen und von der finanziellen und personellen Ausstattung des Trägers.

In der Regel finden an den Modellorten mehr oder weniger häufig Teamsitzungen statt, an denen die Organisatorinnen der Fortbildung und KursleiterInnen teilnehmen. Diese nehmen meist zusätzliche Funktionen (Beratung, Vermittlung) wahr und sind mit wenigen Ausnahmen angestellt (überwiegend in Teilzeit), so daß diese Treffen im Rahmen der Arbeitszeit stattfinden können. Die weit überwiegende Anzahl der ReferentInnen ist jedoch als freie HonorardozentInnen tätig (s.u.) und meist im Kurs nur für ein spezielles Thema zuständig. Austauschtreffen mit allen am Kursprogramm beteiligten ReferentInnen finden an keinem Modellort statt.

Von den ReferentInnen wurde häufiger berichtet, daß der mangelnde Austausch mit KollegInnen zu einer gewissen Verunsicherung führen kann. Es wurden Selbstzweifel berichtet, die vor allem zu Beginn der Tätigkeit auftraten und damit zusammenhängen, daß die Adressatinnen, Themen und Inhalte der Fortbildung noch unbekannt waren. Viele hätten nicht nur eine bessere schriftliche Vorlage, z.B. ein Curriculum als hilfreich für den Einstieg gesehen, sondern auch die Möglichkeit zum kontinuierlichen Austauch mit den anderen ReferentInnen über Themen bzw. Inhalte und Methoden der Fortbildung. Die Interviews haben gezeigt, daß einige der ReferentInnen weder Einblick in das Fortbildungsprogramm, noch Kenntnis von Tagespflege hatten. Nicht zuletzt wird kollegiale Supervision als wünschenswert erachtet, um z.B. im Kontakt mit den TeilnehmerInnen zu einer klareren Einschätzung zu gelangen oder auftretende Konflikte zu bearbeiten.

Vor allem in der Aufbauphase eines Kurses ist ein hohes Maß an Abstimmung notwendig. Aber auch für die laufende Koordination und Auswertung sowie für die Weiterentwicklung eines Kurskonzepts sind regelmäßige Zusammenkünfte der beteiligten ReferentInnen sinnvoll und hilfreich. Solche Arbeitstreffen werden als so elementar angesehen, daß sie in den Projektorten zum Teil unbezahlt stattfinden. Allerdings können sich nur sehr engagierte Referentinnen „leisten", auf längere Sicht ehrenamtlich tätig zu sein (z.B. Frauen, die eine Qualifizierung und/oder einen Verein mit aufgebaut haben und aus ideellen Gründen eher bereit sind, viel zu „investieren").

Grundsätzlich stellt finanzielle Vergütung für die Beteiligten eher einen Anreiz dar, die organisatorischen Hindernisse zu überwinden. An einigen Orten können diese Team-Treffen bereits pauschal vergütet werden – dies ist in den meisten Fällen über den engagierten Einsatz einer KursleiterIn bzw. Fachfrau vor Ort durchgesetzt worden.

Doch selbst bei Bezahlung haben KursleiterInnen oft organisatorische Schwierigkeiten, die ReferentInnen zu einem gemeinsamen Treffen zu bewegen. Die Arbeits- und Lebensbedingungen vieler ReferentInnen erlauben ihnen nicht ohne weiteres, sich von ihren anderweitigen beruflichen oder privaten Verpflichtungen frei zu machen.

An einem Modellort sieht das Kurskonzept vor, daß die KursleiterIn bei Kurseinheiten von GastreferentInnen teilweise (in den Pausen) anwesend ist. Dadurch sind Absprachen eher zu bewerkstelligen, allerdings auch nur bilateral und nicht im Team. In ländlichen Gebieten mit großer Flächenausdehnung und langen Fahrtwegen sind Treffen besonders schwierig zu realisieren. Mangels Alternativen muß oft noch zum Notbehelf Telefon gegriffen werden: Telefonabsprachen können einen Austausch im Team jedoch in keinem Fall ersetzen und stellen eine KursleiterIn unter Umständen vor ausufernde Koordinationsanforderungen.

Als Fazit läßt sich festhalten, daß eine die Arbeitssituation von *Tagesmüttern* kennzeichnende Situation – der Mangel an kollegialen und unterstützenden Gesprächskontakten und fachlichem Austausch – in nahezu gleichem Ausmaß auf die in der Fortbildung tätigen ReferentInnen und DozentInnen zutrifft. Die Aufgaben der Kursevaluation, der Weiterentwicklung und der Fallbesprechung müssen bei fehlenden Team-Treffen leider oft zurückstehen.

b) Beschäftigungsstatus
Der Beschäftigungsstatus des weitaus überwiegenden Teils der ReferentInnen in der Qualifizierung von Tagesmüttern ist der von freien HonorarmitarbeiterInnen. Ihr Anteil in der vorliegenden Untersuchung lag bei 80 Prozent. Es ist aber davon auszugehen, daß diese Zahl in der Realität höher anzusetzen ist, denn es wurden alle InitiatorInnen, OrganisatorInnen und KursleiterInnen befragt, nicht aber alle ReferentInnen. Die ReferentInnen an den Modellorten, die wegen zusätzlicher Aufgaben und Funktionen oft zumindest teilzeit angestellt sind, sind daher in der vorliegenden Erhebung überrepräsentiert.

Im Bereich der Erwachsenenbildung ist die Beschäftigung in „prekären" Beschäftigungsformen weitgehend üblich.[8] Sie zieht strukturelle Konsequenzen nach sich, bei denen für die Beteiligten einige Vorteile gravierenden Nachteilen gegenüberstehen. Als Vorteile werden von den Betroffenen immer wieder die größere zeitliche Flexibilität oder teilweise auch die Unabhängigkeit von Weisungsgebundenheit genannt. Einigen fällt es in einem unverbindlichen Arbeitsverhältnis auch leichter, die beruflichen den familiären Verpflichtungen nachzuordnen.

Die ReferentInnen aus den Projektorten betonten jedoch, daß alle Flexibilität auch Grenzen hat. Als gravierende Nachteile dieser Beschäftigungsform wurden die finanzielle Unsicherheit und die Planungsunsicherheit für ReferentInnen genannt. Im Vordergrund stehen dabei Fragen wie z.B.: Kommt der Kurs zustande? Kann ich mit meinem Honorar rechnen? Muß ich mir eine andere Verdienstmöglichkeit suchen? Wird meine Zeit für den Kurs gebraucht oder kann ich sie anderweitig verplanen? Damit verbunden ist die zunehmende Individualisierung von Risiken. Ausfallhonorare sind nicht üblich und von der hochqualifizierten Tätigkeit als ReferentIn in einem Kurs für Tagespflege läßt sich kein Lebensunterhalt bestreiten. Die Honorare, die den ReferentInnen in den am Projekt beteiligten Orten gezahlt werden (können), schwankten in einem großen Spektrum zwischen DM 30,– und DM 70,– pro Unterrichtsstunde (meist im unteren Bereich liegend).

Unterschiedlich wird auch die Vergütung von Fahrtkosten gehandhabt. Zeiten der Unterrichtsvor- und -nachbereitung werden in der Regel nicht honoriert. Die Honorare sind von den ReferentInnen noch zu versteuern, und auch Sozialversicherung und Sozialleistungen sind nicht vorgesehen. Die meist knappen Finanzierungsrahmen der Träger verhindern höhere Honorare, obwohl es ein Bewußtsein darüber gibt, daß die Leistungen oft mehr „wert sind". Im Sinne einer hochwertigen Qualifizierung zur Tagespflege, die als Auftrag der Jugendhilfe den Kindern zugute kommen soll, ist daran zu erinnern: Professionalität braucht Vergütung. Die finanzielle Vergütung ist auch eine Form von Anerkennung für Ar-

---

8 Betroffen sind überwiegend Frauen, die Rede ist daher auch von „Tagelöhnerinnen im Bildungsbereich" (Poljak/Pulz 2000), die fehlende Sozialleistungen und Zuschüsse der öffentlichen Hand durch ihre niedrige Bezahlung ausgleichen müssen, damit die Bildungsinstitutionen ein noch bezahlbares Bildungsangebot bereithalten können (Weisel 1998).

beit und wirkt sich langfristig auf die Motivation und die Kontinuität innerhalb eines Arbeitsverhältnisses aus.⁹

Mehr noch als in einem Angestelltenverhältnis müssen freie ReferentInnen ohne Kündigungsschutz auch das Bewußtsein entwickeln: Ich bin austauschbar. Andererseits ist die Tendenz von Honorarkräften, sich nach einer Tätigkeit mit besseren Konditionen und mehr Verbindlichkeit umzusehen und die Honorartätigkeit als „Übergangslösung" zu sehen, zwangsläufig sehr groß. Mit einer eingearbeiteten Fachkraft geht dann einer Qualifizierung auch all die Kompetenz verloren, die sich eine Referentin zwischenzeitlich erworben hat. Der Träger muß kurzfristigen Ersatz anwerben, der erst eingearbeitet werden muß, und hat damit zu rechnen, daß der Vorgang sich wiederholt. Im Verlauf des Forschungsprojektes ist diese Situation an verschiedenen Orten eingetreten und hat schwerwiegende Organisationsprobleme aufgeworfen, die im Extremfall auch zu einem Kursausfall geführt haben. Die Personen, die mit der Kursorganisation befaßt sind, werden in solchen Fällen oft vor enorme Probleme gestellt. Gerade in ländlichen Gebieten, wo FachreferentInnen (und ganz besonders solche mit einem „Hintergrund" in Tagespflege) nicht ohne weiteres zur Verfügung stehen, müssen dann große Anstrengungen unternommen werden, um „Ersatz" zu finden. Diese strukturell bedingte hohe Fluktuation des Honorarpersonals sowie die fehlende Tagespflege-Kompetenz stellen ein Träger-Risiko dar und sind im Sinne der Qualitätssicherung nicht förderlich.

c) Qualifikation der ReferentInnen
WeiterbildnerInnen in der Erwachsenenbildung sind hohen Ansprüchen und Erwartungen an ihre Qualifikation ausgesetzt. Neben fachlichem Wissen sollen sie eine umfangreiche pädagogische Handlungskompetenz mitbringen: u.a. professionell beraten können, Lernprozesse moderieren und begleiten[10], Prozesse der Identi-

---

9 Die ReferentInnen können für die Teilnehmerinnen diesbezüglich kein Modell für erfolgreiches berufliches Identitätslernen darstellen, denn: „die Deutungen der Frauen enthalten schon die Einsicht: Auch eine gebildete Frau (die Lehrerin) findet trotz engagierter, erfolgbringender Berufsarbeit keine Anerkennung. Die immer drohende Erwerbslosigkeit der auf Honorarbasis arbeitenden Dozentinnen überschattet das Bild der Frauen und führt deren Bildungsgläubigkeit ad absurdum." (Sauer 1993, S. 95)
10 Der Ansatz des problemorientierten Lernens (POL) beschreibt die Anforderungen an ReferentInnen in der Tagespflege als die von LernbegleiterInnen

täts- und Persönlichkeitsentwicklung begleiten, individuell auf die Bedürfnisse der TeilnehmerInnen eingehen, Gruppenprozesse steuern und als Modell für den Erwerb beruflicher Schlüsselqualifikationen dienen. Analog zu den pädagogischen Forderungen zur Gestaltung von Lernwelten für Kinder und Jugendliche, sind die ReferentInnen in den Tagesmütter-Kursen in besonderer Weise aufgefordert, diese pädagogischen Ziele in der Gestaltung der Fortbildung von Tagesmüttern zu berücksichtigen. Das Bild eines „kompetenten Kindes", das aktiv seine Lernwelten selbstbestimmt, kann in der Erwachsenenbildung am besten vermittelt werden, wenn die Forderungen nach aktivem und selbstbestimmtem Lernen in der eigenen Kursgestaltung umgesetzt werden (vgl. das Konzept der „Ermöglichungsdidaktik" bei Arnold, 1996a).

Um qualifizierte Fortbildung im Bereich Tagespflege leisten zu können, sind nicht nur pädagogische, psychologische, rechtliche oder einem anderen Fachgebiet zuzuordnende Kenntnisse sowie Know-how aus dem Bereich der Erwachsenenbildung wichtig, sondern zusätzlich auch Kenntnisse in der Tagespflege. Während die Kursleitungen, aufgrund ihrer häufig mehrfachen Aufgaben für den Träger (Beratung, Vermittlung) meist ein umfangreiches Wissen über die Tagespflege in die Fortbildung einbringen können, verfügen viele der freien HonorarreferentInnen über keine bis wenige Kenntnisse oder Erfahrungen auf dem Gebiet der Tagespflege. An einem der Modellorte müssen ReferentInnen (wie auch BeraterInnen von Eltern und Tagesmüttern) vor Beginn ihrer Tätigkeit deshalb selbst eine Qualifizierung durchlaufen und an einer Grundstufe des Fortbildungsprogrammes für Tagesmütter teilnehmen.

Die im Projekt untersuchten Trägerinstitutionen der Fortbildung haben meist keine bis wenig finanzielle Mittel für externe Fortbildungen ihrer ReferentInnen in ihrem Etat. Eine Weiterbildung ist meist an zusätzliche Aufgaben geknüpft, die ReferentInnen im Verein bzw. in der Trägerinstitution erfüllen, z.B. als LeiterIn von Orts- oder Stadtteilgruppen oder als BeraterIn. Es werden auch zum Teil interne „Fortbildungen" organisiert, z.B. in der Form,

---

bzw. TutorInnen: Diese geben ihre Rolle als traditionelle WissensvermittlerInnen zugunsten eines Rollenverhaltens auf, das selbstgesteuertes Lernen ermöglicht, die Zusammenarbeit in der Gruppe stimuliert und auf die persönlichen Anliegen der Teilnehmerinnen eingeht. Eine didaktische Vorbereitung (Schulung der TutorInnen) der ReferentInnen ist notwendiger Bestandteil des POL-Konzeptes (Bögemann-Großheim/Handgraaf 2000, unveröffentliche Expertise im Auftrag des Modellprojekts).

daß einzelne ReferentInnen, die für sich an einer Fortbildung teilgenommen haben, das Neue, das sie dort gehört bzw. erlebt haben, an die KollegInnen weitergeben. Doch macht sich auch an dieser Stelle zunehmend bemerkbar, daß Sparmaßnahmen das wenige wegkürzen, was vordem vergütet wurde. Damit rückt die Weiterbildung für Fachkräfte und ReferentInnen in der Tagespflege, die zur Erreichung einer qualitativ hochwertigen Tagespflege unerläßlich ist und die auch vom *tagesmütter* Bundesverband e.V. gefordert wird (vgl. Trimpin 1998), wieder in die Ferne[11].

d) Räumliche und materielle Ausstattung zur Durchführung von Fortbildungsveranstaltungen
Die Befragungen in der vorliegenden Untersuchung ergaben, daß eine gute Gruppen und Lernatmosphäre sehr zur positiven Gesamteinschätzung der Fortbildung duch die Teilnehmerinnen beiträgt. Dabei stehen zwischenmenschliche Aspekte im Vordergrund, aber auch die räumliche Ausstattung und eine angenehme und tendenziell „verwöhnende" Lernatmosphäre wurden genannt. An den Modellorten, die über Räume mit ansprechender und weniger verschulter Atmosphäre verfügen, die evtl. auch durch eine bewußte Gestaltung durch die Referentin noch aufgewertet wurden, wird dies von den Teilnehmerinnen sehr positiv wahrgenommen. Nicht alle der untersuchten Modellorte verfügen aber über ein solches Raumangebot für die Tagesmütter-Kurse. Zum Teil fanden die Fortbildungen sogar in Räumen statt, die keine Ausweichmöglichkeiten für Arbeitsgruppen boten oder in denen Arbeitsgruppen im Winter auf unbeheizte Hausflure ausweichen mußten. Mancherorts waren die Räume einfach zu klein, um eine Gruppe von 20 Personen aufzunehmen bzw. Bewegungs- und Lockerungsübungen zu ermöglichen.
Zum Teil waren die Räume nur für den Abend „ausgeliehen" und mußten wieder in den Ursprungszustand gebracht, z.B. von Wandzeitungen und Arbeitsprodukten befreit werden, auf die bei

---

11 Untersuchungen des DJI zur Situation von freien Trägern in der Kinder- und Jugendhilfe zeigen, daß Sparmaßnahmen vor allem die Fort- und Weiterbildungen für Haupt- und Ehrenamtliche betreffen, da sie am wenigsten aus Haushaltsmitteln oder Zuschüssen aus öffentlichen Mitteln abgedeckt werden können. Die Ergebnisse belegen andererseits auch einen Zusammenhang zwischen der Qualität der Dienstleistungen freier Träger und deren Möglichkeiten der Aktualisierung und Vertiefung personeller Kompetenzen (vgl. Weigel/Seckinger/van Santen/Markert 1999).

Bedarf immer wieder hätte zurückgegriffen werden können und die für die Ergebnissicherung im Kursverlauf wichtig gewesen wären. Ein gleichbleibender Raum ist auch insofern von Vorteil, als die Atmosphäre bleibt und möglichst nicht jedesmal auf- und abgebaut werden muß.

Hinsichtlich einer ausreichenden Versorgung mit Getränken in den Pausen sowie als Anregung zum informellen Austausch der Kursteilnehmerinnen untereinander und zwischen Referentin und Teilnehmerinnen ist eine zugängliche Cafeteria oder eine Teeküche mit der Möglichkeit, selbst Tee oder Kaffee zuzubereiten wünschenswert.

Bei der Ausstattung mit Materialien und Medien zur Kursgestaltung wurden ebenfalls Unterschiede festgestellt, die in Abhängigkeit zu den finanziellen Mitteln des Trägers der Fortbildung zu sehen sind bzw. auch davon abhängen, ob über einen „festen" Raum mit „gesicherter" Ausstattung verfügt werden kann. Als Mindestausstattung, um eine abwechslungsreiche Kursgestaltung gewährleisten zu können, die verschiedene Lernkanäle anspricht, wird eine (White-board-)Tafel oder ein Flipchart inclusive ausreichendem Papier und Schreibstiften angesehen sowie ein Overheadprojektor. Auch die Möglichkeit der Bereitstellung audiovisueller Medien (TV, Video-Recorder, CD-Player) wurde von den ReferentInnen als wesentlich für eine ansprechende Kursgestaltung erachtet. Außerdem sollte unseres Erachtens ein Kopierer zugänglich sein, um der Referentin zu ermöglichen, ausreichend und für sie kostenneutral die Unterlagen für die Teilnehmerinnen bereitzustellen. Moderationswände gehören gerade unter dem Aspekt der aktiven Teilhabe der Teilnehmerinnen dazu und sind ein nahezu unverzichtbares Utensil zur Präsentation von Arbeitsgruppenergebnissen. Ideal wären Moderationskoffer und ein Reservoir an unterschiedlichen Materialien und Werkzeugen (z.B. Scheren, Plakatpapier, Stifte).

2.3 Trägerstrukturen und Qualifizierung im fachlichen Kontext

Die Qualifizierung von Tagespflegepersonen im Rahmen der Fortbildung stellt nur *einen* Baustein eines umfassenden Qualifizierungssystems in der Tagespflege dar. Ein qualitativ hochwertiges und professionelles Tagespflegeangebot kann nur auf der Basis zusätzlich zur Qualifizierung stattfindender Angebote von Beratung, Vermittlung und praxisbegleitender Unterstützung entwickelt werden.

Die Frage, wie diese einzelnen Qualifizierungs-Bausteine an den Modellorten ausgeprägt sind und sich im Sinne einer Weiterentwicklung der Professionalität ergänzen, wurde im Rahmen der Interviews mit den Beteiligten an den Modellorten und im Rahmen eines Projektworkshops bearbeitet.

Die Trägerstrukturen unterscheiden sich in typischer Weise nach dem Kriterium Stadt/Land bzw. Stadt/Kleinstadt. In größeren Städten gibt es inzwischen meistens mehrere Anbieter von Tagespflege, zu denen die Jugendämter, Träger der freien Jugendhilfe wie Tagesmütter-Vereine sowie zunehmend auch verschiedene gewerblich orientierte Vermittlungsagenturen gehören. Diese Stellen führen meistens eigene Fortbildungsprogramme durch, die sich allerdings im Umfang sehr voneinander unterscheiden.

Im Interesse einer kleinräumigen Organisation der Kinderbetreuung findet außerdem in Großstädten das Kriterium der Stadtteil-Zugehörigkeit Beachtung. So sind z.B. stadtteilorientiert verschiedene Institutionen – im öffentlichen Auftrag – für die Vermittlung und Beratung in der Tagespflege tätig, zu denen beispielsweise auch Tagespflege-Verein und Mütterzentrum gehören können. Die Fortbildung ist allerdings – ebenfalls im öffentlichen Auftrag – zentral bei einem Bildungsträger angesiedelt.

In ländlichen Gebieten oder Kleinstädten gibt es meistens nur wenige Anlaufstellen für Tagespflege, und zwar im allgemeinen das jeweilige Jugendamt und/oder die örtlichen Tagespflege-Vereine. Zunehmend allerdings bieten auch andere etablierte freie Träger, wie Kinderschutzbund, Diakonisches Werk und Caritas Tagespflege an. Die Fortbildung wird auch in ländlichen Gebieten und Kleinstädten oft von eingeführten Bildungsträgern übernommen, z.B. der Volkshochschule. Im Flächenstaat Mecklenburg-Vorpommern arbeitet der Bildungsträger Ländliche Erwachsenenbildung e.V. überregional mit einem Referentinnen-Team, das in allen Teilen des Bundeslandes Qualifizierungskurse ausrichtet. Deshalb besteht an den Orten, in denen die Fortbildungen durchgeführt werden, keine ständige Repräsentanz des Bildungsträgers. In diesem Fall steht für Tagespflegepersonen in der Regel als Ansprechpartner das jeweilige Jugendamt zur Verfügung.

Es bietet sich eine sehr unterschiedliche Anzahl von Institutionen als Ansprechpartner an. Dort, wo es spezielle Tagespflege-Vereine gibt, die – meistens per Delegation durch das Jugendamt – für Vermittlung und Beratung zuständig und ebenfalls Träger der Fortbildung sind, stehen den Eltern und Tagespflegepersonen meist feste Kontaktpersonen für die verschiedensten Fragestellungen zur Verfügung. Diese AnsprechpartnerInnen sind haupt- oder ehrenamtlich oft seit langer Zeit und kontinuierlich im Verein tätig und auf Fragen der Tagespflege spezialisiert.

Bei einer Aufspaltung der verschiedenen Fachbereiche in der Tagespflege (insbesondere Öffentlichkeitsarbeit, Vermittlung, Beratung und Fortbildung) auf unterschiedliche Träger müssen sich Tagespflegepersonen und Eltern mit einem größeren Kreis von Personen auseinandersetzen. Dies kann insbesondere dann zu Problemen, z.B. unzureichenden Spezialkenntnissen in der Tagespflege und einer fehlenden Vertrauensbasis aus Sicht der Ratsuchenden, führen, wenn die Tagespflege nur eines von vielen Arbeitsgebieten in der jeweiligen Institution mit einer zu geringen Personalausstattung ist.

Im Projektworkshop wurden die in den Interviews gewonnenen Eindrücke vertieft. Im Rahmen von Arbeitsgruppen wurden mit den Beteiligten aus den Modellorten einige kritische Situationen in der Beratung und Vermittlung vor Ort simuliert. Dabei ergaben sich folgende Problemaussagen:

– *Erreichbarkeit von BeraterInnen:* Zur Qualität der Tagespflege gehört der zuverlässig einzulösende, im Kinder- und Jugendhilfegesetz festgelegte Anspruch von Eltern und Tagespflegepersonen auf Beratung in allen Fragen der Tagespflege. Erfolgt diese Beratung nicht rechtzeitig, können Konflikte eskalieren und gegebenenfalls zu einem Abbruch des Pflegeverhältnisses führen – zum Schaden des betroffenen Kindes. Nicht an allen Orten steht eine wirklich ausreichende Anzahl von Beratungs-Fachkräften für die Tagespflege zur Verfügung. Dies kann zu dem Mißstand führen, daß es nur wenige Tage in der Woche gibt, an denen die Fachkräfte erreichbar sind. Eine ratsuchende Mutter eines Tageskindes erfährt dann gegebenenfalls per Anrufbeantworter, daß sie mit ihrem Problem noch zwei Tage warten muß. Auch das Versprechen, daß sie umgehend zurückgerufen wird, kann auf Grund des Arbeitspensums der BeraterInnen häufig nicht eingelöst werden. Eine erfolgreiche Beratung erfordert zudem ein Beratungskonzept, das ein aktives Zugehen auf die AdressatInnen vorsieht, im Sinne einer „Geh-Struktur", und sich nicht mit

einem passiven Warten auf Anfragen begnügt, also einer „Komm-Struktur" entspricht (Schumann 1998).
— *Vermittlung eines Tageskindes*: Alle Orte bieten eine feste Anlaufstelle für suchende Eltern an, die allgemeine – auch schriftliche – Informationen zur Tagespflege weitergeben und Tagespflegestellen vermitteln. Es wird an allen Modellorten beklagt, daß die Eltern sich zu spät um die Vermittlung einer Tagesmutter bemühen. Dadurch wird der Zeitraum, innerhalb dessen eine Tagesmutter gefunden werden muß, zu knapp, da noch eine angemessen lange Eingewöhnungszeit (bis zu drei Wochen) einzuplanen ist. Hier besteht ein großer Aufklärungsbedarf für potentielle Eltern in einem Tagespflegeverhältnis und Handlungsbedarf in der Öffentlichkeitsarbeit durch den zuständigen Träger vor Ort.
Auch die Rahmenbedingungen für die Beratung von Eltern sind zu verbessern. Die erforderlichen zeitlichen und personellen Ressourcen für die Information und Beratung der Eltern sind nicht allerorts in notwendigem Umfang vorhanden. Es ist für einen guten Einstieg und letztlich auch für die Kontinuität des Beziehungsgefüges Tagespflege unerläßlich, die Eltern *vor* Beginn des Tagespflegeverhältnisses umfassend zu informieren und zu beraten. Zudem ist ein kontinuierliches Angebot an Beratung und Einbezug in gemeinsame Aktivitäten (z.B. Sommerfeste, Spieltage) wichtig, um Hilfestellung bei auftretenden Problemen geben zu können und das Beziehungsgefüge Eltern-Tageseltern-Kind zu pflegen. Ein Vertrauensaufbau zwischen BeraterIn und Eltern sowie die Kontaktpflege über das gesamte Tagespflegeverhältnis gesehen ist sehr zeitaufwendig. Dieser Einsatz ist aber notwendig, denn nur auf der Basis eines gewachsenen Vertrauens gelingt es Eltern, die Hemmschwelle zu überwinden, bei Problemen mit Kind oder Tagesmutter in die Beratung zu gehen.
Die Nachfrage an Tagesmüttern nimmt insgesamt zu. In Großstädten kommt es häufiger vor, daß in bestimmten Stadtteilen einer großen Nachfrage kaum Angebote gegenüberstehen und daß statt dessen in anderen Stadtteilen (zum Beispiel mit einer hohen Frauenerwerbslosigkeit) erfahrene und fortgebildete Tagesmütter keine Tageskinder finden. Hier bieten sich stadtteilübergreifende Lösungen an, auch wenn damit größere Fahrtzeiten für Eltern und Kinder sowie der Nachteil verbunden ist, daß die Kinder nicht in ihrer vertrauten Umgebung bleiben können.
Als ein strukturelles Problem erweist sich die Schnittstelle von Qualifizierung und Vermittlung, wenn die Vermittlung eines

Tageskindes ohne Kontaktaufnahme zu der qualifizierenden Stelle stattfindet (z.b. durch MitarbeiterInnen der Wohnsitzgemeinde). In der Praxis wird vorherrschend das Prinzip des „Matching" angewandt: Das heißt, es wird im Einzelfall überlegt, welches Kind zu welcher Tagesmutter und – im erweiterten Sinne – welche Familien zueinander passen. Dabei kommen ganz unterschiedliche Kriterien zum Tragen, die der Individualität der Personen und Betreuungsverhältnisse gerecht werden müssen. Die Voraussetzung dafür ist, daß die Vermittlerin die zu vermittelnde Tagesmutter persönlich kennenlernen konnte – beispielsweise im Kurs oder als Mitglied der Prüfungskommission – und somit einen Eindruck gewinnen konnte, der über einen üblicherweise der Vermittlung vorgeschalteten einmaligen Hausbesuch hinausgeht. Dazu besteht ein Abstimmungsbedarf, der durch unterschiedliche, teils konkurrierende Institutionen, Organisationen und Trägervereine nicht immer gewährleistet ist. Im Rahmen der projektinternen Abschlußtagung wurde dies von den Fachkräften vor Ort als einer der „Stolpersteine" für die Tagespflege benannt.
- *Beratung in Krisensituationen:* Konflikte im Tagespflegeverhältnis, zwischen eigenen Kindern und Tageskindern oder zwischen Tagesmutter und Eltern des Tageskindes, führen häufig zum Abbruch, wenn keine Lösungen gefunden werden. Da diese Situationen emotional äußerst belastend und häufig mit Selbstzweifeln sowie Schuldgefühlen verbunden sind, ist es zweifellos hilfreich, wenn im Vorfeld von Konflikten zur BeraterIn ein Vertrauensverhältnis aufgebaut werden konnte. Die Beratung durch unbekannte BeraterInnen ist für die Ratsuchenden oft mit großen Hemmschwellen verbunden, so daß diese – wenn sie überhaupt in die Beratung kommen – zu lange abwarten.

Aufgrund des Personalmangels ist es oft nicht möglich, einen vertrauensvollen Kontakt zu den Tagespflegepersonen im Vorfeld von Konfliktsituationen herzustellen. Dabei muß erwähnt werden, daß sich die zuständigen Fachkräfte – wie auch erfahrene Tagesmütter in den Vereinen – oft weit über das finanziell abgedeckte Maß hinaus für die Tagespflege engagieren. Sie stehen Tagespflegepersonen und Eltern auch dann zur Verfügung, wenn dies nur noch auf einer ehrenamtlichen und unentgeltlichen Basis geschehen kann. Als befriedigende Lösung kann dies allerdings nicht angesehen werden, da der Anspruch auf Beratung auf diese Weise nicht zuverlässig eingelöst werden kann.

Als strukturelles Problem kann in diesem Zusammenhang auch angesehen werden, daß die ReferentInnen der Fortbildung, zu denen ebenfalls häufig ein Vertrauensverhältnis entstanden ist, als AnsprechpartnerInnen im Einzelfall meistens nicht zur Verfügung stehen. Wenn sie nach Abschluß der Fortbildung – was in der Praxis häufig geschieht – immer wieder von ehemaligen Teilnehmerinnen angerufen werden und sich Zeit für ein Gespräch nehmen, so erhalten sie dafür keinerlei Vergütung.

Zusammenfassend läßt sich festhalten, daß in den untersuchten Modellorten ein umfassendes System von Beratungs-, Vermittlungs- und praxisbegleitenden Unterstützungsangeboten entwickelt wurde. Häufig wurde jedoch festgestellt, daß die personellen Kapazitäten nicht ausreichend sind, um den Bedarf an Unterstützungsleistungen zu decken.

Ein wirkungsvoller Schritt, der zu einer Entlastung beratender Stellen führt, stellt die Etablierung zusätzlicher Gesprächsgruppen dar, in denen (angehende) Tagesmütter – fortbildungs- und praxisbegleitend – sich über Praxisprobleme und Fragen austauschen können. Unterstützend dazu wirkt ein pädagogischer Ansatz in der Durchführung der Fortbildungsprogramme, der methodisch den Kontakt zwischen den Teilnehmerinnen fördert. Im Sinne einer „Hilfe zur Selbsthilfe" hat dies den (Neben-)Effekt, zur Entlastung der ReferentInnen beizutragen, die nach Abschluß der Fortbildungskurse weiterhin von den Teilnehmerinnen als beratende ExpertInnen konsultiert werden. Es ist aber auch unter dem Gesichtspunkt des Kompetenzerwerbs sinnvoll, „die Fortbildung als einen Raum zu sehen, in dem gesellige soziale Kontakte zu anderen Teilnehmerinnen aufgebaut und gepflegt werden können (und) vorstellbar (im Verlauf des Fortbildungskurses), einen ‚Stammtisch' zu gründen, gemeinsam kulturelle Veranstaltungen zu besuchen, Exkursionen durchzuführen, körperliche Entspannungsübungen anzubieten, Feste und thematische Veranstaltungen untereinander, mit Eltern von Tagespflegekindern, Ehepartnern, Kindern und Tagespflegekindern zu planen, zu organisieren, durchzuführen und auszuwerten" (Bögemann-Großheim/ Handgraaf 2000, unveröffentliche Expertise im Auftrag des Modellprojekts, S. 20). Auf diesem Wege aufgebaute kollegiale Supervisionssysteme, die im Idealfall aus der Fortbildung resultieren können, sind ein wichtiger Baustein für die Qualität in der Tagespflege – sie können aber unter fachlichen Gesichtspunkten keinen Ersatz für professionelle Beratung darstellen.

Umso bedenkenswerter ist es, daß an einigen Modellorten im Delegationsverfahren von öffentlichen Trägern zunehmend Aufgaben an freie Träger oder Vereine übertragen werden, ohne im Gegenzug ausreichende finanzielle oder personelle Kapazitäten herzustellen. Wenn das Ziel eine Professionalisierung des Tagespflegeangebots sein soll, ist es unzureichend, alleine auf das Angebot einer Grundqualifizierung zu bauen: „Wenn Jugendhilfe die Tagespflege nicht als Angebot begreift, das systematisch aufgebaut und gepflegt werden muß, darf sie sich nicht wundern, wenn das Ergebnis nicht den Erwartungen entspricht" (Dichans 1996, S. 4). Die Aufgabe der Bildungsträger und zuständigen Stellen der öffentlichen Jugendhilfe ist es, künftig vermehrt darauf zu achten, daß Tagespflegepersonen zuverlässige, für die Aufgabe der Beratung kompetente und verantwortliche AnsprechpartnerInnen sowie kontinuierliche Austauschmöglichkeiten angeboten werden. Nur so kann die für die Tagespflege typische und unter fachlichen Gesichtspunkten ungünstige „Isolation" der Tagespflegepersonen in ihrer täglichen Arbeit kompensiert und die geforderte Professionalität hergestellt werden.

2.4 Die Sicht der Teilnehmerinnen der Qualifizierungskurse

Im Anschluß an die Hospitationen und Videoaufzeichnungen wurde ein Fragebogen an die Teilnehmerinnen der Qualifizierungskurse verteilt, mit der Bitte, diesen zu Hause auszufüllen und an das Projekt zurücksenden. Das Ziel war, von einer repräsentativen Zahl von Teilnehmerinnen und mittels einer anonymen Befragungsmethode eine Einschätzung über die Zufriedenheit mit der gerade besuchten Kursveranstaltung zu erhalten.

Mit Hilfe eines Fragebogens wurde anhand von 29 geschlossenen und offenen Fragen versucht, die Vielschichtigkeit von komplexen Lern-/Lehrsituationen in der Tagespflegequalifizierung abzubilden und zu erfassen. In die Konstruktion des Bogens gingen Indikatoren für den Erfolg von Maßnahmen der Erwachsenen- und Frauenbildung ein, die sich in der aktuellen Fachliteratur finden. Diese Indikatoren waren leitend bei den teilnehmenden Beobachtungen des Projektteams und stellen die Grundlage für die im Projekt formulierten Qualitätsmerkmale (vgl. Kapitel 3) dar. Ergänzend zur schriftlichen Befragung wurden Gruppeninterviews mit den Teilnehmerinnen geführt (vgl. Anhang/Wissenschaftliche Anlage des Projekts).

Die befragten Teilnehmerinnen: Der Fragebogen wurde an insgesamt 382 Kursteilnehmerinnen verteilt. Davon haben den Bogen 235 Teilnehmerinnen ausgefüllt zurückgeschickt, das entspricht einer Rücklaufquote von 61,5%.

Zu ihren Erfahrungen mit Kindern befragt, gaben alle, mit Ausnahme einer Teilnehmerin, an, daß sie über Vorerfahrungen verfügen. Immerhin 66% der Kursteilnehmerinnen waren bereits als Tagesmutter tätig und 38% hatten zudem sonstige Erfahrungen, z.B. als Erzieherin oder Babysitterin für Kinder aus dem Bekanntenkreis (vgl. Tabelle).

Erfahrungen mit Kindern... (n = 235) (Mehrfachnennungen)	JA	NEIN
mit eigenen Kindern	93%	7%
mit Tagespflegekindern	66%	34%
Sonstige	38%	62%

Unter den Teilnehmerinnen befanden sich etwa 25%, die vor Beginn des Tagesmutterkurses eine pädagogische Ausbildung absolviert hatten. Bei der Überprüfung der Frage, ob ein Unterschied in den Einschätzungen der Teilnehmerinnen ohne bzw. mit pädagogischer Vorbildung (meistens sind es Erzieherinnen) vorliegt, war feststellbar, daß es so gut wie keinen Unterschied im Antwortverhalten dieser beiden Gruppen gab. Lediglich die Fragen „Ich hätte gerne mehr Gelegenheit zu einem Austausch in der Gruppe gehabt", „Ich hätte gerne mehr Zeit zum Nachdenken gehabt" und „Ich hätte gerne mehr Möglichkeit zum Üben gehabt" fanden bei den Teilnehmerinnen ohne pädagogische Vorbildung etwas mehr Zustimmung.

Auch die Frage, ob diejenigen Teilnehmerinnen, die bereits Erfahrung in Tagespflege besitzen, im Vergleich zu den Teilnehmerinnen ohne Erfahrung die Veranstaltungen unterschiedlich bewerten, führte zu einem ähnlichen Ergebnis. In Ihrer Einschätzung unterschieden sich die 66% Erfahrenen wenig bis überhaupt nicht von denjenigen Teilnehmerinnen, die zum Zeitpunkt der Kursveranstaltung noch keine Tageskinder betreut hatten. Die Auswertungen ergaben ausschließlich leichte Tendenzen bei Fragen, in denen Erfahrungswerte im Vordergrund standen, z.B. hatten die Teilnehmerinnen mit Tagespflegeerfahrung – wie zu erwarten war – während der Kursveranstaltung etwas konkretere Fragen und konnten mehr den Bezug zur Tätigkeit einer Tagesmutter herstellen. Außerdem hatten sie etwas mehr den Eindruck, interessante Erkenntnisse und Anregungen von anderen Kursteilnehmerinnen mit nach Hause zu nehmen.

Mit einer kleineren Anzahl (n = 44) dieser Kursteilnehmerinnen fanden zusätzliche leitfadengestützte Gruppeninterviews statt, um rückblickend ihre Zufriedenheit mit der gesamten bisher durchlaufenen Fortbildung und ihre Motive zu erfassen.

2.4.1 Motive für die Teilnahme

„Ich bin jederzeit für meine Kinder ansprechbar und verdiene Geld dabei, weil ich von zu Hause aus arbeite. Und das ist für mich eigentlich, wenn man selber Familie hat, das Schönste, was es gibt. Also mich erfüllt das und ich denke mal, ich sehe das als Beruf und dementsprechend muß ich mich bilden. Weil ich denke, das bin ich den Eltern auch schuldig und den Kindern und deswegen nehme ich natürlich diesen Aufbaukurs und auch die nächsten Kurse dann mit. Diese Einzelthemen nicht unbedingt. Aber diese festen Kurse finde ich ganz toll." (Teilnehmerin an einem Qualifizierungskurs)

Das Zitat macht deutlich, daß Tagesmütter durchaus ein Verständnis von Tagespflege als einer verantwortungsvollen und professionell auszuübenden Tätigkeit entwickelt haben können. Sie betrachten Fortbildung dementsprechend als selbstverständlichen Teil ihrer Arbeit mit Kindern. In den Interviews wurden nachfolgend weitere Motive für die Teilnahme an einer Qualifizierung genannt:

- Häufig versprechen sich die Teilnehmerinnen der Kurse mehr Sicherheit im Umgang mit Kindern. Speziell auch „Problemkindern" oder schwierigen Erziehungssituationen wollen sie dadurch besser entsprechen können.
- Die Teilnehmerinnen erhoffen sich außerdem mehr Sicherheit und Unterstützung im Kontakt und in der Beziehung zu den Eltern.
- Manche Teilnehmerinnen äußerten den Wunsch, durch die Teilnahme etwas für das eigene Kind zu tun. Vor allem, wenn sie noch kein Tageskind betreuten, bestand die Vorstellung, der Kurs würde sich alleine aus diesem Grunde lohnen – sogar wenn sich die Teilnehmerin *gegen* die Aufnahme einer Tätigkeit als Tagesmutter entscheiden sollte.
- Auch stand im Vordergrund der Wunsch nach einer beruflichen Perspektive, die sich für die Tagesmutter durch eine zertifizierte

Fortbildung eröffnen könnte. Es wurde auch die Hoffnung zum Ausdruck gebracht, eine bessere Ausgangsposition auf einem Angebotsmarkt zu erzielen, auf dem die Eltern sich die „bessere" Dienstleistung auswählen können.
- Manche Teilnehmerinnen kamen auf Anraten des Jugendamtes, weil davon die Vermittlung eines Tageskindes abhängig gemacht wurde.
- Ferner wurden Motive genannt, die generell mit der Tätigkeit selbst verbunden werden, z.B. Spaß an der Arbeit mit Kindern oder einen „Spielkameraden" oder ein „Geschwisterchen" für das eigene Kind zu ermöglichen.
- Speziell in Mecklenburg-Vorpommern finden Erzieherinnen, nachdem sie arbeitslos wurden, ein Betätigungsfeld, das ihrer Ausbildung noch am ehesten entspricht.

Die Fortbildung kann einen wichtigen Beitrag dazu leisten, die Motivlage der Teilnehmerinnen zu hinterfragen. Nicht alle Gründe für die Fortbildung lassen erkennen, daß eine Tätigkeit als Tagesmutter angestrebt wird. Gerade diejenigen Motive, die „pädagogische" Ziele hinsichtlich des eigenen Kindes formulieren, sind auf ihren Hintergrund und die tatsächlichen Möglichkeiten ihrer Verwirklichung anzusprechen. Ziele der Qualifizierung müssen auch darin liegen, realistischere Erwartungen aufzubauen, Entscheidungshilfen zur bzw. gegen die Tagespflegetätigkeit zu geben und zeitliche Perspektiven für die Tätigkeit aufzubauen. Dazu muß deutlich über die Vorteile mittel- und längerfristiger Betreuungen für die Kinder aufgeklärt werden bzw. über die Nachteile, die durch Betreuungsabbrüche entstehen.

Frauen und Mütter, die nur eine „Übergangstätigkeit" für ein bis drei Jahre suchen, weil sie sich in der eigenen Familienphase befinden oder eine Zeit der Arbeitslosigkeit überbrücken wollen, sind – unter dem Gesichtspunkt des Kindeswohls – besonders auf fachliche Unterstützung angewiesen. Häufig handelt es sich um Frauen mit einem relativ kleinen Kind, die in der Zeit des Erziehungsurlaubs ein Tageskind betreuen wollen. Sie verfügen über wenig Erfahrung in der Betreuung und Förderung von Kindern, nehmen häufig ein weiteres Kleinkind hinzu und sind sich der Bedeutung längerfristig stabiler Betreuungsbeziehungen zum Tageskind noch wenig bewußt.

2.4.2 Zufriedenheit mit der Qualifizierung

„Besonders gefallen an der Veranstaltung hat mir, daß ich mich selbst erfahren konnte und dadurch auch als ‚Kind' schauen konnte." (Teilnehmerin an einem Qualifizierungskurs)

Im Fragebogen, wie auch in den Interviews, kommt eine hohe Zufriedenheit der Teilnehmerinnen mit der Mehrzahl der Kursveranstaltungen zum Ausdruck. 88% der Kursteilnehmerinnen waren zufrieden bis sehr zufrieden (vgl. Grafik).

Häufig zeigten die Einschätzungen des wissenschaftlichen Teams und der Teilnehmerinnen in die gleiche positive Richtung – aber nicht immer. Beispielsweise wurde häufig der Praxisbezug bei der Bearbeitung des Themas gelobt oder der Frage zugestimmt „Bei dieser Referentin/diesem Referenten waren Erfahrungen in der Tagespflege spürbar". Im Gegensatz dazu standen die Aufzeichnungen des wissenschaftlichen Teams aus den Hospitationen, die gerade für diese Kursveranstaltung ein Fehlen von praktischen Beispielen oder Erfahrungen aus der Tagespflege konstatierten. Häufig ergab zudem das Interview mit der entsprechenden Referentin bzw. dem Referenten explizite Aussagen dazu, daß in deren Biographie keine Berührungspunkte zur Tagespflege vorhanden waren.

Eine sehr hohe Zufriedenheit der Teilnehmerinnen, die sich durch „objektive" Kriterien nicht immer stützen läßt, wird auch in anderen Studien zum Ausdruck gebracht.[12] Die Ursachen für diese

---

[12] Generell ist eine Tendenz zu positiven und zufriedenen Antworten bei Befragungen festzustellen, in denen TeilnehmerInnen Qualitätsurteile zu Weiterbildungsveranstaltungen abgeben sollen, vgl. zusammenfassende Auswertung von Studien zur Weiterbildungsqualität aus Sicht der Teilnehmenden (Gnahs 1995). Auch Befunde amerikanischer Studien zur Tagespflege zeigen, daß Tagesmütter und Eltern mit der Qualität in der Tagespflege deutlich zufriedener waren als die ForscherInnen (vgl. Textor 1998).
Die TeilnehmerInnen wurden in der vorliegenden Untersuchung zu einem sehr ausdifferenzierten Urteil aufgefordert, indem eine Vielzahl von Aspekten des Lehr-Lern-Prozesses abgefragt wurde. Außerdem wurden zusätzliche „offene" Antwortmöglichkeiten angeboten, die relativ häufig genutzt wurden. Die Fragen waren so formuliert, daß sie sich nicht gegenseitig verstärken oder ausschließen und einer „Ja-Sage-Tendenz" entgegengewirkt werden kann. Dennoch ist davon auszugehen, daß ein „psychologischer" Effekt bei den Teilnehmerinnen zu positiveren Bewertungen „ihrer" Kursleitung bzw. ReferentIn führt: Die TeilnehmerInnen in der Erwachsenenbildung nehmen häufig eine unterstützende Haltung gegenüber Lehrenden ein und bemühen sich um „Dozentenorientierung" (Siebert 1998).

Bewertungsunterschiede liegen vermutlich in der Möglichkeit der vergleichenden Einschätzung des wissenschaftlichen Teams, das an unterschiedlich gut gelungenen Veranstaltungen (teils zum gleichen Thema) teilnahm und auf diese Weise zwischen den Konzepten und Kursveranstaltungen Prioritäten entwickeln konnte. Zum anderen wurden auf der Basis der wissenschaftlichen Ergebnisse sicherlich strengere Maßstäbe bei der Bewertung der Programme angelegt (vgl. zusammenfassende Bewertung unter Punkt 2.5).

Ich bin zufrieden aus der Veranstaltung herausgegangen (n = 235)

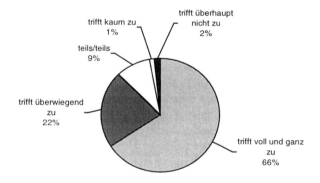

Die Teilnehmerinnen sprachen häufig ein ganz generelles, oft aber auch ein sehr differenziertes Lob aus, wie z.B. „Der Unterricht ist gut, informativ, lebendig, praxisbezogen" oder „Das Seminar war interessant, die Leitung professionell, ohne belehrend zu sein". Aus diesen Äußerungen wird deutlich, daß die Kursteilnehmerinnen bestimmte Erwartungen an die staltung von Seminaren mitbringen bzw. eigene Vorstellungen bezüglich z.B. Methoden und ReferentIn haben.

Die Tabelle zeigt die Mittelwerte der Bewertungen von allen befragten Teilnehmerinnen zu bestimmten Aspekten der Qualifizierungsveranstaltung, wie sie der Fragebogen vorgab. Es zeigt sich, daß die Einschätzungen durchaus auseinandergehen (zwischen 1,2809 und 2,6085). Die beispielsweise relativ negative Einschätzung des Zeigbudgets und der Tagespflegeerfahrung des/der ReferentIn deuten schon darauf hin, daß es sich um „Schwachstellen" handeln könnte, die sich in den Hospitations- und Interviewergebnissen weitgehend bestätigt haben.

Rating / Einschätzung der Qualifizierungsveranstaltungen durch die befragten Teilnehmerinnen*	Alle (n=235)
1. Das Thema der Veranstaltung hat mich angesprochen	1,2809
2. Die Referentin wirkt auf mich als Person glaubwürdig	1,2979
3. Es war ein partnerschaftliches Klima in der Gruppe	1,3021
4. Die Referentin ist gut auf die Teilnehmerinnen eingegangen	1,4553
5. Die Veranstaltung war klar aufgebaut und gegliedert	1,4681
6. Die Veranstaltung war interessant und lebendig	1,4766**
7. Die Pädagogin/der Pädagoge ist für mich fachlich überzeugend	1,4766**
8. Wir wurden ermutigt, eigene Erfahrungen und Fragen einzubringen	1,4979
9. Ich bin zufrieden aus der Veranstaltung herausgegangen	1,5149
10. Meine Erwartungen haben sich erfüllt	1,6111
11. Die ReferentIn hat mir interessante Erkenntnisse vermittelt	1,6880
12. Praxiserfahrung ist mir bei ReferentInnen wichtig	1,6979
13. Ich konnte mich gut in die Gruppe einbringen	1,7149
14. Die Veranstaltung hat mich zum Nachdenken gebracht	1,7617
15. Ich konnte oft den Bezug zur Tagesmuttertätigkeit herstellen	1,7787
16. Ich habe konkrete Tips und Hilfen erhalten	1,7872
17. Es wurde auf alles Wichtige eingegangen	1,8340
18. Bei dieser Referentin/diesem Referenten waren Erfahrungen in der Tagespflege spürbar	1,9741
19. Für die Bearbeitung des Themas war genug Zeit vorhanden	2,0000
20. Ich habe von anderen Kursteilnehmerinnen viele Anregungen erhalten	2,1319
21. Ich habe durch die Veranstaltung an Selbstvertrauen gewonnen	2,4000
22. Ich hatte konkrete Fragen zum Thema	2,6085
1. Ich hätte gerne mehr Möglichkeit zum Üben gehabt	4,1767
2. Ich wußte nicht, was ich mir unter dem Titel vorstellen sollte	4,1709
3. Ich hätte gerne mehr Zeit zum Nachdenken gehabt	4,0426
4. Ich hätte gerne mehr fachliche Information gehabt	3,8675
5. Ich hätte gerne mehr Gelegenheit zum Austausch in der Gruppe gehabt	3,8128

* Die Rangfolge in der Tabelle ergibt sich aus den Mittelwerten, die aus den Antwortmöglichkeiten auf die Ratingfragen (Werte von 1 bis 5) errechnet wurden. Ein kleiner Wert (Mittelwert) besagt, daß hier positive Wertungen vorgenommen wurden.
Ausnahme: Einige Fragen (vgl. unteren Abschnitt der Tabelle) waren so formuliert, daß ein hoher Wert (höchster angekreuzter Wert in der Ratingfrage: 5 = trifft überhaupt nicht zu) das bessere Ergebnis darstellt.
** Gleiche Wertung und Rangfolge.

Die weitergehende Analyse der Daten, die auch die Homogenität bzw. Heterogenität im Antwortverhalten berücksichtigt, zeigt, daß die Teilnehmerinnen ihre Zufriedenheit vor allem von fünf Aspekten abhängig gemacht haben. Die Zufriedenheit war dann sehr hoch, wenn folgende Gesichtspunkte zutrafen:

1. Die Veranstaltung war interessant und lebendig.

2. Meine Erwartungen haben sich erfüllt.
3. Die Referentin hat mir interessante und bedeutsame Erkenntnisse vermittelt.
4. Es war ein partnerschaftliches Klima in der Gruppe.
5. Ich konnte mich gut in die Gruppe einbringen.

Unsere Befunde erhärten vorhergehende wissenschaftliche Studien zur Erwachsenen- und Frauenbildung, die belegen, daß das Lernklima und die Gruppenatmosphäre eine entscheidende Rolle bei Lernprozessen von Erwachsenen spielen (vgl. u.a. Gieseke 1995, Reischmann & Dieckhoff 1996).

Die Ergebnisse verdeutlichen außerdem, daß es beachtenswert ist, welche Erwartungen bei den Teilnehmerinnen durch z.B. Ausschreibungstexte, Programmtexte oder andere schriftliche oder mündliche Informationen geweckt werden. Im Rahmen der Öffentlichkeitsarbeit sollte möglichst genau – z.B. durch aussagekräftige Titel und Überschriften – zu den einzelnen Veranstaltungen informiert werden. Sinnvoll erscheint es auch, gleich zu Beginn eines Kurses einen Überblick über Inhalte, Methoden, Aufbau und andere Merkmale der Gestaltung zu geben, damit die Teilnehmerinnen sich darauf einstellen bzw. realistische Erwartungen aufbauen können. Daß dies in der Mehrzahl der Kursveranstaltungen gelungen war, zeigt die Grafik.

Meine Erwartungen an diese Veranstaltung haben sich erfüllt
(n = 235)

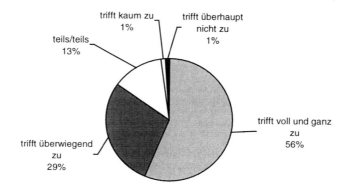

Die Teilnehmerinnen beschrieben auf die Frage, was ihnen besonders an der Veranstaltung gefallen hätte, immer wieder positive Erfahrungen mit dem Lernklima und der Atmosphäre in der Gruppe, z.B. „natürlicher Umgang miteinander", „das lockere, freundschaftliche Klima in der Gruppe". Die Einbindung in eine gut funktionierende Gruppe, in der ein Austausch von Erfahrungen stattfinden kann, hat einen hohen Stellenwert. Daher finden sich auch viele Nennungen in den Kategorien *Gruppenarbeit, Gruppengefühl* und *Austausch*, z.B. „daß wir als Gruppe zusammengearbeitet haben und nicht jeder gegen jeden", daß wir eine große tolle Gruppe waren, die sich gut versteht". Tagesmütter (wie generell alle Frauen, die „hauptberuflich" eine Familientätigkeit ausüben) sind in ihrem Arbeitsalltag in der Regel eher isoliert und vermissen einen Austausch unter „Kolleginnen". Der häufig genannte Wunsch nach Austausch äußert sich in Bemerkungen wie z.B. (mir hat gut gefallen) „...zu erfahren, daß andere Tagesmütter mit den gleichen Alltagsproblemen zu tun haben", „es war mehr Erfahrungsaustausch mit Anregungen als Unterricht. Lebensnah, nicht trocken" und „die Veranstaltung war sehr lebendig. Alle Teilnehmerinnen konnten und sollten aktiv teilnehmen".

In den *Kritikpunkten* wurde deutlich, daß es eines sensiblen Vorgehens durch die Referentin bzw. den Referenten bedarf, um in den Kursen immer wieder eine Linie zu finden, die den Bedürfnissen der Mehrheit der Teilnehmerinnen entgegenkommt. Denn einigen Teilnehmerinnen war gerade die Tatsache, daß alle ihre persönlichen Anliegen oder Themen ausführlich einbringen können, eher unangenehm, was z.B. in folgenden Aussagen zum Ausdruck kommt: „Es wird meiner Meinung nach noch immer zu viel Zeit mit Einzelschicksalen vertan" und weniger gut gefallen an dieser Veranstaltung haben mir „...die oftmals zu viel eingebrachten persönlichen Dinge anderer Teilnehmer".

Außerdem spielen in der tendenziell sehr positiven Rückmeldung der Teilnehmerinnen weitere verschiedene Kritikpunkte eine Rolle. Neben Anmerkungen zu den konkreten Themen, Inhalten, dem methodischen Repertoire und Vorgehen der Referentin betreffen die häufigsten negativen Nennungen den Komplex „*Zeitmangel* bzw. *Stoffülle*" im Ablauf der Kursveranstaltung. Dies zeigt sich in einer Vielzahl von Statements, z.B. „Die Zeit ist immer zu knapp", „Zu wenig Zeit für die vielen Fächer" oder „Das Thema hat mich sehr interessiert. Es konnte aber wegen der Kürze der Zeit nicht genügend aufgearbeitet werden".

In der Kategorie *Veranstaltungszeit* läßt sich ablesen, daß die Tagesmütter in die Versorgung der eigenen Kinder und der Tageskinder sehr eingespannt sind und es ihnen oft schwerfällt, die Qualifizierung im normalen Tagesablauf „unterzubringen". Allerdings läßt sich kein „idealer" Tages- bzw. Veranstaltungszeitpunkt ausmachen, denn nahezu an allen Veranstaltungszeitpunkten wird Kritik geäußert – ob der Kurs früh abends bzw. spät abends oder samstags stattfindet.

Im Vergleich der Qualifizierungsveranstaltungen (Anzahl = 30)[13] zeigt sich ebenfalls das grundsätzlich hohe Niveau der Zufriedenheit. Der maximale Wert auf der Skala der Zufriedenheit von 1 = „bin voll und ganz zufrieden" bis 5 = „bin überhaupt nicht zufrieden" beträgt etwas über 2,5, liegt also immer noch im mittleren Bereich. Aber zwischen den Veranstaltungen ergaben sich Schwankungen, die durchaus sehr gute Qualifizierungsveranstaltungen (Mittelwert 1,0) von mehr durchschnittlichen (Mittelwert 2,5) unterscheiden. Dies veranschaulicht die Grafik, in der die einzelnen Säulen jeweils für eine Veranstaltung stehen.

Bin zufrieden aus der Veranstaltung herausgegangen;
Statistik: Mittelwerte

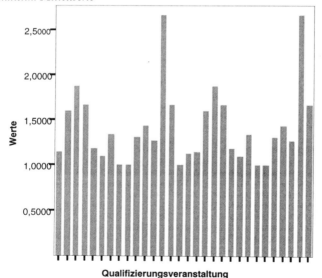

13 Die Zahl der hospitierten Veranstaltungen liegt bei 37. Es wurden in der Phase der Erprobung der Beobachtungsinstrumente und zur Entwicklung des Fragebogens Hospitationsbesuche ohne begleitende schriftliche Befragung durchgeführt.

In der Analyse der Beurteilungsunterschiede sind vor allem die Kriterien der Bewertung durch die Teilnehmerinnen ausschlaggebend, die bereits dargestellt wurden sowie die Einschätzungen der Referentin bzw. des Referenten, auf die nachfolgend eingegangen werden soll.

2.4.3 Bewertung von Inhalten, Methoden und ReferentInnen

„Besonders gefallen an dieser Veranstaltung hat mir, wie abwechslungsreich gearbeitet wurde; die lockere und trotzdem straffe Leitung der Veranstaltung durch die Referentin; die Offenheit und das Interesse aller, auch der Referentin." (Teilnehmerin einer Qualifizierungsveranstaltung)

Überwiegend ist es den ReferentInnen gut gelungen, eine positive Beziehung zu den Teilnehmerinnen herzustellen. Insgesamt fast 90% waren der Ansicht, daß die Referentin/der Referent „voll und ganz" bzw. „überwiegend gut" auf sie eingegangen ist (vgl. Grafik).

Die Referentin/der Referent ist gut auf die Teilnehmerinnen eingegangen (n = 235)

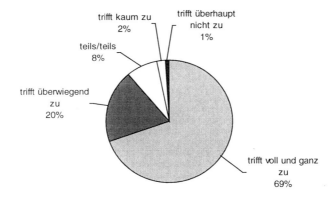

In der Arbeitsweise und dem *methodischen Vorgehen* der ReferentInnen hoben die Befragten beispielsweise hervor: „Die Referentin war sehr gut vorbereitet und hat es hervorragend weitergegeben" oder „Die Referentin hat sehr anschaulich erzählt und erklärt und ist auf alle Fragen eingegangen". Außerdem attestierten die Teilnehmerinnen in der großen Mehrheit der Referentin/dem Referenten positive Ausstrahlung hinsichtlich der Übereinstimmung in dem, was sie vermittelten und dem, was sie praktizierten. Auf mehr als drei Viertel der Befragten wirkte die Referentin/der Referent als Person voll und ganz glaubwürdig und auf 17% immerhin überwiegend. Auch fachlich konnten die ReferentInnen überzeugen: Zwei Drittel der Teilnehmerinnen bestätigen, daß sie die ReferentIn voll und ganz fachlich überzeugend fanden. 23% sahen sich überwiegend fachlich überzeugt (vgl. Grafik).

Die Pädagogin/der Pädagoge ist für mich fachlich überzeugend (n = 235)

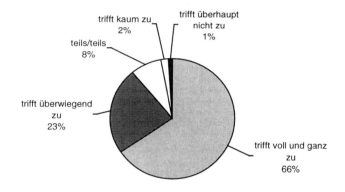

Den Teilnehmerinnen sind besonders angenehm aufgefallen: die *Methodenvielfalt*, die, in Worten der Befragten in der, "abwechslungsreichen" und „spannenden Gestaltung des Seminars" und der „Nutzung verschiedener Medien" zum Ausdruck kommt. Was die Teilnehmerinnen zudem methodisch positiv hervorhoben war die Möglichkeit zur *Selbsterfahrung und Reflexion*: „Sich selbst erfahren können und dadurch auch als Kind schauen können", „... über eigene Erfahrungen zu sprechen oder nachzudenken" und „... auch an die eigene Erziehung früher zu denken und damit zu vergleichen". Eine weitere Kategorie, die von den Befragten positiv hervorgehoben wurde war die *Praxisnähe* der Vermittlung, was beispielsweise in folgenden Aussagen zum Ausdruck kam: „...die praxisnahen Beispiele, die uns die Dozentin zu den verschiedenen Punkten gab", „Die Theorie wird praxisnah erläutert" und „Das Thema war absolut realistisch und sehr aktuell im täglichen Umgang mit Kindern/Tageskindern."

Häufig gaben die Tagesmütter im Fragebogen konkret an, was sie an Erkenntnissen aus der Veranstaltung mitgenommen haben. Diese ganz unterschiedlichen Aspekte lassen sich meist der Kategorie *Wissenszuwachs* zuordnen und äußern sich in Antworten wie z.B. "Ich weiß, worauf ich in Zukunft achten muß bei der Gewöhnungsphase, kann auch sicherer im Umgang mit ‚neuen' Eltern auftreten und ihnen Tips geben" oder „mehr Wissen über die ‚Arbeit' mit Kindern". Außerdem wurden viele Erkenntnisprozesse beschrieben, die sich unter die Kategorie *Persönlichkeits- und Identitätsbildung* subsumieren lassen und z.B. in folgenden Antworten bzw. Fragen zum Ausdruck kamen: „Ich habe erkannt, daß es den Idealfall (Erziehung) nicht geben kann (...) da Erziehungsstile verwischen bzw. ineinander übergehen" oder „Ist das überhaupt die richtige Arbeit für mich?" oder „... habe festgestellt, daß ich doch auf dem richtigen Weg bin, mich beruflich zu identifizieren."

Nahezu die Hälfte der befragten Teilnehmerinnen (47%) waren der Ansicht, daß alles besprochen wurde, was ihrer Einschätzung nach zum Thema gehört (vgl. Grafik).

Es wurde auf alles Wichtige eingegangen (n = 235)

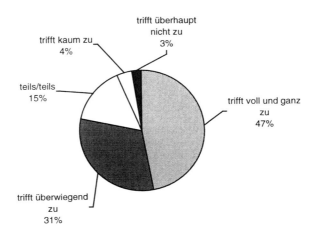

In den Interviews wurde auch deutlich, daß die ReferentIn häufig sehr vielfältige Funktionen ausübt. Wenn sie z.B. als Kursleiterin eine konstante Ansprechpartnerin im Qualifizierungsverlauf darstellt, wenden sich die Teilnehmerinnen auch außerhalb der Veranstaltungen mit Fragen und Problemen an sie. Wenn sie nicht zugleich auch eine beratende Funktion, z.B. in einem Tagesmütterverein, ausübt, kann dies manchmal auch für sie zu einer Überforderung führen.

2.5 Zusammenfassende Ergebnisse aus den Hospitationen

Die positiven Rückmeldungen der Teilnehmerinnen der Fortbildungskurse könnten den Gedanken nahelegen, daß der Auftrag des Modellprojekts, curriculare Anregungen zu erarbeiten, im wesentlichen durch eine Dokumentation der an den Modellorten bestehenden Ansätze zu erfüllen gewesen wäre.

Diese denkbare Vorgehensweise ließ sich indessen nicht realisieren. Obwohl auch das wissenschaftliche Team häufig beeindruckt war von der pädagogischen Qualität der Fortbildungsveranstaltungen, war festzustellen, daß gleichfalls Unterschiede in den Einschätzungen vorhanden waren (vgl. oben) und gerade die eher kritischen Einschätzungen von Tagespflegepersonen zu bestimmten Aspekten einer Veranstaltung häufig die Richtung angaben, in die auch die Vorbehalte des wissenschaftlichen Teams gingen.

Für die weiteren Arbeitsschritte, vor allem die Gestaltung der curricularen Elemente, sind folgende zentralen Ergebnisse, insbesondere aus den Hospitationen, leitend:

- In vielen Fortbildungsveranstaltungen gab es bestimmte Sequenzen, die hinsichtlich der inhaltlichen und methodischen Gestaltung Vorbildcharakter hatten. Dies konnte z.B. ein besonders verständlich vorgetragenes, den neuesten Wissensstand wiedergebendes Kurzreferat sein, ein zum jeweiligen Thema hervorragend passendes Rollenspiel oder eine Entspannungsübung, die bei den Tagesmüttern ausgesprochen gut ankam. Es fiel gleichzeitig auf, daß die wenigsten Veranstaltungen in ihrem Gesamtablauf modellhaft gestaltet waren. So war z.B. der Bezug der einzelnen inhaltlichen Schwerpunkte zum übergeordneten Thema teilweise nicht schlüssig oder es wurden zu viele verschiedene Themen in einer Veranstaltung abgehandelt.

- Es gab nicht selten eine eher schematische Darstellung wissenschaftlicher Ergebnisse in bestimmten Einzeldisziplinen, die es schwierig werden ließ, zu erkennen, welcher Bezug zu den konkreten Problemen und Fragestellungen der Teilnehmerinnen bestand. Besonders fiel diese eher fächerorientierte Vorgehensweise im Bereich der Pädagogik und Entwicklungspsychologie auf. In Gesprächen mit den zuständigen Referentinnen stellte sich manchmal heraus, daß sie gleichzeitig in der Ausbildung von Erzieherinnen tätig waren und die Inhalte von dort übernommen hatten.
- Die Veranstaltungen unterschieden sich sehr hinsichtlich ihres Bezugs zu Schlüsselsituationen in der Tagespflege. In den Hospitationen stellte sich heraus, daß viele Themen sehr allgemein behandelt, die Relevanz für die Tagespflege allenfalls angetippt wurde. Entsprechend kam dann auch Kritik der Teilnehmerinnen: „Was hat das mit meiner Arbeit als Tagesmutter zu tun?"
- Bezüglich des methodischen Vorgehens fielen große Unterschiede auf. Das Bemühen, eine lebendig gestaltete Fortbildung anzubieten, war fast überall spürbar. Dabei war allerdings manchmal „des Guten zuviel" zu beobachten, d.h. die Teilnehmerinnen erlebten teilweise ein regelrechtes „Methodenfeuerwerk", was u.a. zu Lasten einer angemessenen Auswertung einzelner Übungen ging. Es wurde auch nicht immer deutlich, warum im Kontext des behandelten Themas das jeweilige methodische Vorgehen gewählt worden war. Andererseits gab es Sequenzen, in denen auf naheliegende methodische Mittel – z.B. ein veranschaulichendes Rollenspiel – verzichtet wurde. Im Interview und in den Workshops wurde zum Ausdruck gebracht, daß manche Methoden zu wenig vertraut waren, um sie kompetent anwenden zu können.
- Das Projektteam teilt aufgrund seiner Beobachtungen in den Hospitationen den von Teilnehmerinnen geäußerten Eindruck, daß die Veranstaltungen häufig stofflich überfrachtet waren. Dadurch war es vielfach nicht möglich, sich mit wichtigen Aspekten eines Themas ausführlich zu befassen, und es entstand ein regelrechter Zeitdruck in den Veranstaltungen. Die Teilnehmerinnen hatten überwiegend bereits einen langen Arbeitstag hinter sich, wenn sie zu den abendlichen Fortbildungen kamen. Eine konzentrierte Erarbeitung der wichtigsten Fragen in der Tagespflege in einer insgesamt angenehmen, entspannten Atmosphäre verspricht daher den größten pädagogischen Nutzen.

Diese Befunde führten zur Erkenntnis, daß der zentrale Auftrag des Modellprojekts, curriculare Bausteine zu entwickeln, eben nicht lediglich durch eine Dokumentation der beobachteten Fortbildungsveranstaltungen erfüllt werden konnte. Dies kam auch deshalb nicht infrage, da die Themen der Hospitationen nur einen Teil des notwendigen Spektrums einer Fortbildung für Tagespflegepersonen abdeckten. Auch das ursprünglich angedachte Konzept eines modulhaft aufgebauten Curriculums erschien nicht mehr erstrebenswert. Die Beobachtungen hatten gezeigt, daß die kontinuierliche Zusammenarbeit in einer festen Fortbildungsgruppe eher zu der Vertrauensbasis führt, die erforderlich ist, um sich intensiv und wirkungsvoll mit den zentralen Fragen der Tagespflege auseinanderzusetzen. In einem zusammenhängenden Kurs kann es außerdem am ehesten gelingen, zu sinnvollen thematischen Schwerpunktsetzungen und deren Verknüpfungen mit dem Ziel ganzheitlicher Betrachtungen zu kommen. Dem Problem der stofflichen Überfrachtung der Veranstaltungen kann dadurch ebenfalls am besten begegnet werden.

Eine Fortbildung sollte so praxisnah gestaltet sein, daß Tagesmütter daraus einen unmittelbaren Gewinn für die Umsetzung in ihr Handlungsfeld ziehen können. Das gleiche gilt für die Gestaltung eines Curriculums. Unsere Bewertungen und kritischen Aussagen sind diesem Ziel geschuldet und nicht der „Abwertung" der pädagogischen Arbeit der Fachkräfte in den Modellorten. Wir sind vielmehr sehr dankbar, daß uns die Hospitationen ermöglichten, einige sicherlich typische „Fehler" vor Ort zu erleben. Dies erhöht die Chance, im vom DJI entwickelten Curriculum manche curriculare „Klippe" zu umschiffen. Außerdem muß bedacht werden, daß wir in jedem Ort nur einen Ausschnitt der pädagogischen Arbeit miterleben konnten. Verallgemeinernde Aussagen über die Qualität des gesamten Fortbildungskurses und anderer Veranstaltungen – auch derselben Referentin – sind daher keineswegs angebracht.

Es muß schließlich deutlich gesehen werden, daß Unwägbarkeiten im lebendigen Prozeß der Zusammenarbeit zwischen Teilnehmerinnen und ReferentIn den ursprünglich vorgesehenen Verlauf wesentlich beeinflussen und verändern können. Die Anwesenheit der wissenschaftlichen Beobachterinnen hatte – wie zu erwarten war – ebenfalls einen Einfluß auf den Ablauf der Veranstaltungen, der jedoch bei anschließenden Nachfragen – sowohl von den Teilnehmerinnen, als auch von den ReferentInnen – als unerwartet gering eingeschätzt wurde. Häufig wurde berichtet, daß nach einer anfänglichen Aufregung bald vergessen wurde, daß DJI-Mitarbeiterinnen anwesend waren. Dennoch wurde im anschließenden Interview mit der ReferentIn manchmal deutlich, daß eine Parallelveranstaltung zum gleichen Thema mit einer anderen Gruppe einen gänzlich anderen – unter Umständen konstruktiveren – Verlauf genommen habe.

Die Ergebnisse der Hospitationen gaben also einen wesentlichen Impuls für die Entscheidung, auf der Basis der gewonnenen Erkenntnisse einen eigenen Curriculum-Entwurf für die Qualifizierung von Tagespflegepersonen zu erarbeiten. Dabei finden nach Möglichkeit alle die Veranstaltungsbausteine Berücksichtigung, die sich in der hospitierten Praxis bewährt hatten bzw. beispielhaft waren.

Im nachfolgenden Kapitel wird dargestellt, welche Qualitätsmerkmale sich aus den Ergebnissen des Modellprojekts unter Heranziehung relevanter wissenschaftlicher Erkenntnisse aus der Erwachsenen- und Frauenbildung herauskristallisieren und welche weiteren Folgerungen für Fortbildung in der Tagespflege daraus abgeleitet werden können.

Karin Weiß

3 Zentrale Gütemerkmale für die Qualifizierung in der Tagespflege

Aus der Wirtschaft schwappt seit Anfang der 90er Jahre die „Qualitätsdebatte" in alle Bereiche des öffentlichen Lebens. Kaum ein Arbeitsfeld bleibt unberührt vom Anspruch auf Qualitätssicherung, Qualitätsentwicklung, Qualitätsstandards, Total Quality Management, ... Insbesondere auch Empfänger von öffentlichen Geldern müssen bei gleichzeitiger Ressourcenverknappung den Nachweis von Effektivität erbringen, die betriebswirtschaftliche Effizienz erhöhen, die Sicherung ihrer Arbeits- bzw. Dienstleistungs-Qualität gewährleisten. Auch die öffentlichen Förderer von Weiterbildung drängen auf höchstmögliche Effektivität der verausgabten Mittel. Weiterbildungsträger sehen sich in der Notwendigkeit zur verbesserten Darstellung der eigenen Leistungen in der Öffentlichkeit und gegenüber den Geldgebern/der Politik.

Qualität ist jedoch nicht erst seit kurzem ein Anliegen der Profession Erwachsenenpädagogik. Fragen professionellen Handelns und differenzierter Programme sind schon ebenso lange in der Diskussion wie Fragen der Evaluation, der Hospitation, der Erfolgs- und Ergebniskontrolle. In den vergangenen Jahrzehnten sind durchgängig Anstrengungen unternommen worden, Qualitätsmomente für „gute Praxis" zu definieren. Ekkehard Nuissl, Direktor des Deutschen Instituts für Erwachsenenbildung, konstatiert, daß in Deutschland seit langem ein bewährtes System zur Überprüfung von Qualität in der beruflichen Weiterbildung besteht:

„Es gibt eine Anerkennung von Weiterbildungseinrichtungen nach Weiterbildungsgesetzen auf Länderebene. Es gibt eine Prüfung der Bundesanstalt für Arbeit bei denjenigen Weiterbildungseinrichtungen, die Kurse nach dem AFG anbieten. Es gibt die Anerkennung von Veranstaltern und Maßnahmen nach den Bildungsurlaubsgesetzen. Es gibt ressortspezifische Anerkennungs- und Berechtigungsverfahren etwa in der Landwirtschaft oder – staatlich anerkannt – in bestimmten Kammerbereichen. Es gibt staatlich verantwortete Weiterbildungseinrichtungen wie Lehrerfortbildungsseminare, wissenschaftliche Weiterbildungen an Hochschulen, kommunale Volkshochschulen und vieles andere mehr (Nuissl 1995, S. 17).

Vor der „Qualitätsoffensive" zielten die Bestrebungen zur Verbesserung der Qualität von Weiterbildung insbesondere auch auf eine Professionalisierung der Fachkräfte, z.B. durch Gewährleistung eines hauptamtlichen Status. Der Prozeß der Professionalisierung auf dieser Ebene stagniert jedoch. In der Erwachsenenpädagogik ist die erwachsenenpädagogische Qualifizierung der Fachkräfte noch längst nicht immer selbstverständlich, während durch Kürzungen und betriebswirtschaftliche Handlungsmodelle schon neue große Herausforderungen entstanden sind. Viele, v.a. kleinere Weiterbildungsträger stehen mit dem aus der Wirtschaft übernommenen Konzept der Qualitätssicherung noch am Anfang, ohne ihren Fachkräften gesicherte Arbeitsverhältnisse und damit die Möglichkeit für die volle Entfaltung ihrer pädagogischen Fähigkeiten bieten zu können.

Dennoch ist derzeit in der Erwachsenenbildung vielerorts auch Offenheit für Qualitätsansätze aller Art zu finden: Es wird experimentiert mit EQM, Benchmarking, Qualitätszirkeln, ISO, Selbstevaluationsverfahren, und seit Mitte der 90er Jahre gab es eine Vielzahl von Kolloquien, Diskussionsveranstaltungen, Konferenzen zur Bildungs- und Trägerqualität. Allerdings werden diese Bemühungen begleitet durch Qualitätsverlust aufgrund der zunehmenden Ressourcenverknappung: Bei den Volkshochschulen konnten deshalb bereits 1995 weniger Hospitationen, weniger Doppeldozenturen, weniger Fortbildungen und weniger Fachkonferenzen stattfinden (Nuissl 1995, S. 12).

In der wirtschaftsnahen Weiterbildung läßt man sich „Qualitätsmanagement" gegen teures Geld zertifizieren, weil die Unternehmen ein Zertifikat erwarten und weil hier offenbar noch finanzielle Spielräume gegeben sind. Anders dagegen in der Erwachsenenbildung – und hier insbesondere im Bereich der Non-Profit-Bildungsträger, die häufig auch Träger für Qualifizierungen in der Tagespflege sind: Die Instrumente der Qualitätssicherung aus der Wirtschaft sind dort nicht ohne weiteres anzuwenden. Denn einerseits geht es bei der Definition von Qualitätsmerkmalen um normative fachliche Standards, andererseits müssen solche Standards auch pragmatisch im Sinne ihrer Umsetzbarkeit definiert werden, d.h. sie müssen mit den vorhandenen Ressourcen und Potentialen abgestimmt werden (vgl. Schicke 1999).

Wie kann mit dem Modellprojekt Qualität in der Qualifizierung für die Tagespflege erreicht und erhalten werden? Die Gemeinschaft der „Bildungseinrichtungen der Wirtschaft" in Niedersachsen hat herausgestellt, daß die Gestaltung einer Bildungsmaßnahme nach anerkannten Lehrplänen ein Merkmal von Qualität ist (Stockmann 1993, S. 38). Wenn auch die Übertragbarkeit von Maßstäben aus der Wirtschaft auf andere Gesellschaftsbereiche oft problematisch ist, so wird in diesem Punkt doch weitgehend Konsens zu erzielen sein: Die Ausarbeitung eines fachlich fundierten Curriculums scheint geeignet, die Qualität der Qualifizierung für die Tagespflege zu verbessern.

Doch eigentlich erweist sich die Qualität einer Qualifizierungsmaßnahme so richtig erst in der Durchführung und dann, wenn die TeilnehmerInnen ihre neu erworbenen Kompetenzen in der Praxis einsetzen. Entsprechend wird von Fachleuten der Qualitätsentwicklung unterschieden zwischen *Durchführungsqualität* und *Erfolgsqualität* (vgl. Schicke 1999: Qualitätssicherung und Frauenbildung, S. 27 – zit. wird dort das Instrument „Qualitätssicherung in der Volkshochschule" des Landesverbandes der Volkshochschulen Niedersachsens e.V.). Arnold (1994, S. 7) spricht vom gleichen Sachverhalt in der englischen Nomenklatur: Er beschreibt die „Throughput-Qualität", die im Gegensatz zur Input-Qualität und zur Output-Qualität von Weiterbildung sich mit denjenigen Aspekten beschäftigt, „die während der eigentlichen Maßnahme wirksam werden". Dazu zählt er auch die Didaktik in den Dimensionen: „motivierend, erwachsenengemäß, erfahrungsorientiert, handlungsorientiert, reflexiv lernend". *Mit den Projektprodukten „curriculare Elemente" und „Gütemerkmale" bewegen wir uns auf der Ebene der Durchführungsqualität.*

Erfolgsqualität ist nicht ohne weiteres zu überprüfen, denn Bildung an sich „ist ein persönlich-interaktiver Prozeß" (Gieseke 1995, S. 23) und als solcher „widerständig", d.h. es können „nur begrenzt Wirkungen vorherbestimmt und eingefordert werden" (s.o.). Erfolg hängt in der Bildung in hohem Maße auch vom persönlichen Hintergrund und vom Input der Lernenden ab. „(...) Bildung ist nicht als Ware organisierbar und entsprechend zu verwerten." Sie läßt sich nicht in Gänze „messen, abwiegen, planen, vorhersagen, steuern" (Gieseke 1995, S. 24) (vgl. auch Kap. 3.1). *Bildungsträger und Lehrende können also immer nur die Voraussetzungen dafür schaffen, daß für die Praxis Erfolgsqualität wahrscheinlich ist. Garantiert herstellen können sie den Erfolg nicht.*

Rita Stockmann hat aus dem Blickwinkel des Verbraucherschutzes 1993 einen Überblick über Instrumente zur Beurteilung der Qualität von Weiterbildungsveranstaltungen zusammengetragen. Sie hat festgestellt,

„(...) daß die Qualität von Weiterbildung keine klar definierte und allgemein anerkannte Größe ist, die sich anhand eines klar definierten Maßstabs messen ließe. Vielmehr setzt sich die Qualität von Weiterbildung aus verschiedenen Teilqualitäten zusammen, die sich auf unterschiedliche Phasen des Weiterbildungsprozesses beziehen und durch Kriterien bestimmt werden können. Auch für die Teilqualitäten (wie die Durchführungsqualität) gilt, daß sie nicht allgemein verbindlich definiert werden können. (...) Es müssen für die einzelnen Teilqualitäten Grundkriterien entwickelt werden, die unter Berücksichtigung der jeweiligen Besonderheiten der Weiterbildungsveranstaltungen und der Nachfrager(innen) um spezifische Kriterien ergänzt und jeweils unterschiedlich gewichtet werden müssen. Das Augenmerk muß sich dabei v.a. auf die maßnahme- und adressatenspezifischen Kriterien richten, weil erst sie die Situation der Nachfrager(innen) entschieden verbessern." (Stockmann 1993, S. 51)

In diesem Sinne haben wir vor der Erstellung der curricularen Elemente und des „Bauplans" für ein Curriculum Gütemerkmale erstellt, die sich speziell auf die Maßnahme „Qualifizierung in der Tagespflege" beziehen. Neben den eigenen Erhebungsergebnissen aus dem Projekt (Kap. 2) haben wir dabei versucht, die Praxisgegebenheiten der Erwachsenenbildung im Non-profit-Bereich ebenso zu berücksichtigen (Honorarkräfte, „berufsbegleitende" Qualifizierung, Teilnehmerinnen mit Kindern, wenig Ressourcen, inhaltlicher Anspruch an die Qualifizierung zur Gewährleistung des Wohles der in Tagespflege gegebenen Kinder), wie auch den Stand der Diskussion in der Erwachsenenpädagogik und der Frauenbildung. Auch in den Fachwissenschaften haben wir uns um Rezipierung des neuesten Standes bemüht.

Welches die Grundlagen für die curricularen Elemente im einzelnen sind, soll nachfolgend dargelegt werden. Dabei wenden wir uns zunächst dem erwachsenenpädagogischen Rahmen zu (Kap. 3.1), danach den Kriterien der Frauenbildung (Kap. 3.2) und schließlich der fachlich-inhaltlichen Basis der curricularen Elemente (Kap. 3.3). Abschließend werden die Gütemerkmale vorgestellt, die für die Konstruktion der curricularen Elemente definiert wurden (Kap. 3.4).

3.1 Erwachsenenpädagogischer Rahmen

In den Lernkulturen unserer öffentlichen Bildungs- und Ausbildungsinstitutionen sind trotz Bemühung um Senkung des Anteils von „Belehrungspädagogik" zugunsten einer „Erfahrungspädagogik" (Nuissl 1995) frontalunterrichtliche Formen des Lehrens und Lernens noch recht verbreitet. „Häufig nur durch die Androhung des Entzugs von Lebenschancen können diese zum Ritual erstarrten Formen ihre Glaubwürdigkeit behaupten" (Arnold 1996 b, S. 1). Viele Menschen, die an Erwachsenenbildungsmaßnahmen teilnehmen, sind in diesem Sinne „schulgeschädigt" – das haben auch unsere Teilnehmerinnen-Befragungen im Rahmen des Modellprojekts bestätigt. Viele Teilnehmerinnen von Tagespflege-Qualifizierungen haben in der Schule „tote Lernkulturen" mit „skandalös geringer Nachhaltigkeit" unter dem Motto „Nicht für die Schule, sondern für die Selektion (Prüfung) lernen wir" durchlitten (Arnold, ebd.). An kritischen Stimmen, die eine Änderung dieser Verhältnisse fordern und alternative Ansätze ausgearbeitet und erprobt haben, hat es in der Geschichte der Pädagogik nicht gefehlt.

Seit den 80er Jahren läßt sich in unserem Bildungssystem eine größere Aufgeschlossenheit gegenüber ganzheitlichen und sog. „lebendigen" Formen des Lehrens und Lernens feststellen. Vorreiter ist dabei in mancher Hinsicht die berufliche Bildung – in dem Bemühen, Schlüsselqualifikationen zu vermitteln bzw. anzubahnen. „Zulieferer" einer Konzeption lebendigen Lernens, wie sie Rolf Arnold aktuell als prominenter Vertreter propagiert, sind u.a. die Reformpädagogik der 20er Jahre, die Humanistische Psychologie und Pädagogik, der Konstruktivismus (vgl. Arnold 1996 b, S. 3). Der Begriff „Lebendiges Lernen" wurde vor über 30 Jahren geprägt von Ruth Cohn, Begründerin der „Themenzentrierten Interaktion" (TZI). TZI ist ein Konzept der Gruppenleitung, das versucht, systematisch pädagogisch-therapeutische Elemente für Bildungs- und andere Kommunikationsgruppen nutzbar zu machen. Cohn hat zusammen mit anderen Therapeuten 1966 in New York das „Workshop Institute for Living Learning" (WILL) gegründet und sich als Überlebende des Holocaust mit Lehr- und Lernkonzepten beschäftigt, die menschliches Wachstum fördern.

Selbstbestimmung des Menschen, das Recht auf Achtung seiner Würde, die Fähigkeit, Verantwortung für sich und seine Welt zu übernehmen, sind in der TZI Basis allen Lehrens und Lernens. Zentrales Arbeitsprinzip ist, das Gleichgewicht aufrechtzuerhalten zwischen der eigenen Person, den Befindlichkeiten der anderen Gruppenmitglieder und dem Thema. Wird allen Aspekten gleichermaßen Beachtung geschenkt, ist die Gruppe im Gleichgewicht und es besteht „dynamische Balance" (vgl. Freudenreich, Diehl u.a. 1996).

Da fremdorganisiertes Lernen – z.B. im Rahmen von Weiterbildungsmaßnahmen – im Gegensatz zu intrinsischem, eigenmotiviertem Lernen schnell Gefahr läuft, aus der „dynamischen Balance" zu geraten, als sinnlos erlebt zu werden und demzufolge erfolglos zu verlaufen, sollte es möglichst „lebendig" (im Sinne von Ruth Cohn) verlaufen.

3.1.1 Wann ist Lernen lebendig?

Jost Reischmann und Klaus Dieckhoff haben anhand der Aussagen von knapp 500 befragten TeilnehmerInnen von Erwachsenenbildungsveranstaltungen versucht zu beschreiben, wann Lernen besonders positiv erlebt wird (s. Reischmann/Dieckhoff 1996). Das war immer dann der Fall, wenn Lernen Sinn und Bedeutung für das Leben der Lernenden hatte – wenn es als *„lebensbedeutsam"* eingeschätzt wurde.

Als lebensbedeutsam empfanden Lernende eine Veranstaltung dann, wenn sie z.B. *Einsichten über sich selbst als Person* gewinnen konnten oder wenn sie etwas gelernt haben, was ihnen geholfen hat, sich selbst zu verändern und ihre Fähigkeiten zu erweitern. Positiv wurde auch erlebt, wenn die Teilnehmenden das Gefühl hatten, miteinander und aneinander lernen zu können und *„gute und hilfreiche Kontakte"* (S. 166) aufbauen konnten. Die Befragten haben positiv wahrgenommen, wenn ihnen Sachinformationen *in sachlich-engagierter Form dargeboten* worden sind und die Lehrenden fachlich kompetent waren. Dabei heben Reischmann/Dieckhoff hervor, daß fachliche Kompetenz zwar „die notwendige Voraussetzung lebendigen Lernens (sei), aber sie allein garantiert noch nicht die Lebendigkeit des Lernens" (1996, S. 168). *Didaktische Kompetenz* wurde von den Befragten eher als fehlend wahrgenommen, d.h. „ungünstige Lehr-/Lernarrangements" im Sinne von „Vortragsstil" oder „Fachchinesisch" standen dem Eindruck von lebendigem Lernen deutlich entgegen.

Eine *„Lernkultur"* mit Qualitäten wie Offenheit, Vielfalt, Toleranz von und für andere Menschen und Meinungen dagegen fördert nach den Auswertungen von Reischmann/Dieckhoff die Lebendigkeit von

Lernen. Die Dimension des *„sozialen Klimas"* wird auch von der andragogischen (erwachsenenpädagogischen) Evaluationsforschung als „Kriterium eines guten Kurses" betont (1996, S. 170). „In einer guten Veranstaltung (...) herrscht ein Klima gegenseitiger Achtung, partnerschaftlichen Helfens, entspannten Humors und persönlicher Echtheit" (Reischmann 1995, S. 273). Dieses *„Lernen in Mitmenschlichkeit"* ist nach Reischmann/Dieckhoff eine „überaus wichtige Prozeßqualität lebendigen Lernens in der Erwachsenenbildung" (1996, S. 170). Eine weitere Qualität der Lernumwelt, die lebendiges Lernen fördert, ist *das „Lernen in Wohlbefinden"*: Lernende nehmen mehr auf und mit, wenn sie sich beim Lernen wohlfühlen. Dies wurde in den Untersuchungen von Reischmann/Dieckhoff und auch durch unsere Teilnehmerinnen-Befragung bestätigt.

Zusammenfassend lassen sich *zentrale Elemente lebendigen Lernens* aus der zitierten Untersuchung identifizieren:

– Das Lernen war für die Lernenden *lebensbedeutsam* und lebensdienlich, d.h. es konnten selbsterkennende und selbstverändernde Prozesse stattfinden.
– Die Lernenden hatten Gelegenheit, *miteinander und aneinander* zu *lernen* und hilfreiche Kontakte aufzubauen.
– Sachinformationen waren *in sachlich-engagierter Form* dargeboten worden, die Lehrenden begleiteten die Lernenden *fachlich und didaktisch kompetent*.
– Das Lernen fand in einer Kultur mit Qualitäten wie *Offenheit, Vielfalt, Toleranz von und für andere Menschen und Meinungen* statt.
– Das Lernen vollzog sich in einem sozialen *Klima der Mitmenschlichkeit*.
– Die Lernenden *fühlten sich beim Lernen wohl*.
– Insbesondere das Zusammenwirken mehrerer dieser Qualitäten und eine *ganzheitlich-mehrdimensionale Erarbeitung* eines Themas war bedeutsam für die Empfindung von Lebendigkeit des Lernens.

3.1.2 Didaktik: Wie kann lebendiges Lernen ermöglicht werden?

Didaktik organisiert Lernen für andere. Sie „kann Lernerfolg nur fördern und ermöglichen; garantieren kann sie ihn nicht" (Reischmann/Dieckhoff 1996, S. 175). Das ist seit den Anfängen der Pädagogik bewußt, deshalb wird die/der ErzieherIn nicht erst seit Rousseau gern mit dem Bild der „Gärtnerin/des Gärtners" assoziiert. ErwachsenenpädagogInnen können also didaktisch zwar alles tun, was Lernen erfolgversprechend macht, gleichzeitig müssen sie aber wissen, daß Lernen sich nicht erzwingen läßt. Denn die Lernenden „bringen in das Feld des Lehrens und Lernens ihre eigenen Relevanzsysteme mit" (ebd., S. 176). Nach ihren eigenen Gesichtspunkten interpretieren und evaluieren sie das Neue und entscheiden selbst, was sie sich „einverleiben". Arnold macht in diesem Zusammenhang darauf aufmerksam, daß Lernen auf Erfahrungen gründet. Gelernt wird, was von einem Menschen aufgrund seiner bisherigen Erfahrungen als bedeutungsvoll wahrgenommen wird und sich an die vorhandene „Struktur" anknüpfen läßt. Konkret formuliert: Eine Teilnehmerin/ein Teilnehmer einer Weiterbildungsmaßnahme greift aus den angebotenen Informationen das heraus, was sie/er zum aktuellen Zeitpunkt aufgrund ihres/seines Erfahrungshintergrundes als relevant erachtet und was sie/ihn bei der Bearbeitung individueller Themen zu unterstützen verspricht. Lernen ist demnach „ein selbstgesteuerter Verarbeitungsprozeß des Individuums" und beruht auf einer „Differenzerfahrung" – der Differenz zwischen Vertrautem und Neuem (Arnold/Schüßler 1996, S. 187).

Aufgabe der Didaktik wäre somit, „einen Rahmen bzw. Deutungsspielraum (zu schaffen), der es den Lernenden ermöglicht, das für sich jeweils ‚Passende' zu rezipieren" (ebd., S. 190). Lebensweltbezogene Erwachsenenbildung im Sinne von lebendigem Lernen kann dabei professionell initiiert werden, wenn die Referentin/der Referent nicht nur ihre/seine bzw. die durch sie/ihn vermittelte Sicht der Dinge zuläßt, sondern auch die „Deutungsmuster" der anderen Teilnehmenden zum dargestellten Thema explizit berücksichtigt und sie mit differenten Sichtweisen konfrontiert, um allen bewußt „differente Erfahrungen" zu ermöglichen. Sie/er schafft mit einem strukturierten Erfahrungsaustausch „multiple Perspektiven" und stellt den Teilnehmenden somit einen „Deutungspool" zur Verfügung. „So können Lernprozesse angeregt und (...) Einsichten in die eigenen Wahrnehmungs-, Gefühls- und Denkvorgänge entwickelt werden" (ebd., S. 194/195).

Dieses Prinzip der Erfahrungsorientierung hat im erwachsenenpädagogischen Handeln eine ausgewiesen lange Tradition und hohe Konsensfähigkeit (s. Gieseke/Siebers 1996, S. 207). Das Reden über Erfahrungen ist auf das Herstellen eines gemeinsamen Verstehenskontextes, weniger auf ein bestimmtes Methodensetting angewiesen. Die entsprechenden Bedingungen lassen sich nicht methodisch technisieren. Wechselseitige Akzeptanz und Empathie, Geduld und Zeit sind die Voraussetzungen, unter denen sich dieser Verstehenskontext entwickeln kann.

Eine Didaktik, die das oben Beschriebene ernst nimmt, versucht, den Lernenden alles an die Hand zu geben, was sie brauchen, um „selbstgesteuert" ihr Lernen vollziehen zu können. Frühe Vertreterin eines solchen Vorgehens war Maria Montessori, die dazu aufforderte, Kindern nichts überzustülpen, sondern ihnen nur zu assistieren nach dem Motto: „Ich helfe dir, es selbst zu tun!" Arnold hat für die Weiterentwicklung dieses Ansatzes in der Erwachsenenpädagogik den Begriff „*Ermöglichungsdidaktik*" geprägt, der ein methodisches Procedere im Sinne „riskanter Vermittlungsformen" mit sich bringt (Arnold 1996 c). Als „riskant" können die Vermittlungsformen insofern gelten, als die Bereitstellung „anregender Situationen, in denen individuelle ‚Suchbewegung' und ‚Probedenken' möglich sind" eine durchgängige Plan- und Kontrollierbarkeit des Lehr-/Lernprozesses für die Lehrenden ausschließt (ebd., S. 719).

Lernende sind nach diesem Bild nicht länger passive EmpfängerInnen von Bildungsgut, sondern werden als autonome Individuen respektiert, die am nachhaltigsten selbstgesteuert lernen. Die Lehrenden nehmen in einem solchen Arrangement nicht die Rolle von „PaukerInnen" ein, sondern vielmehr die Rolle einer/eines „Facilitators" (= Ermöglicherin/Ermöglicher – in Anlehnung an Carl Rogers 1974). Lernformen wie lebendiges Lernen bedürfen in einem Weiterbildungskontext *professioneller Planung, die eine „lebendige Begegnung zwischen dem lernenden Menschen und der zu lernenden Sache möglich und wahrscheinlich" macht* (Reischmann/Dieckhof, S. 176). Seit den Anfängen der Reformpädagogik wurde eine Vielzahl didaktischer Formen zur Ermöglichung selbstgesteuerten Lernens weiterentwickelt, z.B. Projektmethode, offenes Lernen, Moderationsmethode.

Fazit: Dem Anspruch an lebendiges Lernen wird Erwachsenenbildung dann gerecht, wenn es gelingt, Prinzipien der Kommunikation und Interaktion sowie der Identitäts- und Erkenntnisarbeit in die didaktische Planung zu integrieren.

3.1.3 Welche Lehrenden können lebendiges Lernen ermöglichen?

Arnold/Schüßler (1996) vertreten die Ansicht, daß Lehrende bei aller grundsätzlich strukturierten Offenheit einer Lehr-/Lernsituation auch in der Lage sein sollten, Beispiele der Lernenden an wissenschaftliche Erklärungsmodelle anzuknüpfen und den im Unterricht zu behandelnden Stoff flexibel auf die Deutungen der Teilnehmerinnen zu übertragen. Ohnehin sollten sie auch Wissen vermitteln in Fällen, wo neue Inhalte zu weit von bekannten Deutungen entfernt liegen (z.B. rechtliche Regeln). Ein weiteres Mittel, mit dem sie bewußt auf die Lehr-/Lernsituation einwirken können, ist: den Teilnehmenden eigene autobiographische Erfahrungen preiszugeben und sich damit als Person und gleichwertige GesprächspartnerInnen zu erkennen geben. Bei alledem sollten sie die professionelle Verschränkung von Empathie und Distanz souverän handhaben.

Deutungslernen nach Arnold stellt mit dem dazugehörigen „Perspektivenmanagement" insgesamt hohe und sehr spezifische Anforderungen an die pädagogische Professionalität. So müssen die Lehrenden neben den „offiziellen" Lernthemen auch die „mitgebrachten" Themen der TeilnehmerInnen beachten. Mit der Frage, wie ein solches Lernen professionell ermöglicht und situativ gestaltet werden kann, stehen Theorie und Praxis der Erwachsenenbildung nach Meinung Arnolds (1996 c) vor einer neuen Dimension der Professionalitätsdebatte. Anders gefragt: Welche Honorarkräfte können unter welchen Arbeitsbedingungen diese anspruchsvolle Arbeit leisten?[14]

Die Praxiserfahrung in pädagogischen Tätigkeitsfeldern zeigt außerdem, daß die Fähigkeit vieler Erwachsener zu selbstgesteuertem Lernen unter den gegebenen Bedingungen schulischer Vorerfahrungen und schulisch ausgerichteter Lernsettings oft nicht in wünschenswertem Maß in der zur Verfügung stehenden Zeit zu erreichen ist. Selbstgesteuertes Lernen setzt hohe Motivation, Lerntechniken und Ressourcen voraus und kann recht mißerfolgsanfällig sein. Lebendiges Lernen kann zunächst auch Druck, schmerzhafte Lernerfahrungen und Enttäuschungen verursachen (vgl. Reischmann/Dieckhoff 1996, S. 174). Deshalb kamen WissenschaftlerIn-

---

14 Die Beschäftigungsverhältnisse in der Weiterbildung sind vielfach so prekär, daß qualifizierte pädagogische Fachkräfte von sich selbst als „Tagelöhnerinnen im Bildungsbereich" sprechen (s. gleichlautender Artikel in: Erziehung und Wissenschaft 11/2000, S. 27/28).

nen und Praktikerinnen nach einer zwischenzeitlichen starken Betonung des selbstgesteuerten Lernens (v.a. in den USA) zu dem Schluß: „Selbstgesteuertes und fremdgesteuertes Lernen haben beide ihr Recht; es gilt, im jeweiligen Einzelfall die optimale Kombination zu finden." (ebd., S. 174). Wann, für wen und wozu wieviel „Lebendigkeit" im Lernen also passend ist, muß letztlich die Referentin/der Referent in der jeweiligen Gruppe entscheiden.

3.1.4 Problemorientiertes Lernen (POL) als Umsetzung einer Ermöglichungsdidaktik

POL ist eine im europäischen und US-amerikanischen Ausland viel praktizierte, in der Bundesrepublik Deutschland noch wenig bekannte didaktische Methode. Bei uns wird POL derzeit in der Fortbildung von Lehrerinnen für Krankenpflege berufsbegleitend und im Medizinstudium versuchsweise systematisch eingesetzt. POL räumt Prozessen der selbsttätigen und selbständigen Wissenserschließung und Wissensaneignung strukturell viel Platz ein. Da in POL das Prinzip der Selbstorganisation von Lernen sehr konsequent umzusetzen versucht wird, ließen wir im Rahmen des Modellprojekts von zwei Expertinnen und Praktikerinnen von POL in Deutschland eine Expertise erarbeiten (Bögemann-Großheim/Handgraaf 2000), um zu überprüfen, inwieweit Elemente des Problemorientierten Lernens auch für die Qualifizierung in der Tagespflege geeignet sind.

In POL findet Lernen statt, das sich an den Lernenden orientiert. „Auf der Grundlage von vorgegebenen Problemstellungen, Aufgaben und Fragestellungen bestimmen die TeilnehmerInnen selbst, was sie lernen, wie sie ihr Wissen erwerben und zu welchem Zeitpunkt sie sich innerhalb eines vorgegebenen Zeitrahmens weiterführend mit dem Lernstoff auseinandersetzen" (Bögemann-Großheim/Handgraaf 2000, S. 24). In kleinen Gruppen organisieren jeweils maximal 10 Teilnehmende gemeinsam auf der Grundlage von vorformulierten Praxisfällen mit Hilfe eines Problemlösungsmodells in sieben Schritten ihr Lernen. Ergänzend finden Expertinnen-Vorträge und praktische Fertigkeitstrainings statt. Die ErwachsenenbildnerInnen verstehen sich als „LernbegleiterInnen" (TutorInnen), die zur Unterstützung und Begleitung Sprechstunden anbieten und letztlich auch verantwortlich dafür sind, dass zum Abschluß der Veranstaltung ein Ergebnis in Form von Lernzielen oder in Form einer Lösung formuliert wird.

Ziel der themenzentrierten, interdisziplinären und praxisnahen Einheiten ist es, sich mit dem Praxisproblem zu beschäftigen und die zur Lösung oder zum Umgang mit dem Problem notwendigen Kenntnisse möglichst selbständig zu erwerben. Vereinfacht dargestellt erfolgt die erste Konfrontation mit dem Fallbeispiel und der Austausch über die Ergebnisse des selbsttätigen Lernens in der Kleingruppe (Tutorium). Dort wird die Problemstellung von den Teilnehmenden zunächst auf Basis ihrer Erfahrungen und ihres Vorwissens diskutiert. Offene Fragen werden dann in Eigeninitiative im Selbststudium angegangen. Die TeilnehmerInnen erarbeiten anhand ausgewählter Literatur Antworten und suchen mögliche Erklärungen. Nach der Phase des Selbststudiums tauschen die Teilnehmerinnen die erarbeiteten Antworten in der Kleingruppe aus und reflektieren, in welchem Maße sie das Problem jetzt besser verstehen (ebd., S. 6). Durch eine stark strukturierende Arbeitsmethode zur Problemdefinition und -bearbeitung („Siebensprung") wird eingeübt, systematisch mit Problemen umzugehen (ebd., S. 7). In einer Abendveranstaltung mit max. 3 Unterrichtsstunden werden die Recherche-Ergebnisse zu einem Fall ausgetauscht und ein neuer Fall vorgestellt. Die Treffen in der Kleingruppe finden einmal wöchentlich statt. Für das Selbststudium werden pro TeilnehmerIn ca. 5-10 Std. wöchentlich kalkuliert. Zusätzlich einzuplanen sind Fachvorträge, Exkursionen, ExpertInnenenbefragungen sowie Fertigkeitsübungen („Skillslabs").

3.1.5 Eignung von POL für die Tagespflege-Qualifizierung

Lernen nach der POL-Methode verspricht konkret, die für die Tagespflege-Qualifizierung so wichtigen methodisch-didaktischen Zugänge sicherzustellen, die den Transfer in die Praxis und den Nutzen für den Tagespflege-Alltag unterstützen. Außerdem spielt in der Arbeit von Tagesmüttern die alltägliche Beziehungsgestaltung eine wichtige Rolle. In diesem Zusammenhang erscheint vorteilhaft, daß die POL-Methode über die Abstimmungsprozesse in der Kleingruppe auch die sozialkommunikativen Kompetenzen der Lernenden fördert. Und nicht zuletzt findet Lernen nach der POL-Methode unter Berücksichtigung inhaltlicher Zusammenhänge statt und kann insofern besonders nachhaltig wirken. Aus Sicht der Autorinnen der Expertise ist POL für die Tagespflege-Qualifizierung deshalb in besonderem Maße geeignet. Allerdings muß einschränkend berücksichtigt werden:

- Die Teilnehmerinnen können nicht ohne weiteres 10 Stunden pro Woche dem Selbststudium widmen – womöglich auch außer Haus. Viele betreuen entweder schon Tageskinder, die meisten haben auch eigene Kinder zu versorgen.
- Die Teilnehmerinnen von Qualifizierungen für Tagespflege sind hinsichtlich ihres Bildungshintergrundes erfahrungsgemäß sehr heterogen. Es kann folglich nicht selbstverständlich vorausgesetzt werden, daß die Lernenden auf hohem Abstraktionsniveau mit Texten arbeiten und sich ihr Wissen durch Lesen im Selbststudium aneignen können. Die Erfahrungen im Modellprojekt zeigen z.B. in bezug auf das Anfertigen von Hausarbeiten eher im Gegenteil, daß es vielfach einen hohen Begleitaufwand erfordert, um die Frauen in ihrer Selbsttätigkeit zu ermutigen und zu unterstützen (vgl. auch Kap. 3.2).
- Wie bereits erwähnt sind die Lernerfahrungen sehr vieler Teilnehmerinnen von negativen schulischen Vorerfahrungen geprägt, Eigeninitiative ist demzufolge wenig kultiviert. Selbsttätiges Lernen muß häufig erst entwickelt und eingeübt werden. Unter dem Kostenaspekt und im Interesse der Teilnehmerinnen sind jedoch Träger vorrangig daran interessiert, die Qualifizierungen im Umfang möglichst gering zu halten.
- ReferentInnen sind als LernbegleiterInnen und ModeratorInnen des Lernprozesses in der Gruppe in einer völlig neuen Rolle und brauchen nach Angabe der POL-Expertinnen eine Schulung in der neuen Methode: Sie müssen lernen, das Lernen der Teilnehmerinnen zu ermöglichen, die Zusammenarbeit in der Gruppe zu stimulieren, auf persönliche Anliegen der Teilnehmerinnen einzugehen, ihrer Verantwortung für das Erzielen von Ergebnissen nachzukommen, ohne den Lernenden ihre Verantwortung für ihr Lernen abzunehmen. Die vorausgehende ReferentInnen-Qualifizierung stellt eine Verteuerung für den Träger und damit eine enorme Hürde dar.
- Der Träger muß darüber hinaus die POL-Maßnahme speziell zeit- und kostenintensiv organisieren: Nicht nur müssen die Selbststudienzeiten auf die Qualifizierungsdauer prozentual angerechnet werden. Es braucht z.B. ausreichend Räume für die Kleingruppenarbeit und Gelder für die Bereitstellung der Lernmaterialien. Und es braucht ein spezielles Curriculum, das die Lerninhalte fächerübergreifend in Form von Fällen organisiert.

Die Autorinnen der Expertise „(...) schlagen daher vor, POL zunächst im Rahmen besonderer Lerneinheiten zu erproben" (ebd., S. 21). Wir haben dieser Empfehlung und den oben geschilderten Befunden der Andragogik bei der Entwicklung unserer curricularen Elemente Rechnung getragen, indem wir versucht haben, sie kompatibel zu gestalten z.b. in Bezug auf die *Fächerintegration*, die *Praxisorientierung*, die *Erfahrungsorientierung*, die *Möglichkeit zur Eigenaktivität*, das *Einüben von Interaktion und Kommunikation* und die *Einbeziehung von Fallbeispielen und Schlüsselsituationen*. Solange selbsttätiges und lebendiges Lernen noch keinen größeren Verbreitungsgrad und mehr Selbstverständlichkeit in unserer Bildungslandschaft erfahren hat, kann nicht davon ausgegangen werden, daß die Mehrheit der Bildungsträger ihre Qualifizierungen nach dem umfassenden POL-Konzept organisieren wird. Deshalb haben wir darauf verzichtet, es zur Basis der curricularen Elemente zu machen, obwohl der Ansatz auf dem aktuellen Stand der Erwachsenenbildung gründet. Unter Berücksichtigung der Gegebenheiten in der Praxis haben wir jedoch versucht, Ansatzpunkte für eine „Ermöglichungsdidaktik" nach Arnold im Sinne eines lebendigen Lernens zu verankern. Wie oben erwähnt kann ReferentInnen und Trägern nicht abgenommen werden, in den jeweiligen Konstellationen abzuwägen, wie sie bei Verwendung der vom DJI erarbeiteten curricularen Elemente „ihren" Teilnehmerinnen günstige Lernvoraussetzungen schaffen können.

3.2 Kriterien der Frauenbildung

Frauenbildung hat sich als adressatenbezogene Bildungsarbeit über die vergangenen 20 Jahre hinweg in der erwachsenenpädagogischen Praxis etabliert, obwohl die Bezugswissenschaft Erwachsenenpädagogik dieses Praxisfeld bisher nicht angemessen wahrgenommen hat. Dabei liefern die Frauenforschung und die Theorie der Frauenbildung eine ganze Reihe von Kriterien, die auch für die Qualitätsentwicklung in der Weiterbildung nutzbar gemacht werden könnten. In der Erwachsenenbildungs-Landschaft gibt es derzeit viele Bildungsträger, die zwar Angebote mit einem und für einen hohen Anteil an weiblichen Teilnehmerinnen durchführen (z.B. Familienbildung und Tagesmütter-Qualifizierung), ihre Weiterbildungen aber nicht an den Postulaten der Frauenbildung orientieren.

Frauenbildung tritt vor dem Hintergrund gesellschaftlicher Chancenungleichheit für eine geschlechtersensible Sichtweise auf Bildung ein. Gisela Abts und Elisabeth Vanderheiden (1999) fassen die Fakten zusammen, die zur Genese einer emanzipatorischen Frauenbildung geführt haben (S. 48):

– Frauen sind in dieser Gesellschaft benachteiligt.
– Die Strukturen verhindern eine gleichberechtigte Teilhabe von Frauen auf dem Arbeitsmarkt.
– Weibliche und männliche Rollenklischees tragen zur Verfestigung der Situation bei.
– Frauen haben Männern gegenüber keine Defizite, sondern *andere* Qualitäten.
– Frauen- *und* Männerförderung auf verschiedenen Ebenen ist Voraussetzung für Gleichberechtigung.

Über die allgemeinen Ziele von beruflicher Weiterbildung hinaus sind die Ziele von beruflicher Weiterbildung *für Frauen* demzufolge vor allem auch:

– Stärkung des beruflichen Selbstbewußtseins,
– Entwicklung einer eigenen weiblichen, berufsbezogenen Rollenidentität (auch in Führungspositionen),
– Ermutigung zur Betätigung in technischen Bereichen,
– Thematisierung der Strukturmerkmale von Frauenbenachteiligung.

3.2.1 Lernen Frauen anders?

Darüber, daß sich im kognitiven Sinne keine relevanten Lern- bzw. Aneignungs- und Intelligenzunterschiede zwischen den Geschlechtern feststellen lassen, besteht weitgehend Einigkeit (Schiersmann 1997). Die unübersehbaren Erfolge von jungen Frauen im Bildungssystem belegen dies eindrücklich (Stiegler 1992, S. 5). Dennoch kann von unterschiedlichen Lernkulturen bzw. Lernstilen gesprochen werden: Frauen und Männer lernen „anders". Die feststellbaren Unterschiede, die zwar nicht bei *allen* Frauen und Männern in „Reinform" auftreten, sind jedoch von ihrer Tendenz her so eindeutig zu belegen, daß mit Fug und Recht von „geschlechtstypischem" Verhalten gesprochen werden kann. Dieses geschlechtstypische Verhalten ist insofern von Bedeutung, als es einen entscheidenden Beitrag zur Reproduktion der hierarchischen Geschlechterverhältnisse in unserer Gesellschaft leistet (Schiersmann 1997, S. 52).

Aus der Schulforschung ist die dominante Position von Jungen in Lehr- und Lernsituationen seit langem bekannt. Untersuchungen des Schulalltags in Klassenzimmern zeigen, wie viel mehr Jungen in gemischten Klassen Lob und Ermutigung bekommen, wieviel mehr sie sich das Wort nehmen und es zugeteilt bekommen, wie sehr sie z.B. im EDV-Unterricht die Arbeitsmittel dominieren, wie sie sich über die Mädchen lustig machen, und wie Leistungen der Mädchen nicht erkannt und anerkannt werden (vgl. z.B. Enders-Dragässer/ Fuchs 1989 und 1990, Faulstich 1993, Horstkemper 1991, Stalmann 1996). Mädchen bekommen weniger positives Feedback für ihr Verhalten, was Auswirkungen auf ihr Selbstgefühl hat (vgl. Sonntag 1993).

Aus der feministischen Sprachwissenschaft wissen wir zudem, daß sich am unterschiedlich dominanten Kommunikationsverhalten in gemischten Gruppen auch im Erwachsenenalter nichts ändert (vgl. z.B. Pusch 1990, Trömel-Plötz 1991). Insbesondere Trömel-Plötz betont in den neueren Arbeiten (1996), wie wenig z.B. die „konversationelle Kompetenz" von Frauen in spezifischen Berufen bisher noch in Form von adäquater Vergütung wertgeschätzt wird. Überhaupt gelten im Berufsleben viele Fähigkeiten, die Frauen einsetzen, nicht als Qualifikationen: Sie werden weder vergütet, noch als Kriterium für Karriere oder Aufstieg herangezogen. In sozialpädagogischen und ganz besonders in erzieherischen Berufen im Elementarbereich werden Sensibilität und Einfühlungsvermögen gratis mitgenutzt. Vergleicht man die Löhne von Erzieherinnen mit den Löhnen von Technikern wird deutlich, daß die Sensibilität im Umgang mit Menschen im Gegensatz zur Sensibilität im Umgang mit der Technik gesellschaftlich und politisch weitaus geringer bewertet und bezahlt wird (vgl. Stiegler 1992).

3.2.2 Was kennzeichnet weibliches Lernverhalten?[15]

Geringeres Zutrauen zu eigenen Fähigkeiten und Kompetenzen
Das Selbstbewußtsein von Frauen ist tendenziell eher geringer ausgeprägt als das von Männern. Sind sie erfolgreich, tendieren sie dazu, dies dem Zufall zuzuschreiben oder das Lob durch andere abzuschwächen und dadurch ihre Leistung zu verringern. „Für viele Frauen trifft zu, daß, wenn sie ein positives Feedback bekommen, sie sich daran bereits nach kurzer Zeit nicht mehr erinnern können, weil es im Widerspruch zu ihrem Selbstkonzept steht" (Gieseke 1995 a, S. 42).

Absicherungsbedürfnis
Wenn Frauen sich einem neuen Lerngegenstand nähern, gehen sie eher vorsichtig und zurückhaltend vor und fragen viel nach. Auch bei der Theorievermittlung fragen Frauen nach Begründungszusammenhängen und Hintergründen. Sie haben eher Vorbehalte, abstrakte Modelle anzuwenden, ohne sie vollständig verstanden zu haben. Von Männern wird Frauen dieses Verhalten schnell als „Begriffsstutzigkeit" ausgelegt.

Hohe Bewertung von Gruppenarbeit
Frauen arbeiten gern in Gruppen und gute Gruppenbeziehungen festigen ihren Lernerfolg. Insbesondere das Lernen in Frauengruppen wird häufig als angenehmer und erfolgreicher wahrgenommen als in gemischten Gruppen, weil das Lernklima dann als angstfreier, der Leistungsdruck geringer empfunden wird und das Probierverhalten ermutigt wird (s.o.).

Anpassung und Vermeidung von Konkurrenz
Frauen formulieren ihre eigene Position eher vorsichtig. Gemeinsamkeiten in einer Gruppe werden stark betont. Individuelles und selbstbewußtes Handeln erscheint Frauen gewagt. Es fällt Frauen schwer, ihre Positionen in Diskussionen auch gegen Widerstand zu

---

15 Die Ausführungen zu weiblichem Lernverhalten und den Konsequenzen für eine an den Bedürfnissen von Frauen orientierten Weiterbildung beruhen auf neueren Untersuchungen in sog. „Problemgruppen" des Arbeitsmarktes in Weiterbildung (Schiersmann 1997). Hier wurden Personen beforscht, die eher niedrigere Schulabschlüsse hatten und sich in prekären Lebenssituationen befanden. Die Ergebnisse dieser Untersuchung decken sich mit den Befunden aus der Schul- und der Sprachforschung.

behaupten. Frauen lassen sich in Diskussionen schnell unterbrechen und glauben, nichts zu sagen zu haben. Sie sind leicht durch Kritik zu verletzen und ergreifen ungern die Initiative.

Unbehagen bei Einzelarbeit
Einzelarbeit verunsichert Frauen eher, sie zweifeln am eingeschlagenen Weg, versuchen sich zu vergewissern und Verantwortung zu delegieren.

Dominanz von Männern
Schulforschung und Sprachwissenschaft belegen, daß Männer, wie bereits oben erwähnt, in gemischtgeschlechtlichen Gruppen dominieren. Aus Schuluntersuchungen ist z.B. bekannt, daß Jungen ca. 2/3 der Aufmerksamkeit der Lehrkraft (egal ob männlich oder weiblich) beanspruchen und bereits leichte Verschiebungen dieser Quote zugunsten der Mädchen von den Jungen als Benachteiligung wahrgenommen werden (vgl. Enders-Dragässer/Fuchs 1989). Sprachwissenschaftliche Analysen männlich dominanten Sprechverhaltens lassen sich bei Pusch (z.B. 1990) und Tröml-Plötz (z.B. 1996) nachlesen.

Passive Formen der Verweigerung statt aktiver Kritik
Frauen weichen Konflikten eher aus und haben Angst, „aus der Reihe zu tanzen". Bei Problemen wählen Frauen deshalb eher den Weg des äußeren Rückzugs (Zuspätkommen oder Fehlen) oder des inneren Rückzugs (Nichtbeteiligung und Schweigen).

Kooperation
Frauen werden von Lehrenden durchwegs als kooperativer und förderlicher für ein harmonisches Gruppenklima wahrgenommen als Männer. Trotzdem bzw. deshalb widmen die Lehrenden in gemischten Gruppen Männern die meiste Aufmerksamkeit – auch wenn sie dieses Verhalten kritisch beurteilen.

Selbstdarstellung
Männer sind stärker auf Selbstdarstellung bedacht. Sie reden länger als Frauen und setzen sich mit Nachdruck durch. Frauen machen wenn, dann eher kürzere Beiträge, relativieren ihre Person, lachen häufig.

3.2.3 Woher kommen die Unterschiede?

Leonhard (1996) kommt zu dem Ergebnis, „(...) daß stichhaltige Auskünfte über einen möglichen biologisch-genetischen Faktor bei der Ausbildung von geschlechtstypischen Unterschieden (...) im Verhalten von der Evolutionsbiologie derzeit nicht zu erhalten sind" (zit. n. Schiersmann 1997, S. 59). „Im Rahmen der sozialwissenschaftlichen Erklärungsansätze kommt der Sozialisation als Prozeß der Einbindung von Individuen in gesellschaftliche Konstellationen eine entscheidende Rolle zu" (Schiersmann 1997, S. 59).

Welche Sozialisationserfahrungen haben Frauen in unserer Gesellschaft? „Weibliche Sozialisation ist gekennzeichnet durch Abwertungserfahrungen und Entfremdungserlebnisse." Subtile oder offene Gewalterlebnisse sind dabei für Mädchen und erwachsene Frauen nur „ (...) besonders drastische Formen von Erfahrungen, die Entfremdungsprozesse vom eigenen Körper und Objektwerdung bedeuten. (...) Es ist für Mädchen weitaus schwerer als für Jungen, Zutrauen in ihre eigenen Fähigkeiten zu entwickeln. Sie erleben eine Abwertung ihres Geschlechts, sie erleben den Verlust der Kontrolle über ihren Körper und ihre Lebensumstände. Sie verinnerlichen diese Abwertung und integrieren sie in ihr Selbstkonzept (alle Zitate Sonntag 1993, S. 50).

Schiersmann spricht in diesem Zusammenhang davon, daß „die Selbst- und Fremdbilder von Frauen gebrochen sind" (1997, S. 65). Die „gesellschaftlich zugewiesene Zweitrangigkeit" (Gieseke 1997 b, S. 53) prägt das Lernverhalten von Frauen. „Zudem geraten sie bei dem Bemühen um Veränderung leicht in eine double-bind-Situation. Um ernstgenommen zu werden, müssen sie sich männlichen Kommunikations- und Lernstilen anpassen. Tun sie dies jedoch, werden sie in ihrer Identität als Frauen nicht ernst genommen" (Schiersmann 1997, S. 65).

Frauenbildung muß sich nach Gieseke nicht nur mit den äußeren Gegebenheiten (ungleiche Chancen auf dem Erwerbsarbeitsmarkt bei gleicher oder besserer Ausbildung) sondern auch mit den „inneren Mauern und Begrenzungen beschäftigen", denn „wenn Frauen ihr Geschlecht nicht ernst nehmen können, wie sollen sie gerade auch im Bildungsprozeß und in beruflichen Zusammenhängen sich ernstnehmen?" (Gieseke 1997 b, S. 52). Das bedeutet, daß nicht nur in gemischten Gruppen sorgfältig auf geschlechtshierarchische Verhaltensweisen zu achten ist, sondern auch und gerade in reinen Frauengruppen eine geschlechtsbezogene Vorgehensweise angemessen ist.

3.2.4 Konsequenzen für die Gestaltung von Weiterbildung

Erwachsenenbildung im Sinne lebendigen Lernens (vgl. Kap. 3.1.1), das sich Teilnehmerinnen-orientiert, ganzheitlich und erfahrungsbezogen vollzieht, entspricht den Lerninteressen und Lernbedingungen von Frauen dabei sicher grundsätzlich gut. Darüber hinaus sieht Schiersmann aber noch eine Reihe von weiteren Punkten, durch die Frauen als Teilnehmerinnen von Weiterbildungsveranstaltungen in ihren Lernprozessen konsequent unterstützt werden können.

- Stärkung der Frauen hinsichtlich der *Wahrnehmung ihrer Kompetenzen*, insbesondere durch Ermutigung (vgl. Empowermentkonzept in der Frauenbildung: Sonntag 1993). *Selbstbewußtsein* und *Durchsetzungsfähigkeit* können auch durch aktivierende Lernformen trainiert werden. Das *Formulieren eigener Erwartungen* müssen Frauen oft erst lernen, da ihre Sozialisation eher auf Anpassung an die Bedürfnisse anderer und das Zurückstellen eigener Bedürfnisse ausgerichtet ist.
- Die Befähigung zur *Vertretung von individuellen Positionen* – z.B. in Form von Einzelarbeit.
- Das *Einbeziehen von praktischen Aufgaben mit ausreichend Übungsmöglichkeiten*, wo immer dies möglich und sinnvoll ist.
- Frauen sollten ermutigt werden, sich *Konkurrenzen einzugestehen* und konstruktiv damit umzugehen.
- Dem eher *ganzheitlich orientierten Lernstil* von Frauen entsprechen *Körperübungen* als sinnvolle Ergänzung zu kognitiven Lernformen.
- *Befindlichkeitsklärungen* und Metakommunikation unterstützen die *Reflexion der Lernprozesse*.
- Indem Frauen sich *über ihre eigenen Bilder von Weiblichkeit bzw. ihre Frauenrolle Bewußtsein verschaffen*, können sie die auch von ihnen selbst transportierte Abwertung der Handlungsmuster von Frauen und die gleichzeitige Aufwertung der Handlungsmuster von Männern transparent und damit bearbeitbar machen (s. Schiersmann 1997a S. 67).

Sonntag geht noch einen Schritt weiter und schlägt vor, „(...) *Frauen mit ihren spezifischen Lebenslagen zum eigenständigen Thema zu machen*. Erst ein Gewahrwerden der geschlechtsspezifischen Dimension des eigenen Lernens, der eigenen Arbeit, der Lebens- und Problemthemen des Alltags macht es möglich, *die*

Frau anders als ein Mängelwesen zu entwerfen, Kompetenzen und Fähigkeiten zu erkennen und fördern zu können" (Hervorhebungen K.W.) (Sonntag 1993, S. 51).
- Bedürfnisse der Frauen nach angenehmem Lernklima und Fürsorglichkeit sind deutlich: *Die Lernatmosphäre positiv zu gestalten bringt Lernvorteile.*
- *Die Lehrenden* sollten um *geschlechtsbewußtes Verhalten* bemüht sein. Auch die *Materialien* sollten geschlechterdiskriminierende Inhalte und Darstellungsformen vermeiden.

Autonome Frauenbildungsinitiativen, die seit Mitte der 70er Jahre im Umfeld der Frauenbewegung entstanden sind und inzwischen auch innerhalb von Institutionen in ihrer Funktion anerkannt sind, vertreten als allgemeine Leitlinie und methodisches Postulat darüber hinaus das Prinzip der *Parteilichkeit* für Frauen (s. z.B. Mies 1978). Im Sinne der Interessenvertretung für Frauen wird in einem solchen Bildungsansatz versucht, weibliche Realität in eine Bildungslandschaft zu integrieren, die bisher nahezu ausschließlich aus männlicher Perspektive gestaltet wird (vgl. z.B. die Schulbuchanalysen aus der Frauenbildungsforschung). Parteiliche Frauenbildung benennt gesellschaftliche Ungleichheiten und Diskriminierung, um zu ihrer Aufhebung beizutragen.

Autonome Frauenbildungsarbeit betont außerdem das Prinzip der Selbsthilfe. Auch werden Familien- und Berufsarbeit als Doppelorientierung und gleichwertige Bedingungen weiblichen Lebenszusammenhanges berücksichtigt (vgl. Kade 1991, S. 91/92). „Die Erfahrungen von Frauen spielen unter unseren gesellschaftlichen Bedingungen im Lernprozeß eine große Rolle. Von welchem Punkt aus man seine Betrachtungen und Analysen zu den Entwicklungsmöglichkeiten von Frauen in dieser Gesellschaft auch beginnt, man kommt immer wieder bei dem zentralen Hindernis des Entweder-Oder-Denkens (Beruf/Familie) an" (Gieseke 1997 b, S. 2).

Bei den Tagesmütter-Qualifizierungen handelt es sich meist um reine Frauengruppen. Gelegentlich ist der eine oder andere Mann zu finden (im Modellprojekt sind wir an 9 Standorten keinem einzigen Tagesvater begegnet). In den Interviews mit erfahrenen Referentinnen im Modellprojekt wurde immer wieder gesagt, daß sich durch die Anwesenheit eines einzigen Mannes die Dynamik der gesamten Qualifizierungsgruppe verändert – z.B. dort, wo Persönliches besprochen wird, Selbstreflexion stattfinden soll, Körperübungen gemacht werden oder die Lebenssituation von Frauen Gesprächsgegenstand ist. Nach Angaben der Referentinnen öffnen sich Teilnehmerinnen in Anwesenheit von männlichen Teilnehmern in der Qualifizierung weniger. Eine Referentin muß in gemischten Gruppen mit diesem Fakt umgehen. Hier wird deutlich, warum autonome Frauenbildungsinitiativen auf die Notwendigkeit von Schutzräumen in Form von Frauengruppen und Frauenprojekten hinweisen. Zudem bekommen „zur Bildung und Stärkung einer eigenen, nicht vom Mann abgeleiteten Identität andere Frauen als Spiegel des Selbst eine zentrale Bedeutung" (Sonntag 1993, S. 51). Bei der Bearbeitung gesellschaftlicher Abwertungen von Weiblichkeit wirkt die Anwesenheit von Männern erfahrungsgemäß eher auch hemmend.

Insgesamt kann festgehalten werden, daß Frauenbildung mit den Postulaten der modernen Erwachsenenpädagogik im Sinne eines lebendigen Lernens (vgl. Kap. 3.1.1) in zentralen Positionen übereinstimmt. Die Schnittmenge beider Ansätze ließe sich definieren mit den Postulaten

- der TeilnehmerInnenorientierung,
- der Praxisorientierung,
- der Erfahrungsorientierung,
- der Ganzheitlichkeit des Lernens,
- der Betonung von reflexiven Prozessen,
- der Hervorhebung von Prozessen der Persönlichkeits- und Identitätsbildung,
- der Bedeutung, die einer angenehmen Lernatmosphäre beigemessen wird,
- der Beachtung des Mit- und Aneinander-Lernens – wobei in der Frauenbildung aufgrund der benachteiligten Position von Frauen der Aspekt der Selbsthilfe deutlicher hervortritt.

Aus der Sicht der Frauenbildung kann für eine speziell frauenstärkende berufliche Qualifizierung ergänzt werden:

- Reflexion der Position als Frau in der Gesellschaft und Förderung eines Bewußtseins über die weibliche Rolle,
- Ermutigung der Teilnehmerinnen im Sinne der Wahrnehmung eigener Kompetenzen,
- Förderung eines eigenen Standpunktes und der Durchsetzungsfähigkeit,
- Parteilichkeit der Lehrenden für die Situation der Lernenden als berufstätige Frauen und Mütter.

3.3 Fachlich-inhaltliche Basis der curricularen Elemente

Die fachlich-inhaltliche Basis für die Ausarbeitung der curricularen Elemente zu den *pädagogischen Themen* bezieht sich auf den neuesten Stand der Familienerziehung. Ausgehend von der UN-Kinderrechtskonvention (vgl. BMFSFJ „Übereinkommen über die Rechte der Kinder" und „Die Rechte der Kinder von logo einfach erklärt") und dem zwischenzeitlich vom Bundestag verabschiedeten Gesetz zur Ächtung der Gewalt in der Erziehung (Neuformulierung des § 1631 Abs. 2 BGB im Juli 2000) wurden pädagogische Konzepte zugrundegelegt, die Erwachsenen für das Zusammenleben mit Kindern Handlungsalternativen für eine allseits förderliche Beziehungsgestaltung an die Hand geben und damit präventiv wirken. Wo jede Erzieherin schon seit langem gehalten ist, mit „ihrer" Kindergartengruppe gewaltfrei den Tag zu verbringen, wurde jetzt die rechtliche Grundlage geschaffen, daß nun auch Kinder in Familien – und damit auch in der Betreuungsform „Tagespflege" – in ihrer Würde geachtet werden müssen: *Wer Kinder schlägt, sie körperlich oder seelisch verletzt oder demütigt, fügt nicht nur den Kindern Schaden zu, sondern „verstößt (nun) gegen geltendes Recht"* – so Walter Wilken, Bundesgeschäftsführer des Deutschen Kinderschutzbundes – in einer Pressemitteilung zur Gesetzesänderung vom 27.9.2000.

Die Kampagne des Bundesministeriums für Familie, Senioren, Frauen und Jugend „Mehr Respekt vor Kindern" zur Begleitung der Gesetzesänderung will Eltern und andere familiale Erziehungspersonen sensibilisieren für die Vermeidung entwürdigender und verletzender Erziehungspraktiken und ihnen Wege aufzeigen, wie sie trotz Konfliktsituationen in der Familie den Kindern ohne Gewalt begegnen können. Damit wird explizit dem ebenfalls neu formulierten § 16 Abs. 1 des Kinder- und Jugendhilfegesetzes Rechnung getragen. Im Zusammenhang mit dieser Gesetzesänderung führt der Deutsche Kinderschutzbund derzeit ein Projekt durch, in dem MultiplikatorInnen ausgebildet werden, Elternkurse unter dem Label „Starke Eltern – Starke Kinder" nach dem Vorbild der finnischen „Mannerheim League for Child Welfare" zu leiten und Eltern in „anleitender Erziehung" zu trainieren (vgl. Abelmann-Vollmer/Honkanen-Schoberth 2000). Da dieses Programm sich jedoch derzeit noch im Modellstadium befindet, konnte im Rahmen unseres Modellprojekts nicht auf dieses Material zurückgegriffen werden.

Bei der Recherche nach anderen verwendbaren Ansätzen als Bezugspunkte für die Gestaltung der curricularen Elemente zu erzieherischen Themen wurde deutlich, daß auch bei uns schon seit vielen Jahren Vorschläge für Elterntrainings vorliegen (z.B. Müller/Moskau 1978), daß aktuell aber unsere europäischen Nachbarn, v.a. im englischen Sprachraum, wo Gewalt in der Erziehung bereits per Gesetz geächtet ist, wesentlich fortgeschritten sind, was die Konzipierung, Förderung und systematische Durchführung entsprechender Elternprogramme angeht. Es gibt im deutschen Sprachraum vereinzelt mehr oder weniger geglückte Adaptionsversuche von englischsprachigen Ansätzen (z.B. "Triple P – Positives Erziehungsprogramm" nach australischem Vorbild). In Großbritannien wird von der landesweit größten Wohlfahrtseinrichtung für Kinder „Save the Children" Kursmaterial für zwei Zielgruppen herausgegeben: unter dem Label „We can work it out – Parenting with confidence" für Eltern und „Let's work together – Managing children's behaviour" für diejenigen, die mit Kindern *anderer* Eltern arbeiten.

Das derzeit weitestgehend elaborierte und fachlich fundierteste Konzept dürfte allerdings das „Positive Parenting"-Modell der University of Minnesota/USA sein. Der „Extension Service" der University of Minnesota vertreibt unter der Federführung des Familiensoziologen Prof. Ronald L. Pitzer ein videogestütztes, praxisorientiert und ansprechend gestaltetes Curriculum für ein „gewaltfreies" Elterntraining nach den aktuellen pädagogischen Erkenntnissen in Form einer Lose-Blatt-Sammlung. Für spezielle Zielgruppen sind Teile dieses Programms auch über Internet verfügbar[16]. Dieses Elterntraining hat sowohl in bezug auf die formale Gestaltung als auch auf die inhaltliche Ausrichtung vielfältige Anregungen für die curricularen Elemente im Modellprojekt gegeben.

Einen weiteren Bezugspunkt für die pädagogischen Inhalte bildeten die Veröffentlichungen des dänischen Familien- und Gruppentherapeuten Jesper Juul, der mit seinem Bestseller über „Das kompetente Kind" seit 1997 in Deutschland einem größeren Publikum bekannt ist und vor kurzem auch eine Erziehungshilfe zum Thema „Grenzen" (Juul 2000) herausgebracht hat. Seine Publikationen sind zwar nicht als Trainingsprogramm ausgearbeitet, sondern eher für die individuell reflektierte Arbeit von Erziehungspersonen gemacht, Juul wirkt dennoch in die gleiche Richtung wie die oben genannten Ansätze einer „positiven Erziehung" und geht bei-

---

16 (http://www.extension.umn.edu/distribution/familiydevelopment/DE6961.html)

spielhaft konsequent von der Anerkennung gleicher Würde bei Erwachsenen und Kindern aus.

Alle vorgenannten Ansätze stehen in der Tradition der humanistischen Pädagogik und Psychologie (vgl. klientzentrierte Pädagogik und Therapie nach Carl Rogers, z.B. 1974), so auch die seit vielen Jahren bewährten und nach wie vor aktuellen „Erziehungshilfen" von Thomas Gordon (z.B. 1999 a/b und 1976) zur „niederlagelosen Konfliktlösung" in der Familie und in anderen Gruppenzusammenhängen. Entwickelt worden sind seine bei uns unter dem Namen „Familienkonferenz" bekannt gewordenen Anregungen, wie Menschen offen und verständnisvoll miteinander kommunizieren können, in den 70er Jahren ebenfalls im Zusammenhang mit einem Familientraining („Parent Effectivness Training/The No-Lose-Program for Raising Responsible Children"). Gordon war 1972 Berater des Nationalen Komitees für die Verhinderung von Kindesmißhandlung (NCPCA) in USA. Seine Kommunikationsmethoden wurden im Modellprojekt auch für *die curricularen Elemente zur Zusammenarbeit von Eltern und Tagesmüttern* zugrundegelegt.

Die Entwicklungspsychologie als Einzeldisziplin nimmt innerhalb der vom DJI-Team erarbeiteten curricularen Elemente nicht die isolierte Position ein, die ihr in den meisten im Modellprojekt evaluierten Curricula zukommt. Sowohl in den curricularen Elementen mit pädagogischen, wie auch in denen mit *spielpädagogischen Themen* fließen entwicklungspsychologische Grundlagen, die sich mit Lebensalter und Entwicklungsfortschritt von Kindern befassen, fachübergreifend ganzheitlich an den Stellen mit ein, wo sich sinnvolle Anknüpfungspunkte ergeben. Als Stichworte hierzu wären zu nennen: die aktuellen Erkenntnisse zu Sprachentwicklung, Entwicklung von Grob- und Feinmotorik, Sinneswahrnehmung, kognitiver, emotionaler und sozialer Entwicklung, Bindungsforschung. Einen aktuellen Überblick geben z.B. Oerter/Montada (2000) oder Schmidt-Denter/Krapp/Perrez/Rauh (2000). In Hinblick auf die Erkenntnisse zur frühen Bindung bilden auch die Ausführungen von Miller (z.B. 1980 und 1994), Chamberlain (1998) und Liedloff (1993) einen Bezugsrahmen.

Weitere wissenschaftliche Grundlagen zum Thema Spiel ergeben sich aus neueren sozialökologischen Ansätzen, die von der Annahme ausgehen, daß die Bedingungen in den sozial-räumlichen Lebenswelten von Kindern deren Aneignungsmöglichkeiten bestimmen. Im Vordergrund stehen dabei die praktischen Konsequenzen für das häusliche und außerhäusliche Spielumfeld und die Auswirkungen verschiedener Lern- und Spielumwelten (auch z.b. Medienwelten) auf die Entwicklung von Kindern (Bronfenbrenner 1980 und 1990, Baacke 1999, Flade/Achnitz 1991, Böhnisch/Münchmeier 1993).

Des weiteren wurden historische und aktuelle pädagogische Modelle und Reformprozesse in Hinblick auf Fragen zu *Bildungsprozessen im Kleinkindalter* ausgewertet. Hierzu zählen z.b. der Ansatz der Reggio-Pädagogik (Dreier 1999), Aspekte der „Selbstbildung" bei Maria Montessori und der Situationsansatz. Im Zentrum der Betrachtung standen dabei die Bedeutung des Spiels für den kindlichen Bildungsprozeß und daraus abzuleitende Forderungen an die Pädagogik und Betreuungsumwelt (vgl. Schäfer 1995).

Für die Gestaltung der *curricularen Elemente zu Tagespflege-spezifischen Themen* wurde neben der Kompetenz, die sich im DJI-Team seit dem Tagespflegeprojekt der 70er Jahre angesammelt hat und dem Wissen, das über projektinterne und projektexterne Expertinnen abgerufen werden konnte, auch auf die Literatur (z.B. Finke-Dammann/Scholz 1998, Kurth 1999, Lutter 1999) und das Know How zurückgegriffen, das der *tagesmütter* Bundesverband in sein Werkstattcurriculum eingebracht hat.

3.4 Definition von Gütemerkmalen für die Entwicklung curricularer Elemente

Auf dem Weg zur Entwicklung von curricularen Elementen für die Qualifizierung zur Tagespflege wurden im Modellprojekt zunächst eine Reihe von Gütemerkmalen definiert, die Anhaltspunkte für einen „Bauplan" zur Ausarbeitung einzelner Themen zur Verfügung stellen sollten. Der Bezugsrahmen für diese Kriterien speist sich dabei zum einen aus den Ergebnissen der wissenschaftlichen Evaluationsarbeit im Modellprojekt. Hier sind zusammenfassend noch einmal zu nennen: die Analyse von Fortbildungs-Programmen, systematische Hospitationen in ausgewählten Fortbildungsveranstaltungen, eine schriftliche Tagesmütter-Befragung, Einzel- und Gruppen-Interviews mit Tagesmüttern, ReferentInnen, TrägervertreterInnen und anderen in die Kurse an den Modellorten involvierten Fachleuten sowie ein Gruppeninterview mit Eltern, drei Workshops mit Referentinnen, die Einbeziehung von ExpertInnen durch Fachgespräche, Expertisen und durch den Fachbeirat des Projektes. Durch die im Projektdesign verankerten umfangreichen und sorgfältigen Erhebungsschritte im „Feld" sollte sichergestellt werden, daß die curricularen Elemente in engem Kontakt mit der Praxis entwickelt werden. Zusätzlich sind die aktuellen Erkenntnisse der Erwachsenenbildung und insbesondere auch der Frauenbildung in die Gütemerkmale eingegangen (Kap. 3-Kap. 3.2).

Mit Ausnahme des ersten Gütemerkmals, das sich auf die grundsätzliche Organisationsform einer Qualifizierung bezieht, wurde mit den Kriterien das Spektrum zu beschreiben versucht, das im Einfluß- und Gestaltungsbereich der ReferentInnen liegt (zu den strukturellen Rahmenbedingungen vgl. Kap. 5). Wir bewegen uns – in den Termini der Qualitätssicherung gesprochen – somit auf der Ebene der Durchführungsqualität von Fortbildungsveranstaltungen mit dem Schwerpunkt der erwachsenen- und frauenspezifischen Didaktik. Die Verdichtung der Projektergebnisse und der Wissensbestände der Erwachsenenpädagogik zu „Gütemerkmalen" dient dabei einerseits der Verständigung über fachliche „Standards" der Qualifizierung in diesem Praxisfeld und trägt deshalb dazu bei, die Tagespflege-Qualifizierung als ein Element beruflicher Frauenbildung weiterzuentwickeln. Andererseits müssen diese Standards natürlich immer auch in Beziehung gesehen werden zu ihrer Umsetzbarkeit unter den gegebenen Praxisbedingungen und mit vorhandenen Ressourcen und Potentialen abgestimmt werden (vgl. Schikke 1999: Qualitätssicherung und Frauenbildung). Die Umsetzung ist dabei auch auf die Bereitstellung entsprechender finanzieller Ressourcen angewiesen. Nach Faulstich (1988, 1991) sind Gütemerkmale ohnehin kaum vollständig zu ermitteln. Es kann vielmehr lediglich darum gehen, zentrale Merkmale zu benennen, die Beachtung verdienen, ohne damit einen Anspruch auf Vollständigkeit zu erheben.

Die *Gütemerkmale*, die für die Arbeit an den „curricularen Elemente" zentral erschienen, werden nachfolgend im Zusammenhang benannt, bevor sie im weiteren ausführlicher kommentiert sind.

- *konstante* Fortbildungsgruppe
- *fachübergreifende* Themenbearbeitung
- Qualifizierung von Tagesmüttern nach den Prinzipien der *Frauenbildung*
- *Praxis*orientierung/Bezug zur *Tagespflege*
- themenzentrierter *Erfahrungsaustausch*
- *wesentliches Wissen* vermitteln

- Theorie/Praxis/Reflexion/Selbsterfahrung in *ausgewogenem Verhältnis*
- ausgewogenes Verhältnis von *Stoff und Zeit*
- *Vielfalt partizipativer Methoden*
- zugewandte, ermöglichende *Haltung der Referentin*
- angenehmer *Rahmen*
- verständliche und ansprechende *Materialien*

3.4.1 Konstante Fortbildungsgruppe

Aus dem Blickwinkel der Teilnehmerinnen ist die Organisationsform einer Bildungsmaßnahme ein ernst zu nehmendes Qualitätskriterium (vgl. Stockmann 1993, S. 38). Eine inhaltlich und methodisch fundierte und an der strukturell isolierten Situation der Teilnehmerinnen ausgerichtete Arbeit in der Qualifizierung erfordert eine solide Vertrauensbasis der Teilnehmerinnen untereinander, wie auch zwischen der Gruppe und der Referentin/dem Referenten. Eine solche Vertrauensbasis läßt sich am besten im Verlauf eines kontinuierlichen Prozesses aufbauen.

> *Besonders geeignet für eine Tagespflege-Qualifizierung scheint deshalb die Organisationsform einer konstanten Fortbildungsgruppe, in der eine Kursleiterin die Teilnehmerinnen über die gesamte Laufzeit begleitet und auch bei Hinzuziehung von FachreferentInnen für spezielle Themen in der Gruppe anwesend ist.*

Es ist allerdings nicht zu übersehen, daß in Zeiten schwindender finanzieller Ressourcen Team-Teaching und Doppeldozenturen von Bildungsträgern in erster Linie als Kostenfaktor diskutiert und im Rahmen der Volkshochschulen bereits zunehmend wieder zurückgenommen werden (vgl. Nuissl 1995, S. 12). Nicht immer stehen an Standorten mit neu eingeführter Tagespflege-Qualifizierung auch ReferentInnen mit vielseitigen Kompetenzen in den Bezugsgebieten der Tagespflege zur Verfügung, die jedes Thema eines Curriculums für die Tagespflege vermitteln können. Pragmatische Kompromißlösung könnte sein, daß auch in einem Kurssystem mit verteilten Zuständigkeiten eine Referentin als Leiterin und damit als Hauptansprechpartnerin, Koordinatorin und „prima inter pares" fungiert, wobei diese Leitungsfunktion natürlich entsprechend vergütet werden muß. In einem Team von ReferentInnen sollten die

Zuständigkeiten für einzelne Themenbereiche nicht zu knapp bemessen sein (Extremfall: eine Referentin/ein Referent führt nur eine einzige Veranstaltung durch), so daß jede Referentin/jeder Referent für sich und ihr/sein Thema eine tragende Atmosphäre aufbauen kann. Auch müssen ausreichende Absprachen der ReferentInnen untereinander zeitlich und damit auch finanziell abgesichert sein.

3.4.2 Fachübergreifende Themenbearbeitung

Die Analyse der Fortbildungs-Programme im Modellprojekt und die Veranstaltungs-Hospitationen ergaben sowohl vom Konzept als auch von der Durchführung her – speziell auch in den zentralen Bereichen Entwicklungspsychologie und Pädagogik – eine eher traditionelle Aufteilung in getrennte „Unterrichts-Fächer" mit fachspezifisch zugehörigem „Unterrichts-Stoff".

Um den erwachsenen- und frauenpädagogischen Postulaten der Praxisrelevanz, des problemorientierten und des ganzheitlich-mehrdimensionalen Lernens zu entsprechen erscheint es schlüssiger, in der Qualifizierung wenn möglich induktiv von den Phänomenen der Praxis auszugehen und zur Klärung dieser Praxisprobleme das notwendige Bezugswissen heranzuziehen, statt deduktiv ein zunächst abstraktes Fachwissen in den Vordergrund zu stellen und dies mit Praxisbeispielen zu illustrieren.

> *Für eine von Praxis-Phänomenen ausgehende Bearbeitung von Alltagsthemen ergibt sich die Notwendigkeit eines fächerübergreifenden, interdisziplinären Vorgehens.*

Die curricularen Elemente des Modellprojekts sind überdies so aufgebaut, daß in den Veranstaltungen aufeinander Bezug genommen werden kann und die Themen nicht losgelöst voneinander stehen.

3.4.3 Qualifizierung von Tagesmüttern nach den Prinzipien der Frauenbildung

> *An Qualifizierungsangeboten für die Tagespflege nehmen nahezu ausschließlich Frauen teil. Dies sollte sich in der Gestaltung der Qualifizierung widerspiegeln.*

Mit der Tatsache einer geschlechtsspezifisch definierten Zielgruppe wird im Bereich der Tagespflege-Qualifizierung von Träger- bzw. ReferentInnenseite bisher noch wenig bewußt umgegangen. Zwar wird vielerorts partnerschaftliche Zusammenarbeit und der Austausch von Erfahrungen in mehr oder weniger großem Umfang praktiziert, doch wird dies meist nicht in Zusammenhang gebracht mit dem Bedürfnis von Frauen nach Identitätslernen im Gruppenprozeß und dem für Frauen wichtigen Prinzip der Selbsthilfe in einem Rahmen von Gleichgesinnten (Kade 1991). Auch muß berücksichtigt werden, daß Frauen aufgrund ihrer Sozialisationserfahrungen mehr als Männer der Stärkung ihres (beruflichen) Selbstbewußtseins und der Profilierung ihrer (beruflichen) Identität bedürfen. Gerade Teilnehmerinnen einer Tagespflege-Qualifizierung sollten, da sie sich in einem gesellschaftlich wenig anerkannten beruflichen Betätigungsfeld bewegen, bei der Wahrnehmung und Benennung ihrer fachlichen Kompetenzen unterstützt werden (Schiersmann 1997, Sonntag 1993). Darüber hinaus ist wichtig, das Einnehmen und Vertreten von individuellen, fachlich fundierten Standpunkten (z.B. in Erziehungsfragen oder in Fragen der Handhabung des Tagespflegealltags, die von den Vorstellungen der Eltern abweichen) einzuüben.

Das Thema „Konkurrenz" wird sozialisationsbedingt von Frauen tendenziell tabuisiert. Aufgabe einer an den Prinzipien der Frauenbildung orientierten Qualifizierung wäre deshalb, Konkurrenzgefühle z.B. zwischen Tagesmüttern und berufstätigen Müttern offen zu benennen und bewußt damit umzugehen. Dies kann nur geschehen, wenn Frauenrollen in der Gesellschaft reflektiert und Frauen mit ihren spezifischen Lebenslagen (Doppelorientierung von Familien- und Berufsarbeit) zum eigenständigen Thema gemacht werden und dafür auch Platz in der Qualifizierung vorgesehen ist. Auch die strukturelle Isolation von Tagesmüttern in ihrer Tätigkeit sollte als frauentypisches Thema beachtet und im Fortbildungskonzept berücksichtigt werden.

Werden die Prinzipien der Frauenbildung ernst genommen, bedeutet das nicht zuletzt, daß ReferentInnen in der Tagespflege-Qualifizierung sich parteilich auf die Seite der lernenden Frauen stellen und sich mit Sensibilität geschlechtsbewußt verhalten. Dazu gehört beispielsweise auch ein aufmerksamer Sprachgebrauch, der Frauen in der Sprache vorkommen läßt und sie als das benennt, was sie sind: Teilnehmer*innen*, *Mütter*, Partner*innen*, Kolleg*innen*, ... (s. zu diesem Kriterien auch Kap. 3.2).

3.4.4 Praxisorientierung und Bezug zur Tagespflege

Um das in der Qualifizierung neu Erfahrene/Erarbeitete in eigenes Alltagshandeln umwandeln zu können, brauchen die Teilnehmerinnen die Verknüpfung mit Praxisbeispielen und Situationen aus dem Alltag mit Kindern, insbesondere aus dem Tagespflegealltag. Dabei kommt Schlüsselsituationen der Tagespflege im Sinne von strukturellen Kernsituationen, die sich aus der speziellen Kooperationsform von zwei Familien ergeben, eine zentrale Bedeutung zu.

Tagespflege als Kooperationsform von zwei Familien stellt besondere Anforderungen an alle Beteiligten. Eine fundierte Qualifikation bahnt notwendigerweise die Fähigkeit zur Bewältigung dieser Anforderungen an. Damit auch der Transfer neuer, nicht-tagespflegespezifischer Informationen in das konkrete Handlungsfeld Tagespflege gelingt und nicht den Kursteilnehmerinnen und (zukünftigen) Tagesmüttern überantwortet bleibt, sollte die Qualifizierung auf konkrete Fragen und Probleme eingehen, die die Teilnehmerinnen mitbringen.

Aus der Sicht der Erwachsenenpädagogik stellen Praxisorientierung und „Lebensbedeutsamkeit" bzw. „Lebensweltbezug" (vgl. BIBB 1997) erwiesenermaßen Voraussetzungen und Merkmale lebendigen Lernens dar (s.a. Kap. 3.1). Lernbiologisch wird dies damit begründet, daß Lernenden Wert, Bedeutung und Nutzanwendung eines Lernstoffes für ihr persönliches Leben einsichtig sein muß, um Lernmotivation zu entwickeln und ihren Organismus auf „Aufnahme" zu stimmen. Dies kann am besten dann geschehen, wenn der Lerninhalt möglichst viel mit realen Begebenheiten verbunden und „vernetzt verankert" wird (Vester 1978, S. 141f.).

3.4.5 Themenzentrierter Erfahrungsaustausch

Der Erfahrungsaustausch zwischen den Teilnehmerinnen ist als grundlegendes Element der Qualifizierung anzusehen.

Erfahrungsbasiertes Lernen kann aus verschiedenen allgemeinen erwachsenen- und frauenpädagogischen Gesichtspunkten heraus als basale Qualität einer beruflichen Qualifizierung im sozialen Bereich angesehen werden: Zum einen gilt die Orientierung an den TeilnehmerInnen einer Bildungsmaßnahme mittlerweile als akzeptierter Standard in Erwachsenenbildung; denn wie könnten Teilnehmerinnen sich besser einbringen als über ihre Erfahrungen? In diesem Zusammenhang betont auch Arnold die Bedeutung von Prozessen der Identitäts- und Erkenntnisbildung für lebendiges Lernen und plädiert für einen strukturierten Erfahrungsaustausch, der „multiple Perspektiven" herstellt und eine Vielfalt von Meinungen aufzeigt, aus der heraus die Teilnehmerinnen ihren Deutungshorizont erweitern können (z.B. Arnold/Schüßler 1996). Das Bedürfnis nach Mit- und Aneinander-Lernen, das FortbildungsteilnehmerInnen in der Untersuchung von Reischmann und Dieckhoff für sich als besonders wertvoll benannt haben (1996) und dessen Erfüllung eine der Grundpositionen der Frauenbildung markiert (Kade 1991), wird auf diese Weise ebenfalls befriedigt. Auch ist bekannt, daß Kommunikation für den Lernprozeß eine bedeutsame Rolle spielt (Stockmann 1993, S. 50) und daß durch einen strukturierten Erfahrungsaustausch Kommunikationsprozesse gezielt gefördert werden können. Bei aller Zurückhaltung der Referentin/des Referentin in der Rolle der „Perspektivenmanagerin/des Perspektivenmanagers" (nach Arnold 1996 c) ist zu beachten, daß der Austausch themenzentriert organisiert wird (vgl. auch POL in Kap. 4.1). Dadurch werden einerseits ungezielte „Hölzchen-auf-Stöckchen-Gespräche" vermieden, andererseits wird die Abgrenzung zu einer psychotherapeutischen Gesprächsgruppe eingehalten.

Aus der Spezifik der Tagesmütter-Qualifizierung ergeben sich darüber hinaus spezielle Begründungszusammenhänge: Tagesmütter entbehren in der Ausübung ihrer Tätigkeit charakteristischerweise einen fachlichen Austausch mit „Kolleginnen" – so wie er in verwandten beruflichen Settings, z.B. in Kindertagesstätten, gegeben ist – oft schmerzlich. Der Austausch mit anderen, evtl. erfahreneren Tagesmüttern kann bei Unterstützungs- oder Klärungsbedarf in Erziehungsfragen oder in Fragen der Kooperation von Eltern und Tagesmutter dann auch die Funktion einer kollegialen Supervision erfüllen. Der Bedarf der Teilnehmerinnen nach einem themenzentrierten Fachaustausch, aber auch nach einem informellen Austausch mit „Gleichgesinnten" und nach Rückhalt in der Gruppe, ist erfahrungsgemäß sehr groß. Der Erfahrungsaustausch sollte schon bei der Planung einer Veranstaltung mit berücksichtigt werden.

3.4.6 Wesentliches Wissen vermitteln

Sachkenntnis kann helfen, den Alltag besser zu gestalten. Die Überbetonung von fachwissenschaftlichen Detailinformationen kann vom Wesentlichen ablenken und den Blick für die Erfordernisse der Praxis verstellen. So können z.B. entwicklungspsychologische Grundkenntnisse Tagesmütter darin unterstützen, mit Kindern förderlich in Beziehung zu treten (Welche Form der Auseinandersetzung mit der Umwelt ist für welches Alter typisch? Welche inneren Entwicklungsprozesse durchläuft das Kind? Was überfordert/unterfordert sie bzw. ihn?). Im Rahmen einer Qualifizierung zur Tagespflege alle gängigen Entwicklungstheorien detailliert und in rein theoretischem Kontext in ihrem Stufenaufbau zu besprechen, ist jedoch wenig zweckmäßig. Theorie-Modelle ohne Anbindung an die Praxis bleiben Lernenden in aller Regel bestenfalls im Kurzzeitgedächtnis erhalten (vgl. Vester 1978, S. 141). Reischmann und Dieckhoff haben außerdem von den von ihnen befragten FortbildungsteilnehmerInnen den Hinweis erhalten, daß Wissen immer dann besonders gut aufgenommen wurde, wenn es sachlich engagiert, fachlich kompetent und auf dem neuesten wissenschaftlichen Stand dargeboten wurde (1996, vgl. auch Stockmann 1993, S. 38)

> *Die Vermittlung von theoretischen Kenntnissen muß in einer praxisorientierten Qualifizierung sehr gezielt integriert werden. Wissenschaftliche Theorien und Erkenntnisse stehen im Dienst der Lösung von Praxisproblemen. Sie sollten sich nicht abgehoben in den Vordergrund drängen.*

3.4.7 Theorie, Praxis, Reflexion und Selbsterfahrung in ausgewogenem Verhältnis

> *Die notwendige und wünschenswerte Vermittlung bzw. Erarbeitung von neuen Wissensinhalten sollte vom Umfang her in einem ausgewogenen Verhältnis zu praktischen und (selbst-)reflexiven Anteilen einer Qualifizierung stehen.*

Durch ein Zuviel an abstrakter Wissensvermittlung werden die Teilnehmerinnen, die in einer berufsbegleitenden oder berufsvorbereitenden Qualifizierung in Abendveranstaltungen als Mütter und Hausfrauen meist bereits einen langen Arbeitstag hinter sich haben, leicht überfordert und schalten ab. Bei ausschließlichem Erfahrungsaustausch wiederum wird oft das Bedürfnis der Teilnehmerinnen nach Wissenszuwachs nicht erfüllt. Lernende brauchen für die Entwicklung ihrer Identität, die im Rahmen lebendigen Lernens besonders angeregt wird, Zeit für (Selbst-)Reflexion. Solche wiederkehrenden Phasen der Reflexion und auch der Übung von neu Kennengelerntem sind von entscheidender Bedeutung, wenn sich Handlungsorientierungen der Teilnehmerinnen ausprägen oder verändern sollen und das Gelernte in die Praxis transferiert werden soll (vgl. Stockmann 1993, S. 49). Handlungsorientierung im Sinne des Angebots von praktischen Aufgaben mit Übungsmöglichkeiten entspricht insbesondere auch der Lernkultur von Frauen (Schiersmann 1997). Erst aus der Verknüpfung von neuem Wissen mit der eigenen Erfahrung ergibt sich dann Umsetzungswissen.

3.4.8 Ausgewogenes Verhältnis von Stoff und Zeit

Der begrenzte Zeitrahmen einer Qualifizierung einerseits und die Fülle an Themen andererseits, die aus fachlicher Sicht notwendigerweise besprochen werden sollten, verleiten zur Überfrachtung von Veranstaltungen. Bei Überfülle gehen jedoch kreative Spielräume – z.B. für die Verarbeitung innerer Prozesse und für praktische Übungen – verloren.

Überdies überschreiten Frauen und Mütter im Alltag häufig ihre Belastungsgrenze. Die Qualifizierung hat hier Vorbildwirkung, denn Überforderung führt im Erziehungs-Alltag nicht selten zu kritischen Situationen. Tagesmütter sollten üben können, diese bei sich selbst wahrzunehmen und geeignete Schritte kennen, wie sie damit umgehen können.

Das Motto „Weniger ist mehr!" gilt auch für die Konzeption von Fortbildungs-Veranstaltungen.

Als Resultat aus den Hospitationen im Modellprojekt und unter Berücksichtigung der Ergebnisse der lernphysiologischen, -psychologischen und -biologischen Forschung (Vester 1978 und Zimbardo 1992)[17] plädieren wir für Lerneinheiten von maximal drei Un-

---

17 Nach F. Vester ist „alle Mühe umsonst", wenn beim Lehren und Lernen gegen die physiologischen Grundgesetze verstoßen wird, z.B. behindern

terrichtsstunden plus Pause (= 2,5 Zeitstunden). Körperübungen oder spielerische Zwischeneinlagen können erfrischen und auflokkern und die Aufmerksamkeit wieder fokussieren (vgl. Rabenstein 1996).

3.4.9 Vielfalt partizipativer Methoden

> *Die Fähigkeiten, die Tagesmütter für ihre Arbeit brauchen, müssen durch ein methodisches Vorgehen vermittelt und eingeübt werden, das den Teilnehmerinnen die Möglichkeit gibt, sich aktiv einzubringen und sich mit ihrem eigenen Erfahrungshintergrund auseinanderzusetzen. Angemessener Wechsel von Methoden kann dazu beitragen, Lernen lebendig zu machen.*

Mitwirkungsmöglichkeit der TeilnehmerInnen einer Fortbildungsveranstaltung ist einer der meist akzeptierten Standards in der Erwachsenenbildung (Stockmann 1993, S. 49f.) und ein Postulat der Frauenbildung (Schiersmann 1997). Konsequent verwirklicht stellt sie jedoch hohe Anforderungen an Organisation und Durchführung von Bildungsmaßnahmen und wird deswegen unterschiedlich intensiv praktiziert. Die derzeit wohl weitreichendste Form von Selbstorganisation und Eigentätigkeit von Lernenden im Rahmen des Problemorientierten Lernens (POL) ist nur bedingt auf die Qualifizierung von Tagesmüttern übertragbar (vgl. Kap. 3.1). Dennoch sollten sich natürlich auch Teilnehmerinnen einer Tagespflege-Qualifizierung einbringen können. Gelegenheit dazu kann ihnen schon am Beginn eines Kurses durch das Formulieren eigener Erwartungen sowie am Ende jeder Veranstaltung durch die Möglichkeit kürzerer Rückmeldungen geschaffen werden. Zusätzlich kann ein strukturell verankerter Raum für ausführlichere Rückmeldungen, etwa in der Hälfte eines Kurses, sinnvoll sein.

Weitere zur Partizipation aktivierende Methoden sind z.B.: Diskussion von konkreten Praxissituationen, Rollenspiel, Übungen und – gerade für Frauen, die oftmals Hemmungen haben, sich in größeren Gruppen zu äußern – Kleingruppenarbeit. Wie in Kap.

Zusatzwahrnehmungen ähnlichen Inhalts das Behalten von neu Gehörtem. Die begrenzte menschliche Aufnahme- und Speicherfähigkeit und der notwendige Wechsel von Entspannungs- und Anspannungsphasen stellen ebenfalls physiologische Fakten dar.

3.2 beschrieben, sollten Gruppensituationen jedoch auch immer wieder von Einzelarbeit abgelöst werden (Schiersmann 1997). Die Referentin kann die Mitwirkung der Teilnehmerinnen unterstützen und anregen, indem sie beispielsweise Leitfragen für Diskussionen und für die Kleingruppenarbeit zur Verfügung stellt.

Gemäß dem Prinzip des „Learning by doing" (Dewey/Kilpatrick) sollten Teilnehmerinnen einer Tagespflege-Qualifizierung darüber hinaus nicht nur ihre Erfahrungen aus dem Praxisalltag einbringen, sondern explizit die Möglichkeit erhalten, in der Qualifizierung auch neue Erfahrungen zu *machen*. Handlungsmodelle, die Tagesmütter in der Qualifizierung zusammen mit anderen Teilnehmerinnen kennenlernen, ausprobieren und reflektieren können, sind als „erlebte Realität" leichter in den Alltag übertragbar. Lernen durch Erfahrung ist, wie wohl alle Menschen schon an sich selbst erfahren haben, die nachhaltigste Form von Lernen. Die Referentin/der Referent tritt als „ErmöglicherIn" von Erfahrungen auch hier wieder in den Hintergrund (Arnold/Schüßler 1996). Dennoch ist ihre/seine Rolle alles andere als unbedeutend.

Durch den Einsatz einer maßvollen und gezielt eingesetzten Vielfalt von Methoden (vgl. z.B. Weidenmann 1995, Knoll 1992, Rabenstein 1996) können verschiedene Lernkanäle angesprochen werden (Sehen, Hören, Erleben, kognitives Erfassen, Lernen durch Tun – vgl. Vester 1978, S. 142). Dem ganzheitlich orientierten Lernstil von Frauen kann zusätzlich durch Körperübungen entsprochen werden (Schiersmann 1997). Eine Mischung verschiedener Methoden trägt dazu bei, daß die Teilnehmerinnen das Lernen als abwechslungsreich und anregend erleben können. *Zu viel* Wechsel bewirkt allerdings den Eindruck eines „Methodenfeuerwerks" und kann die Teilnehmerinnen daran hindern, sich dort tiefer auf ein Thema einzulassen, wo (Selbst-)Reflexion angemessen wäre. Hier wird deutlich, warum didaktische und methodische Kompetenz von ReferentInnen aus der Sicht der TeilnehmerInnen von Bildungsmaßnahmen ein Qualitätsmerkmal darstellt: Die „Lehrenden" müssen nicht nur verschiedene Methoden in ihrem „Repertoire" haben und anleiten können, sondern sie müssen auch kompetent entscheiden können, welche und wieviele Methoden jeweils angemessen sind.

3.4.10 Zugewandte, wohlwollende, ermöglichende Haltung der Referentin/des Referenten

Es ist bekannt, welche Faktoren das Zustandekommen von positiven Interaktionen günstig beeinflussen: Es ist dies vor allem der gelungene Aufbau einer Atmosphäre des Vertrauens und einer persönlichen Beziehung auf der Grundlage von Offenheit. In einer solchen Atmosphäre ist sowohl Platz für die Beachtung der eigenen Gefühle wie auch für die Gefühle der anderen Anwesenden. Es wird die Sprache der Annahme gesprochen (vgl. Rogers 1988).

Über die zentrale Bedeutung der ReferentInnen für eine Qualifizierung besteht fachliche Einigkeit. Qualifikation und Verhalten von ReferentInnen sind maßgeblich mitentscheidend für den Erfolg einer Bildungsmaßnahme. Als Person hat eine Referentin/ein Referent nicht nur in geschlechtsspezifischer Hinsicht Vorbildfunktion (s.o. „Qualifizierung von Tagesmüttern nach Prinzipien der Frauenbildung"). Eine Referentin/ein Referent ermöglicht den Teilnehmerinnen idealerweise auch die Erfahrung des Angenommenseins und Respektiertseins als Person – jenseits aller möglichen sachlichen Differenzen. Diese Erfahrung können die Teilnehmerinnen als Modell für den Umgang mit den Tageskindern und den eigenen Kindern sowie für den Umgang mit den Eltern der Tageskinder verwenden.

> *Für die Referentin/den Referenten ist es wichtig, gerade auch bei Kritik und differenten Ansichten (z.B. über Erziehungsfragen) den Teilnehmerinnen gegenüber in der Haltung stets positiv und unterstützend zu bleiben.*

ReferentInnen müssen, wenn sie auf die Beteiligung der Teilnehmerinnen Wert legen, auch darauf achten, nicht eine Person zum Mittelpunkt oder zur Zielscheibe des Geschehens in der Qualifizierung zu machen. Darüber hinaus ist von Vorteil, wenn sich eine Referentin authentisch in die Qualifizierung einbringen kann und vielleicht sogar selbst Erfahrungen als Tagesmutter hat. Dies wird realistischerweise jedoch nicht allzu häufig vorkommen. Hilfreich kann aber schon sein, wenn sie/er *überhaupt* autobiographische Erfahrungen beisteuert und sich damit als Person sichtbar macht. Empathie mit und Distanz zu den Teilnehmerinnen sollten nach Möglichkeit dabei immer „professionell verschränkt" (Arnold/ Schüßler 1996) werden in dem Sinn, daß sie/er sich nicht auf allzu persönliche Verwicklungen mit den Themen der Teilnehmerinnen einläßt, sondern bei aller Empathie in der Haltung professionell bleibt.

Die schon mehrfach erwähnte notwendige Zurückhaltung bei gleichzeitigem Bedarf an koordinierender Leitungskompetenz stellt, wie beschrieben, hohe Anforderungen an ReferentInnen, denn neben der fachlichen und erwachsenenpädagogischen Qualifikation brauchen sie auch gruppendynamische Kenntnisse und Fertigkeiten. Leider ist die Diskrepanz zwischen den Anforderungen und den Arbeitsbedingungen der freien Honorartätigkeit in der beruflichen Weiterbildung meist sehr groß (vgl. Kap. 2).

3.4.11 Angenehmer Rahmen

Aus der Frauenbildungsforschung ist bekannt, daß Frauen durch ein angenehm gestaltetes Lernambiente positiv in ihrem Lernverhalten beeinflußt werden (Schiersmann 1997). Was gut für Frauen ist, ist in diesem Fall wohl gut für alle, denn aus nahezu allen Referenzwissenschaften zum Thema Lernen werden ähnliche Befunde vermeldet: Die Erwachsenenpädagogik spricht von den positiven Effekten des „Sich-Wohlfühlens" in der Lernatmosphäre und einem „Klima der Mitmenschlichkeit" (Reischmann und Dieckhoff 1996). In der Qualitätsentwicklung gilt die „Ausstattung der Räume" und das „Gestalten einer lernfördernden Atmosphäre" als Qualitätskriterium („Fehler im Programm" 1992 und Stockmann 1993, S. 45). Die Lernbiologie konstatiert: „Spaß und Erfolgserlebnisse sorgen für eine lernpositive Hormonlage und damit für ein reibungsloses Funktionieren der Synapsen und des Kontaktes zwischen den Gehirnzellen. Mit positiven Erlebnissen verknüpfte Informationen werden besonders gut verarbeitet und verstanden", weil über die Emotionen das „limbische System" mitbeteiligt ist (Vester 1978, S. 141/142). Auch die Ergebnisse der Tagesmütter-Befragung im Modellprojekt bestätigen diese Befunde.

Die Referentin/der Referent kann günstige Bedingungen für sich und die Teilnehmerinnen schaffen, indem sie/er die Räumlichkeiten und die Atmosphäre bewußt freundlich gestaltet (z.B. durch themenbezogene Plakate/Materialien, Blumen, Zugang zu Getränken).

Dabei muß kein großer Aufwand betrieben weden, jedoch wird diesbezügliche Achtsamkeit der ReferentInnen von den Teilnehmerinnen positiv wahrgenommen und dankbar angenommen. Für Tagesmütter gehört es zum Alltag, andere zu versorgen. Wenn sie sich selbst durch eine freundliche Atmosphäre „verwöhnt" fühlen können, trägt dies erheblich zu ihrem Wohlbefinden bei. Regelmäßige Pausen und frische Luft, aber auch ein infrastruktureller Rahmen, der z.B. für die Pausen den Zugang zu Getränken ermöglicht, kann hier schon viel bewirken. In Räumlichkeiten, in denen es keine Cafeteria oder einen Automaten gibt, besteht manchmal die Möglichkeit, Getränke in Thermoskannen bereitzustellen.

Atmosphärisch bereichernd und thematisch pointierend kann der Einsatz von visuellen Materialien wie Karikaturen wirken. Im günstigsten Fall sind solche Materialien Bestandteil des didaktischen Fundus einer Referentin/eines Referenten.

Für eine intensive und vertrauensvolle Gruppenarbeit mit (Selbst-)Erfahrungs- und Reflexionsanteilen ist es auch wichtig, daß sie vor allzu beeinträchtigenden Einflüssen aus der Umgebung geschützt ist (starke Lärmquellen, Unterbrechungen durch Nicht-TeilnehmerInnen, ...). Das strukturell bedingte Auftreten solcher Störfaktoren sollte nach Möglichkeit ausgeschlossen werden.

3.4.12 Verständliche und ansprechende Materialien

Von den Teilnehmerinnen, zu denen im Rahmen des Modellprojekts Kontakt hergestellt wurde, war vielfach der Wunsch geäußert worden, zusammenfassendes schriftliches Material mitnehmen zu können, um auch nach Ende eines Kurses „etwas in der Hand zu haben". Dieses Anliegen korrespondiert mit den Ergebnissen der Qualitätsprüfung von Fortbildungsmaßnahmen durch den Verbraucherschutz, die ergeben haben, daß aus der Sicht der TeilnehmerInnen auch gute Unterrichtsmaterialien ein Indikator für Qualität sind (vgl. „Fehler im Programm" 1992).

Aufgrund begrenzter Ressourcen liegen in der Praxis häufig keine ausgearbeiteten Materialien vor. Es ist aber nur unter Mühen möglich, mit innerer Anteilnahme und Wachheit Teil einer Gruppe zu sein und gleichzeitig den Inhalt einer Veranstaltung zu dokumentieren. Die Praxis der wechselnden Protokollführung begrenzt dann zwar die Anstrengung der Dokumentation auf wechselnde einzelne Teilnehmerinnen, jedoch bleibt der Bedarf an verständlichen und ansprechenden Kursmaterialien bestehen. Es ist in Gesprächen mit ReferentInnen und Teilnehmerinnen deutlich geworden, daß im qualifizierungsbegleitenden Alltag mit (Tages-)Kindern und Haushalt keine Kapazitäten frei sind und somit auch kein Bedarf besteht für zeitlich aufwendige Ausarbeitungen und Nachbereitung der Veranstaltungen.

> *Die curricularen Elemente im Modellprojekt umfassen deshalb einfache Handreichungen für die Teilnehmerinnen, die wichtige Aspekte zusammenfassen oder vertiefende Übungen für zu Hause anbieten. Daß auch diese Handreichungen geschlechtsbewußt formuliert sind, versteht sich von selbst.*

Karin Weiß

4 Der „Bogen zur Selbstevaluation" als Instrument für ReferentInnen in der Qualifizierung zur Tagespflege

Nachdem die Gütemerkmale – zunächst nur für den projektinternen Bedarf – zur Entwicklung der curricularen Elemente wie beschrieben definiert worden waren, lagen quasi „Essentials" der Tagespflege-Qualifizierung vor. Es lag nahe, diese Essentials nun auch für ReferentInnen aufzubereiten, die in der Praxis häufig auf sich selbst gestellt und nicht notwendigerweise erfahren im Thema Tagespflege sind. Es entstand die Idee, einen „Bogen zur Selbstevaluation" zu entwickeln, der ReferentInnen bei der Durchführung von Qualifizierung zur Tagespflege unterstützen kann.

Ein wichtiger Aspekt der Qualität von Angeboten der Erwachsenenbildung liegt in der erwachsenenpädagogischen und fachlichen Qualifikation und Erfahrung der ReferentInnen. Die Fachkräfte brauchen für ihre Arbeit eine Fülle von speziellen Fähigkeiten und Schlüsselqualifikationen. Dazu zählen u.a.:
– didaktisch-methodische Kompetenz
– Sozial- und Beratungskompetenz
– gruppendynamische Kompetenz
– Leitungskompetenz
– Fachkompetenz
– Planungskompetenz
– Evaluationskompetenz für eine reflexiv-evaluative Begleitung der Kurse
(vgl. Gieseke 1995, S. 25 und Meinhardt-Bocklet 1995, S. 80).

Das „Anforderungsprofil" an eine kompetente Fachkraft in der Weiterbildung ist so umfassend, daß kaum eine/einer alle diese Merkmale schon per se mitbringt, sondern nach und nach im Laufe ihrer/seiner Tätigkeit erwirbt. Um so wichtiger sind aus der Sicht der Bildungsträger berufsbegleitende Qualifizierung und Fortbildung für Fachkräfte, also Maßnahmen der Personalentwicklung. Wie sieht es damit in der Praxis der Erwachsenenbildung aus?

Die meist freien, oft nebenberuflich und manchmal auch ehrenamtlich tätigen MitarbeiterInnen in der Weiterbildung haben sich häufig autodidaktisch die eigene Professionalisierung erarbeitet. Doch die Fluktuation ist aufgrund der Arbeitsbedingungen und der Honorierung im allgemeinen hoch, so daß Kompetenz immer wieder auch durch „Abwanderung" verlorengeht. In den Volkshochschulen ist in den letzten 15 Jahren die Kursleitung eine überwiegend weibliche Angelegenheit geworden. Gern werden Frauen mit kleinen Kindern oder Frauen nach der Familienpause genommen, weil „(...) hier noch ein relativ engagiertes Potential mit geringen Lohnansprüchen zu finden ist" (Schlutz 1995, S. 31). Die Akzeptanz dieser geringfügigen Entlohnung läßt sich wohl nur über das Vorhandensein eines zusätzlichen Familieneinkommens realisieren. Im Bereich der Tagespflege-Qualifizierung ist im Zusammenhang mit engagierter Vereinstätigkeit bisweilen auch ein über den üblichen Rahmen hinausgehender, langwährender ehrenamtlicher Einsatz anzutreffen.

Für Weiterbildungsmöglichkeiten sind gerade bei kleineren Trägern oft wenig Mittel vorhanden. Zudem können freie ReferentInnen Weiterbildungsangebote in Form „zusätzlicher Zeitbelastungen" – die im ungünstigen Fall auch mit Verdienstausfall und Selbstkosten verbunden sind, nur schwer in ihren häufig punktgenau kalkulierten Arbeitsalltag integrieren (vgl. Schlutz 1995, S. 31).

Freie Mitarbeiterinnen in der Erwachsenenbildung sind häufig auch nicht in ein Team eingebunden und haben wenig bis keine bezahlte Zeit für fachlichen Austausch mit KollegInnen. Für eine systematische Reflexion des Tagesgeschäfts und für die Einarbeitung in ein neues Fachgebiet fehlt oft die Zeit (vgl. Kap. 2).

4.1 Selbstevaluation als Königsweg der Personalentwicklung?

Im Modellprojekt ist deutlich zu Tage getreten, wie knapp die Ressourcen in der Weiterbildung im allgemeinen sind und wie wenig ExpertInnen für die Qualifizierung in der Tagespflege im speziellen zur Verfügung stehen. Auch sind während der Projektlaufzeit an das Forschungsteam immer wieder Anfragen von Trägern gerichtet worden, die Tagespflege-Qualifizierung neu installieren wollen und vorher noch keine Berührung mit dem Thema hatten. Den ReferentInnen für Qualifizierungen in der Tagespflege den Bezugsrahmen, den wir mit den Gütemerkmalen geschaffen hatten, nutzbar zu machen und ihnen einen „Bogen zur Selbstevaluation" zur Verfügung zu stellen, scheint den Bedarfen der Praxis zu entsprechen.

4.2 Was ist Selbstevaluation?

Selbstevaluation ging aus der amerikanischen Evaluationsforschung hervor. Da Veränderungsforderungen von „oben" traditionell Widerstände produzieren, ist nach Formen der Beteiligung gesucht worden. In Deutschland wurden diese Bestrebungen mit Interesse aufgenommen, denn deutsche Fachkräfte haben – aus leidvoller Erfahrung? – starke Vorbehalte gegen Fremdkontrolle und Außenbewertung ihrer Arbeit (von Spiegel 1993, S. 219). Mit der „Selbstevaluation" ist innerhalb der Debatte um Qualitätsentwicklung und -sicherung eine Methode zur Selbstvergewisserung entwickelt worden, die eine Alternative zur Fremdevaluation (mit unabsehbaren Folgen) darstellt (von Spiegel 1993, S. 124). Selbstevaluation ist konzipiert als systematische Nachdenk- und Bewertungs-Hilfe mit dem Ziel der Erweiterung der beruflichen Handlungskompetenz. Nach Holenstein (1999) ist Selbstevaluation in den vergangenen Jahren zu einem zentralen Element der Qualitätssicherung und der Qualitätsentwicklung von Bildungsinstitutionen geworden.

Wesentlich bei der Selbstevaluation ist, daß – wie der Begriff schon nahelegt – die Fachkräfte alle Arbeitsgänge selbst durchführen. Mit Hilfe von Selbstevaluation können Fachkräfte eigenständig notwendige Veränderungen erkennen und einleiten und werden insofern zu „Forscherinnen in eigener Sache". Sie sind dabei Subjekte ihrer Forschung und nehmen ihre Praxis unter die Lupe, ohne daß sie ungewollte Folgen befürchten müssen: Sie haben zu jeder Zeit die Definitionsmacht über ihre Methoden und die Ergebnisse (von Spiegel 1993, S. 124f.).

Fachkräfte können auf diese Weise autonom das eigene berufliche Handeln bilanzieren und qualifizieren und dadurch ihr berufliches Selbstvertrauen fundieren. Durch die reflexive Distanz zu ihren routinierten alltäglichen Arbeitsvollzügen steigern sie selbst ihre Professionalisierung, denn sie gewinnen Klarheit darüber, was sie tun und welche Ziele sie verfolgen (von Spiegel 1993, S. 126).

Holenstein (1999) hat herausgefunden, daß durch Selbstevaluation Kenntnisse und Fähigkeiten für die Gestaltung von Veränderung wachsen. Auch die Selbstbeurteilungs- und Problemlösungsfähigkeit steigt. Fachkräfte, die Selbstevaluation betreiben, können zudem nach außen belegen, daß und wie sie die Qualität der eigenen Arbeit weiterentwickeln.

4.3 Wie aufwendig ist Selbstevaluation?

Der klassische Ansatz der Selbstevaluation ist sehr komplex. Die eigene Arbeit wird mit Hilfe von Tagebüchern, Protokollen, Tonband oder Video dokumentiert, ausgewertet, bewertet und ggf. verändert. Das Setting hat Bezüge zur sozialwissenschaftlichen Praxisforschung mit den klassischen qualitativen und quantitativen Datenerhebungsmethoden Beobachtung, Befragung und Analyse. Dazu kommen Methoden der Prozeßsteuerung. Analysiert werden Arbeitsprozesse, Rahmenbedingungen, Situationen und Praxisprobleme. Auf die Analyse und die Auswertung folgen Zielbestimmung und methodisches Handeln. Vorgesehen ist auch die Erstellung von Dokumentationen und die Veröffentlichung von Ergebnissen (v. Spiegel 1993, S. 126). Alle Teilschritte sind – wenn sie mit der erforderlichen Sorgfalt durchgeführt werden – mit einem nicht zu unterschätzenden zeitlichen Aufwand verbunden. Es ist deutlich: Selbstevaluation erfordert personelle und materielle Ressourcen, ist zeitaufwendig und kann auch emotional belastend sein. Sie wird durch hohen Alltagsdruck behindert (Holenstein 1999).

Die meisten Fachkräfte verfügen weder über Zeit noch Fachkenntnisse, um Selbstevaluation als regelrechtes „Forschungsvorhaben" (ebd., S. 212) durchzuführen und in eigener Regie Fallstudien, statistische Erhebungen, Gruppenbefragungen u.v.a.m. durchzuführen. In der Literatur zur Selbstevaluation wird immer wieder betont, wie wichtig es ist, daß „sie einfach handhabbar und im Alltag ohne viel Zusatzaufwand einsetzbar ist" (z.B. Bewyl/Henze 1999, S. 214). Tatsächlich sind jedoch die Möglichkeiten, Selbstevaluation im beschriebenen Sinne zu betreiben, ausgesprochen begrenzt.

Eine Folge dieses „Nebenwiderspruchs" ist, daß Fachkräfte, die ihre Arbeit nach den Regeln der Kunst evaluieren wollen, eine „motivierende Begleitung" in Form von „wissenschaftlichen Beraterinnen" oder „Begleiterinnen" (von Spiegel 1993, S. 213) oder von „TrainerInnen"/"Coaches" (Bewyl/Henze 1999, S. 217) brauchen, die z.B. bei der Klärung von Ziel und Gegenstand der Untersuchung, der Konkretisierung von Untersuchungsfragen und der Auswahl geeigneter Methoden helfen.

4.4 Unser Bogen zur Selbstevaluation

In Kenntnis der Realitäten wollten wir ReferentInnen, die keine Wissenschaftlerin im Hintergrund und keinen Coach auf ihrer Seite haben – v.a. auch solchen, die neu im Thema Tagespflege stehen – ein Hilfsmittel zur Verfügung stellen, mit dem sie sich ohne allzu großen Aufwand einen Überblick verschaffen, sich orientieren und ihre Arbeit reflektieren können. Der von uns entwickelte „Bogen zur Selbstevaluation" stellt ihnen – und *nur* ihnen – einen methodischen „Leitfaden" für die Selbstreflexion zur Verfügung. Im engeren Sinne sind die ReferentInnen damit zwar nicht Teil eines „partizipativen Verfahrens" im Sinne der klassischen Selbstevaluation, können dafür aber auch die Belastungen und Nachteile der komplexen Methode vermeiden. Mit den Zielformulierungen auf Basis der (in Kapitel 3.4) beschriebenen Gütemerkmale bekommen sie mit dem Bogen zur Selbstevaluation eine Strukturierung an die Hand, mit deren Hilfe sie sich einen Überblick über die Essentials der Qualifizierung zur Tagespflege verschaffen können und aus der sie sich einzelne konkrete Ziele für die systematische Weiterentwicklung aussuchen bzw. sich Gestaltungsimpulse für die Verbesserung der Praxis holen können. Sie können Stärken und noch entwicklungsfähige und -bedürftige Seiten der eigenen Arbeit herausfinden und nach den eigenen zeitlichen Möglichkeiten bearbeiten. Damit können sie die Qualität ihrer fachlichen Arbeit „in ihren eigenen Worten" nach außen transparent machen. Gleichzeitig leisten sie einen Beitrag zur Professionalisierung der Tagespflege-Qualifizierung.

Werden die Erfahrungen in der Fortbildung anhand des Bogens regelmäßig reflektiert und notwendige Veränderungen vorgenommen, findet ein Prozeß der Selbstqualifizierung und Selbstprofessionalisierung statt.

Der Bogen ist am Ende des Buches abgedruckt. Dort ist auch mehr zu seiner Intention, seiner Herleitung aus den Ergebnissen des Modellprojektes und zu seiner Anwendung nachzulesen.

4.5 Förderliche Bedingungen für die Anwendung des Bogens zur Selbstevaluation

Selbstevaluation bedarf der Bereitschaft, ein Bewußtsein für die eigene Arbeit zu entwickeln, sich selbstkritisch in Frage zu stellen, sich die Bedingungen und Auswirkungen der eigenen Praxis vor Augen zu führen und sie ggf. zu verändern (von Spiegel 1993, S. 213). Die hohen Anforderungen an die selbstreflexive Kompetenz und die interessegeleitete Motivation der ReferentInnen kann unter den bekannten Beschäftigungsverhältnissen nicht als selbstverständlich vorausgesetzt werden. Fachkräfte, die selbstevaluativ arbeiten wollen, müssen v.a. jedoch Zeit investieren, in der sie ohne Handlungs- und Rechtfertigungsdruck nachdenken können (ebd., S. 217). In amerikanischen Studien wird denn auch „Zeit" als der häufigste Hinderungsgrund genannt (ebd., S. 218).

Was kann ReferentInnen zur Arbeit mit dem Bogen motivieren? ReferentInnen, die in der Qualifizierung für Tagespflege neu sind, können von dem Bogen profitieren, indem sie ihn zur Einarbeitung in ihr Arbeitsgebiet nutzen. Bei schon versierten ReferentInnen kann sich erfahrungsgemäß allein der reine Idealismus, gute Arbeit zu erbringen, für die Anwendung von Selbstevaluation nicht dauerhaft gegen den Arbeitsdruck durchsetzen. Die ReferentInnen müssen auch Vorteile der Selbstevaluation (z.B. eine Erhöhung der Arbeitszufriedenheit) wahrnehmen können, um sie anzuwenden. Unterstützend könnten dabei Rückmeldungen der Kursteilnehmerinnen über positive Veränderungen sein. Unterstützend für die ReferentInnen könnte auch das Gefühl sein, daß ihre Arbeit von relevanten anderen – also von KollegInnen und Vorgesetzten – gefördert und wertgeschätzt wird. Erfolgt diese Wertschätzung nicht in Form finanzieller Vergütung, ist von Trägerseite her zu überlegen, auf welche andere Weise Bemühungen um Qualität in der Arbeit gratifiziert (nicht kontrolliert) werden können. Fordern Träger jedoch Selbstevaluation im Sinne von „Controlling" regelrecht ein, anstatt entsprechende Bedingungen bereitzustellen, entstehen kontraproduktive Effekte.

4.6 Praxisprüfung

Der vorliegende Bogen zur Selbstevaluation bildet alle grundlegenden Dimensionen/Gütemerkmale der Planung und Durchführung von Fortbildungsveranstaltungen in der Tagespflege ab (Thema/

Aufbau der Veranstaltung, Inhalte, Methoden, Kurs- bzw. Veranstaltungsleitung, Lernklima, äußerer Rahmen) und kann deshalb einen guten Überblick bieten. Andererseits ist er dadurch recht umfangreich bzw. erweckt den Eindruck eines kaum zu erreichenden Höchstanspruchs an Qualität. Um die Handhabung für die Praxis zu überprüfen, haben wir den Bogen mit der Bitte um Rückmeldung an 30 ReferentInnen der Modellorte geschickt.

4.7 Rückmeldung der ReferentInnen zum Selbstevaluationsbogen

30 ReferentInnen im Modellprojekt wurden um schriftliche Rückmeldung zum Selbstevaluationsbogen gebeten. Von diesen 30 ReferentInnen waren ca. zehn eher peripher in der Tagesmütter-Qualifizierung tätige ErwachsenenpädagogInnen, die dem DJI-Team nur bedingt als verbindliche AnsprechpartnerInnen zur Verfügung standen.

Von den 30 angeschriebenen ReferentInnen haben 13 eine schriftliche Rückmeldung gegeben – allerdings nicht alle auf alle Fragen, so daß sich im folgenden unterschiedliche Grundgesamtheiten (N) ergeben. Der Rücklauf von ca. 40% liegt – insbesondere unter Berücksichtigung der ca. zehn peripheren ReferentInnen – im Standardbereich für postalische schriftliche Befragungen.

Die Rückmeldungen der ReferentInnen waren insgesamt positiv. Ausgewählte Ergebnisse sind:

Frage 1
Die Idee eines Selbstevaluationsbogens finde ich grundsätzlich gut

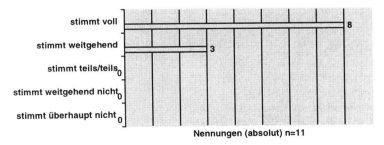

Auf diese Frage haben elf ReferentInnen, die eine Rückmeldung abgegeben haben, mit Zustimmung geantwortet.

Frage 2
Ein Selbstevaluationsbogen trägt zur Qualitätssicherung in der Tagespflegequalifizierung bei

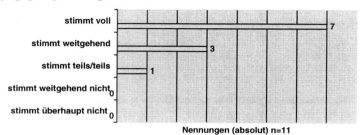

Der Aussage, daß ein *Selbstevaluationsbogen zur Qualitätssicherung in der Tagespflegequalifizierung beiträgt,* stimmten zehn ReferentInnen zu, eine Person zumindest teilweise.

Frage 4
Die aus meiner Sicht zentralen Aspekte, die die Qualität meiner Arbeit ausmachen, sind benannt

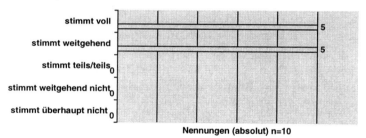

Die zentralen Aspekte ihrer Arbeit fanden zehn ReferentInnen benannt. Vier ReferentInnen benannten Aspekte, die sie im Bogen vermissen:
inhaltlich
- UN-Kinderrechte – Referentinnen müssen sich mehr mit der *„Würde" des Kindes* befassen.

organisatorisch
- *Gratwanderung zwischen Planung und Offenheit/Flexibilität in der Planung,*
- *Austausch Kursleiterin/Referentinnen,*
- *Austausch zwischen den ReferentInnen,*
- *unterschiedliche örtliche Gegebenheiten* in der Tagespflege,
- *Ergänzung der Selbstevaluation* durch Feedback der Teilnehmerinnen und durch fachliche Hospitation,
- *Mischung von praktisch erfahrenen Tagesmüttern und Frauen, die erst Tagesmütter werden wollen,* in den Kursen.

Frage 5
Dieser Selbstevaluationsbogen stellt für mich in meiner Arbeit als Fachreferentln/Dozentln eine Hilfe dar

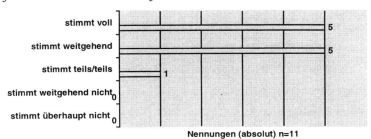

Zehn ReferentInnen sahen in dem Bogen zur Selbstevaluation eine Hilfe für ihre Arbeit als FachreferentIn, eine Person zumindest teilweise.
Als Gründe wurden angegeben:
– Selbstkontrolle, Reflexion,
– Hilfe beim Aufspüren „blinder Flecken",
– Motivation zur Kompetenzerweiterung,
– Bewußtmachen der Zielsetzung der Qualifizierung,
– Praktische Anregungen,
– konkrete Ausführlichkeit bringt immer wieder neu zum Nachdenken,
– Systematisierung/„Punkte-Katalog", Überblick: Gesamtheit im Blick behalten,
– Hilfe, um herauszufinden, in welchen Bereichen Defizite vorliegen (gleichzeitig wird mitgeliefert: der theoretische Hintergrund), und welche Bereiche gut gelingen.

Frage 6
Ich werde den Selbstevaluationsbogen in regelmäßigen Abständen (z.B. in jeder neuen Gruppe) anwenden

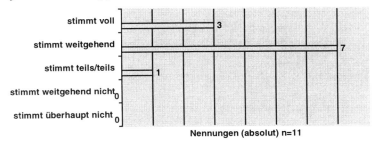

Zehn ReferentInnen gaben den Vorsatz an, den Selbstevaluationsbogen regelmäßig anwenden zu wollen. Eine Referentin/ein Referent ist sich nicht sicher.

Frage 7
Ich wurde durch den Selbstevaluationsbogen angeregt, über Qualifizierung in der Tagespflege neu nachzudenken

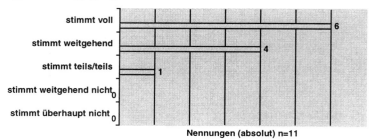

Zehn ReferentInnen fühlten sich durch den Bogen angeregt, die Grundlagen ihrer Arbeit zu reflektieren. Eine Referentin/ein Referent kann dies nur zum Teil von sich sagen.

Frage 8
Ich finde diesen Selbstevaluationsbogen praktisch gut handhabbar

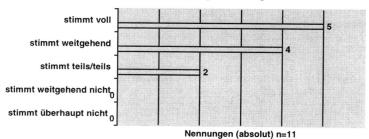

Neun ReferentInnen fanden den Bogen praktisch gut handhabbar. Zwei ReferentInnen hatten Einwände. Den offenen Teil der Frage beantworteten nur zwei ReferentInnen: Sie monierten darin den Umfang und die Arbeitsintensität für ReferentInnen aus dem „Nichtprofessionellen-Bereich".

Frage 9
Ich wende andere Formen bzw. Methoden der Selbstevaluierung an

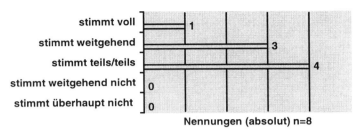

Nur eine Referentin/ein Referent stimmte mit voller Überzeugung der Aussage zu, daß sie ihre Arbeit selbst evaluiert. Sieben andere ReferentInnen stimmten überwiegend bzw. bedingt zu. Der vergleichsweise zurückhaltenden Zustimmung ist zu entnehmen, daß die Möglichkeiten zur Selbstevaluierung nicht in wünschenswertem Maß vorhanden vorhanden sind bzw. wahrgenommen werden. Dieses Ergebnis kann als Argument für einen Selbstevaluationsbogen interpretiert werden. Vier ReferentInnen gaben an, daß sie andere Methoden der Selbstevaluierung anwenden und benannten sie wie folgt:

– *schriftliche Auswertung* (hinsichtlich Gruppe, Material, Methoden, Gelingen) während der Pausen und/oder nach der Veranstaltung – die Eindrücke werden dabei in Stichworten entweder auf einem Auswertungsbogen oder auf der schriftlichen Vorbereitung notiert,
– *Feedback Teilnehmerinnen,*
– *kollegialer Austausch,*
– *Supervision,*
– *Feedback von Praktikantinnen,*
– *Feedback zu Hause.*

Frage 10
Ich schätze mich selbst als erfahrene/r FachreferentIn/DozentIn ein

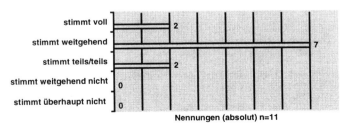

Neun der ReferentInnen, die sich rückgemeldet haben, schätzen sich selbst als erfahrene Fachleute ein.

4.7.1 Allgemeine Anmerkungen der ReferentInnen

Acht ReferentInnen nutzten die Gelegenheit für *sonstige Anmerkungen*:

positiv
- *prima Idee* zur Selbstbeobachtung,
- An dem Selbstevaluationsbogen schätze ich besonders das *humanistische Erziehungsideal*.

Kritik
- Kontrast zwischen den Verhältnissen in der Praxis der Tagespflege und der *wissenschaftlichen Arbeit*.

Anmerkungen
- Es kommt vor, daß der Gesamtkurs in sich schlüssig aufgebaut ist, aber durch *unvorhergesehene Ereignisse* so nicht durchgeführt werden kann (winterliche Behinderung der Verkehrswege im ländlichen Raum, Grippewelle, Ausfall von ReferentInnen). Eine intakte Gruppe mit einem guten Arbeitsklima verkraftet Umstellungen und eine nicht mehr schlüssige Reihenfolge. Genauso ist es bei einzelnen Veranstaltungen, wenn Störungen oder Probleme auftreten.
- *Jede Gruppe ist anders*, manche Teilnehmerinnen beteiligen sich sehr angeregt, manche sind sehr zurückhaltend, aber deshalb nicht weniger interessiert.
- Wichtig ist der *regelmäßige fachliche Austausch* mit Kolleginnen über inhaltliche, methodische und gruppendynamische Fragen. In diesem Zusammenhang wären Fortbildungen bzw. fachliche Tagungen mit ReferentInnen auf Bundesebene in Zukunft sinnvoll (analog zu den DJI-Veranstaltungen).
- *Allen recht machen kann man es nicht*. Die ReferentInnen können lediglich gut durchdachte Unterrichtseinheiten mit einem ausgewogenen Theorie-Praxis-Verhältnis anbieten. Die Teilnehmerinnen sind dann aufgefordert, sich die Dinge herauszuziehen, die für sie passen.
- Bei aller Arbeit an sich: *niemand ist vollkommen*. Es gibt immer Gründe, um Neues zu bedenken und einzubringen.

4.7.2 Zusammenfassung der Ergebnisse

Ca. ein Drittel der Referentinnen hat sich rückgemeldet.
Die Rückmeldungen sind überwiegend positiv.
- Der Bogen wird als Unterstützung für die eigene Arbeit angesehen. Positiv hervorgehoben wurden u.a.: die komprimierte Form, der Überblickscharakter und die praktischen Anregungen.
- Der Bogen wird von der Mehrheit derjenigen, die geantwortet haben, in Umfang und Aufwand als handhabbar eingeschätzt.
- Die Mehrheit derjenigen, die geantwortet haben, will den Bogen weiterhin benützen.

Kritik
- Der Umfang des Bogens ist von zwei ReferentInnen kritisch gesehen worden. In Relation zu den Arbeitsbedingungen wird diese Aussage sicher für eine ganze Reihe von ReferentInnen in der Praxis zutreffen.
- Eine Referentin wünscht sich, daß im Bogen mehr hervorgehoben wird, wie wichtig die Stabilität einer Ausbildungs-Gruppe ist. Um den Gruppenprozeß zu fördern plädieren wir im Modellprojekt für die Organisationsform einer festen Gruppe. Im Bogen zur Selbstevaluation wird die Organisationsebene als solche nicht angesprochen. Wir meinen jedoch, daß die im Bogen thematisierten Qualitätsmerkmale zu Methoden, Kursleitung, Gruppen- und Lernklima die Förderung einer stabilen Gruppe implizieren.
- Ebenfalls vermißt wird im Bogen die Notwendigkeit eines regelmäßigen fachlichen Austausches mit Kolleginnen sowie Fortbildungen bzw. Fachtagungen. In dieser Äußerung offenbart sich erneut die Isolation der ReferentInnen, die schon mehrfach thematisiert wurde (vgl. Kap. 2). Insbesondere überregionale Tagungen leisten als Möglichkeit zum „Blick über den Tellerrand" auch einen erheblichen Beitrag zur Fachlichkeit der ReferentInnen.
- Zu Recht hat eine Referentin/ein Referent darauf hingewiesen, daß „jede Gruppe anders ist" und örtlich unterschiedliche Gegebenheiten bei der Leitung eines Kurses eine Rolle spielen. Der Kontrast zwischen den Verhältnissen in der Praxis und wissenschaftlichen Postulaten kann trotz aller Bemühungen um eine praxisrelevante Planungsgrundlage groß sein. Einige ReferentInnen haben darauf hingewiesen, daß die Praxis letztlich immer eine Gratwanderung von Detailplanung einerseits und notwendi-

ger konzeptioneller Offenheit für unvorhergesehene Ereignisse andererseits darstellt und kreative Spielräume notwendig sind. Wir sehen dies ebenso und möchten unseren Bogen explizit als richtungsweisend, *nicht* als normgebend verstanden wissen. ReferentInnen können den Bogen zur Selbstevaluation nur bedingt schematisch einsetzen, sie müssen ihn individuell an die eigenen Verhältnisse anpassen. Auch Faulstich plädiert in diesem Zusammenhang für die pragmatische Konstruktion eines flexiblen und ergänzungsfähigen Instrumentariums (vgl. Faulstich 1991).

4.8 Fazit

Vom Aspekt der Qualitätssicherung her ist Selbstevaluation zweifelsohne sinnvoll und wünschenswert. Allerdings braucht es dafür auch zeitliche Ressourcen. Im Modellprojekt standen die ReferentInnen dem Instrument grundsätzlich positiv gegenüber. Insgesamt kann davon ausgegangen werden, daß der Rücklauf und die Antworten der ReferentInnen die Zeitreservoirs der ErwachsenenpädagogInnen auf Honorarbasis real abbilden. Insofern kann von unserer Befragungsgruppe auch ein Bezug hergestellt werden zu den allgemeinen Möglichkeiten von ReferentInnen, in der Praxis mit dem Bogen zur Selbstevaluation zu arbeiten. Wie die Rückmeldungen der ReferentInnen zeigen, kann der Bogen zur Selbstevaluation *als Angebot* (nicht als Zwangsinstrument) durchaus eine Hilfe darstellen. Durch dieses Ergebnis, wie auch durch die positive Aufnahme im Beirat sehen wir uns bestätigt, den Bogen für die Praxis zugänglich zu machen.

Susanne Stempinski

5 Aufbau und ausgewählte Rahmenbedingungen eines Gesamtcurriculums

Der Projektauftrag, curriculare Elemente zu entwickeln, machte es erforderlich, einen Gesamtrahmen der Qualifizierung zu entwerfen, um eine sinnvolle Einbettung der einzelnen Curriculumelemente in den Gesamtzusammenhang einer Fortbildung zu erreichen. In diesem Zusammenhang wurde ein vorläufiges Themenspektrum erarbeitet, das einen möglichen Aufbau eines Fortbildungskonzepts von insgesamt 160 Unterrichtsstunden darstellt. Es sei an dieser Stelle darauf hingewiesen, daß dieses Themenspektrum einen vorläufigen Zwischenstand der Entwicklung repräsentiert und im weiteren Verlauf des Projekts (also nach Drucklegung dieser Publikation) überarbeitet werden wird. Darüber hinaus soll in diesem Abschnitt auf ausgewählte Rahmenbedingungen eingegangen werden, die sich bei den Befragungen und bei den Workshops als zentrale Diskussionspunkte erwiesen.

5.1 Entwurf eines Themenspektrums

Im folgenden wird das im Projekt ermittelte Themenspektrum für die Qualifizierung in der Tagespflege, untergliedert in mögliche Einzelveranstaltungen, dargestellt. Um die Aussagekraft der Veranstaltungstitel zu erhöhen, wurde jeweils eine kurze Legende zugefügt.

	Einführungsphase (30 Ustd.)
3 Ustd.	**Einführungsabend** *Was erwartet die (künftige) Tagesmutter in dieser Fortbildung? Welche Fortbildungsabschnitte gibt es? Wie wird im Kurs gearbeitet?*
	Tagespflege – die Perspektive der Tagesmutter
3 Ustd.	**Erwartungen und Motivationsklärung** *In welcher Lebenssituation befinden sich die TeilnehmerInnen? Welche Erwartungen haben sie an die Tagespflege-Tätigkeit? Was kommt auf die Tagemutter und ihre Familie zu?*
3 Ustd.	**Aufgaben und Alltag der Tagesmutter/Rolle der Tagesmutter** *Bei der Tagespflege handelt es sich um öffentliche Kinderbetreuung im privaten Raum. Wie verändern sich durch die Aufnahme eines Tageskindes die Beziehungen in der Familie der Tagesmutter?*
3 Ustd.	**Rahmenbedingungen der Tagespflegetätigkeit: Rechtlicher und finanzieller Status** *Zur Tagespflegetätigkeit gehört, daß die Tagesmutter die rechtlichen und finanziellen Aspekte ihrer Arbeit aktiv und eigenverantwortlich regelt. Hier geht es um die Klärung der Grundlagen anhand von praxisnahen Beispielen. Welche Unterschiede bestehen zwischen der Tätigkeit als Tagesmutter und der als Kinderfrau?*
	Tagespflege – die Perspektive der Kinder (Tageskind und Kinder der Tagesmutter)
3 Ustd.	**Das Kind in zwei Familien – Anforderungen an die Tagespflege** *Ein Tageskind muß sich in zwei unterschiedlichen Familiensystemen zurechtfinden – wie kann es dabei unterstützt werden? Wie kann herausgefunden werden, welches Kind in die Tagesfamilie paßt (und welche Tagesfamilie für das Kind geeignet ist)? Wie können die eigenen Kinder der Tagesmutter unterstützt werden, mit der neuen Situation zurechtzukommen?*
3 Ustd.	**Gestaltung der Kontakt- und Eingewöhnungsphase** *Was sollte eine Tagesmutter beachten bei der Gestaltung der Eingewöhnungsphase für das Tageskind und die Kinder der Tagesmutter?*
	Tagespflege – die Perspektive der Eltern
3 Ustd.	**Verständigung und Zusammenarbeit mit den Eltern/Kontaktphase** *Welches sind die Erwartungen, Wünsche und Gefühle von Eltern in bezug auf die Tagespflege? Wie bereitet sich die Tagesmutter auf den ersten Kontakt mit den Eltern des künftigen Tageskindes vor?*
3 Ustd.	**Der Betreuungsvertrag** *Was sollte die Tagesmutter mit den Eltern des Tageskindes im Betreuungsvertrag regeln? Welche Unterschiede ergeben sich für die Kinderfrau?*
3 Ustd	**Praxis-Hospitation bei einer erfahrenen Tagesmutter** *Vor- und Nachbereitung (Hospitationsleitfaden)*
3 Ustd.	**Zwischenbilanz** *„Wo stehe ich? Fühle ich mich gut vorbereitet? Was brauche ich noch?"*

Aufbau und ausgewählte Rahmenbedingungen eines Gesamtcurriculums

	Vertiefungsphase (130 Ustd.)
a) Förderung von Kindern (70 Ustd.)	
3 Ustd.	**Förderung von Kindern in der Tagespflege – was gehört dazu?** Im KJHG wird Kinderbetreuung in Tagespflege als gleichrangig zur Kinderbetreuung in Einrichtungen behandelt. Durch Betreuung, Erziehung und Bildung soll die Entwicklung der Kinder zu eigenverantwortlichen und gemeinschaftsfähigen Persönlichkeiten gefördert werden. Was bedeutet das für den Alltag in der Tagespflege?
	Entwicklung von Kindern/Kinder beobachten und wahrnehmen
3 Ustd.	**Kinder brauchen BeAchtung. Wie nehme ich im Tagespflegealltag Kinder wahr?** *Wie entwickelt sich ein Kleinkind? Welche Bedürfnisse hat ein Kleinkind? Auf welche Art signalisiert es sie? Durch bewußtes Hinsehen und Hinhören kann die Tagesmutter Bedürfnisse erkennen und verstehen lernen.*
plus 1 Ustd.	**Beobachtungsaufgabe zu Hause: Kinder beobachten** *Sensibilisierung für Bedürfnisse von Kindern: Aufmerksamkeit der Tagesmutter gegenüber dem Kind/den Kindern – wie kann die Tagesmutter das „Werkzeug" des bewußten Beobachtens in ihrem Familien- und Hausarbeitsalltag einsetzen?*
3 Ustd.	**Kinder sind verschieden. Ansätze zum Umgang mit individuellen, geschlechtsspezifischen und kulturellen Unterschieden** *Kinder haben unterschiedliche Temperamente und Entwicklungsgeschwindigkeiten, unterschiedliche Geschlechter und familiäre, soziale oder kulturelle Hintergründe. Das alles macht aus jedem Kind einen ganz individuellen Menschen, der oder die auch individuell behandelt sein will. Bei aller Individualität muß jedoch Chancengleichheit gelten: Allen Kindern müssen gleiche Entwicklungsmöglichkeiten eingeräumt werden.*
3 Ustd.	**Entwicklungsverzögerungen und -störungen** *Welche Entwicklungen sind altersgemäß „normal" bei Kindern? Welche sind nicht mehr „normal"? Wie kann die Tagesmutter mit ihren Beobachtungen umgehen? Was ist zu tun?*
	Betreuung von Kindern
3 Ustd.	**Sicherheit** *Wie schafft die Tagesmtter eine Umgebung, in der sich Kinder sicher bewegen können? Wie geht die Tagesmutter daheim und unterwegs mit der wachsenden Selbständigkeit von Kindern und der ihr übertragenen Aufsichtspflicht um?*
3 Ustd.	**Gesundheit, Hygiene** *Wie kann die Tagesmutter die Gesundheit und das Gesundheitsbewußtsein von Kindern fördern? Was bedeutet Hygiene in der Tagespflege?*
3 Ustd.	**Ernährung** *Was gehört zu einer gesunden Ernährung in der Tagespflege? Auf welche besonderen Ernährungswünsche von seiten der Eltern ist die Tagesmutter bereit einzugehen?*

	Erziehung in der Tagespflege
6 Ustd. (Tagesseminar)	**Wie erziehe ich – wie wurde ich erzogen?** *Eigene Erfahrungen. Wandel von Erziehungswerten. Negative Erfahrungen als Einflußfaktor im Umgang mit Kindern. Was will ich für die anvertrauten Kinder?*
6 Ustd. (Tagesseminar)	**Wieviel und welche Erziehung in der Tagespflege?** *Was ist Erziehung? Wieviel Erziehung braucht ein Kind? Was kann ein Kind? Welche Rechte hat ein Kind? Was brauchen Erwachsene, um Kinder erziehen zu können? Was ist das Spezielle an der Erziehungssituation in der Tagespflege?*
3 Ustd.	**Die Beziehung zum Tageskind positiv gestalten** *Prinzipien einer positiven Beziehung: Kinder verstehen, respektieren, ermutigen. Persönliche Sprache in der Beziehung zu einem Kind. Sensibler Umgang mit Grenzen.*
3 Ustd.	**Bevor der Kragen platzt** *Erziehung mit Achtung vor der Würde des Kindes: Anspruch und Alltag. Was macht es für eine Tagesmutter schwierig, den Kindern gegenüber positiv zu bleiben? Wie kann Abhilfe und Unterstützung gefunden werden? Umgang mit Wut.*
3 Ustd.	**Umgang mit schwierigen Erziehungssituationen in der Tagespflege** *Vorbeugen, entzerren und minimieren von schwierigen Situationen. In Tagespflege werden manchmal Kinder vermittelt, die belastende Erfahrungen gemacht haben oder gerade Belastendes erleben. Im Alltag fallen diese Kinder durch ihr Verhalten auf. Ihnen fehlt Vertrauen, sie ziehen sich zurück oder sind aggressiv. Es fällt ihnen schwer, sich zu konzentrieren. Was können Tagesmütter tun, um diesen Kindern gerecht zu werden? Welche Voraussetzungen brauchen sie? Unterscheidung zwischen Tagespflege nach § 23 des Kinder- und Jugendhilfegesetzes und Tagespflege als Hilfe zur Erziehung nach §§ 27, 32.*
	Der Bildungsauftrag in der Tagespflege
3 Ustd.	**Was ist unter dem Bildungsauftrag in der Tagespflege zu verstehen?** *Kinder haben ein natürliches Bedürfnis, sich selbst zu bilden. Gegenstände und soziale Situationen tragen dazu bei. Wie kann die Tagesmutter diesen Bildungsprozeß unterstützen? Welche Möglichkeiten der Förderung ergeben sich aus bestimmten Alltagssituationen der Tagespflege heraus? Wie kann die Tagesmutter eine Förderung der Kinder bewußt planen?*
	Kinderspiel
3 Ustd.	**Kontakt und soziale Beziehungen im Spiel** *Welche Rolle haben Erwachsene im Spiel der Kinder? Wie kann die Tagesmutter „spielerisch" einen guten Kontakt zwischen sich, den eigenen Kindern und dem Tageskind herstellen? Wie kann die Tagesmutter die soziale Entwicklung von Kindern fördern?*
3 Ustd.	**Spielorte und Entwicklungsräume** *Welche Spielumgebung brauchen Kinder und welche Orte suchen Kinder zum Spielen auf? Die Spielräume sind heute vielfach andere, als die Erwachsenen sie erlebt haben (z.B. enge Spielplätze in Städten, künstliche Umgebungswelten, Computerspiele). Was folgt daraus für die Erziehung/Förderung von Kindern?*

Aufbau und ausgewählte Rahmenbedingungen eines Gesamtcurriculums 131

3 Ustd.	**Wie kann die Tagesmutter im Alltag spielerisch das Kind fördern?** *Wieviel Spielzeug braucht ein Kind? Welche Spielmittel sind geeignet? Welches Spielzeug braucht ein Kind in welchem Alter? Welche Bedeutung haben Spielsachen und Spiele für die Entwicklung von Intelligenz, Körper und Sprache?* **Umgang mit Medien**
3 Ustd.	**Kinderbücher** *Kinder identifizieren sich mit den Figuren/Gestalten, die ihnen in Kinderbüchern begegnen. Sie erleben und bewältigen unbekannte Situationen und lernen, sich „in der Welt" zurechtzufinden. Woran kann die Tagesmutter gute Kinderbücher erkennen? Was ist beim Vorlesen wichtig?*
3 Ustd.	**Fernsehen, Computer** *Fernsehen und Computer gehören zu den Medien, mit denen Kinder heute selbstverständlich aufwachsen. Ein verantwortungsbewußter Umgang damit will jedoch gelernt sein. Wo liegen Möglichkeiten und Gefahren?* **Besondere Herausforderungen in der Tagespflege**
3 Ustd.	**Tageskinder – eigene Kinder: Wie komme ich damit zurecht?** *Viele Tagesmütter wünschen sich für ihre eigenen Kinder Spielgefährten, wenn sie Tageskinder aufnehmen. Nicht selten aber entstehen heftige Konflikte zwischen den Kindern. Was bedeutet das? Wie kann die Tagesmutter damit umgehen? Welche anderen Situationen kennen Tagesmütter, in denen es eine Rolle spielt, daß sie – anders als z.B. Erzieherinnen im Kindergarten – eigene und Tageskinder zusammen betreuen?*
3 Ustd.	**Kinder fördern – Haushalt managen: Wie läßt sich das vereinbaren?** *In der Tagespflege erleben die Kinder einen ganz normalen Familienalltag. Dazu gehören auch Haushaltsarbeiten wie Kochen, Putzen, Aufräumen, Einkaufen, Gartenarbeiten. Wie kann die Tagesmutter ihre Aufgabe einer Förderung der Kinder mit diesen Arbeiten verbinden? Was hat sich bewährt, wovon ist abzuraten?*
3 Ustd.	**Abschied von den Tageskindern** *Wie kann der Abschied eines Tageskindes aus der Tagesfamilie vorbereitet und gestaltet werden? Was bedeutet es für die Kinder der Tagesmutter, sich von Tageskindern verabschieden zu müssen?*
b) Kooperation und Kommunikation zwischen Tagesmutter und Eltern (27 Ustd.)	
3 Ustd.	**Erziehungspartnerschaft in der Tagespflege** *Wie läßt sich mit den Eltern des Tageskindes eine gute Zusammenarbeit aufbauen, die am Wohl des Kindes orientiert ist?*
3 Ustd.	**Kooperation zwischen Nähe und Distanz** *Eine freundlich-distanzierte oder eine enge freundschaftliche Beziehung zwischen Tagesmutter und Eltern des Tageskindes hat jeweils ihre Vor- und Nachteile. Welche Form der Beziehung entspricht den Vorstellungen der Tagesmutter?*
3 Ustd.	**Mutterrollen in der Tagespflege** *In der Tagespflege treffen zwei Frauen mit entgegengesetzten Lebensentwürfen aufeinander (Berufstätigkeit vs. Familienarbeit). Kann die Tagesmutter die Berufstätigkeit der Mutter des Tageskindes akzeptieren? Wie kann sie mit eventuellen Schuld- und Eifersuchtsgefühlen umgehen? Wer ist die zentrale Person im Leben des Kindes?*

6 Ustd.	**Wie sag ich's?** *Die Kommunikation mit Eltern ist ein wichtiger Bestandteil des Tagespflege-Alltags. Welche Gesprächstechniken (z.B. Ich-Botschaften, Aktives Zuhören) können helfen, den Austausch konstruktiv zu gestalten? Sie werden vorgestellt und an verschiedenen Situationen aus der Tagespflege-Praxis geübt.*
3 Ustd.	**Nicht nur zwischen Tür und Angel: Gespräche mit Eltern** *Die konstruktive Zusammenarbeit im Beziehungsgefüge der Tagespflege setzt voraus, daß die Tagesmutter und die Eltern des Tageskindes ihre Vorstellungen, Erwartungen und Interessen kooperativ miteinander abstimmen. Wie, wo und wann findet dies statt?*
6 Ustd. (evtl. Tages- seminar)	**Kreative und konstruktive Konfliktaustragung** *Anhand von typischen Tagespflege-Situationen werden verschiedene Methoden zur Konfliktbewältigung, aufbauend auf den vorherigen Kursthemen, ausprobiert und geübt.*
3 Ustd.	**Schweigepflicht in der Tagespflege** *Es trägt zum gegenseitigen Verständnis und zum Gelingen einer vertrauensvollen Beziehung zwischen der Tagesmutter und den Eltern des Tageskindes bei, wenn beide sich bemühen, immer wieder einmal die Perspektive der anderen Seite einzunehmen und nachzuvollziehen. Dadurch entsteht Vertrauen, aber auch ein beträchtliches Wissen übereinander. Was sollte die Tagesmutter über die Schweigepflicht in der Tagespflege wissen?*
c) Arbeitsbedingungen der Tagesmutter (24 Ustd.)	
3 Ustd.	**Beruf Tagesmutter?!** *Als Tagesmutter arbeiten – ist das ein Job? ein Beruf? eine Lebensform? Welches Selbstverständnis haben Tagesmütter von ihrer Tätigkeit? Wie werden sie in der Öffentlichkeit wahrgenommen?*
6 Ustd.	**Rechtliche und finanzielle Grundlagen der Tagespflege** *Mit welchen Bundes- und Landesgesetzen und welchen örtlichen Richtlinien sollte die Tagesmutter vertraut sein? Welche Fragen ergeben sich in bezug auf Haftung, Steuern und Versicherungen? Welche Unterschiede ergeben sich für die Kinderfrau?*
3 Ustd.	**Mein Arbeitsplatz in der Familie** *Die Tagesmutter betreut Tageskinder in der Regel in ihren privaten Räumen. Ihre Tätigkeit wirkt sich stark auf die anderen Familienmitglieder im Haushalt aus. Wie kann sie die Privatsphäre der eigenen Familie schützen? Wie kann die Tagesmutter mit Interessengegensätzen zwischen ihrer Tagespflegeausübung und den Bedürfnissen der Familienmitglieder umgehen?*
3 Ustd.	**Vernetzung mit anderen Tagespflegepersonen, Interessenvertretung** *Wie kann die Tagesmutter das Isoliertsein im eigenen Haushalt überwinden? Wie kann sie einen regelmäßigen Erfahrungsaustausch mit anderen Tagesmüttern finden? Wer vertritt die Interessen der Tagesmütter vor Ort?*
3 Ustd.	**Umgang mit Streß, Unter-/Überforderung, Kraftquellen** *Welchen Streßfaktoren sind Tagesmütter in ihrer Tätigkeit ausgesetzt? Welche persönlichen Strategien wenden Tagesmütter an, um „Kraft zu tanken"? Wie können sie mit Unter- oder Überforderung konstruktiv umgehen?*
3 Ustd.	**Kooperation mit öffentlichen Stellen: Jugendamt, Vermittlungs- und Beratungsstellen; Tageselternverein, *tagesmütter* Bundesverband** *Ämter, Vereine, Verbände, kommerzielle Agenturen – mögliche Kooperationspartner der Tagesmutter? Nach Möglichkeit sollten VertreterInnen relevanter Einrichtungen sich und ihren Zuständigkeitsbereich im Kurs selbst vorstellen.*

3 Ustd.	Entwicklung der Tagespflege in Deutschland/in Europa *Der Blick über den Tellerrand: Wie machen's die Nachbarn? Welche Erfahrungen mit der Tagespflege liegen dort vor?*
d) Reflexion (9 Ustd.)	
3 Ustd.	**Zwischenresümee zur Halbzeit des Kurses** *„Wie geht es uns bisher in dem Kurs? Was soll so bleiben? Was möchten wir ändern?"*
3 Ustd.	**Vorbereitung des Abschlußkolloquiums** *„Was brauchen wir noch für das Abschlußkolloquium?"*
3 Ustd.	**Abschlußresümee des Kurses** *„Was hat die Fortbildung gebracht? Was war wichtig? Was war schwierig? Wie geht es für die einzelnen Teilnehmerinnen weiter?"*

Zusätzlich zum Besuch der Fortbildung sollte die Teilnahme an einem Erste-Hilfe-Kurs nachgewiesen werden („Erste Hilfe am Kind").

5.2 Stundenumfang des Curriculums unter besonderer Berücksichtigung der Familienkompetenzen

Die Bestimmung des Stundenumfangs für ein Themenspektrum einer Grundqualifizierung basierte auf Abwägungen, bei denen auf der einen Seite der fachliche Anspruch an die Tagespflege, also die Orientierung am Kindeswohl, eine wichtige Rolle spielte und auf der anderen Seite die Frage, welche Anforderungen der Zielgruppe der Tagesmütter zugemutet werden können angesichts der besonderen Bedingungen, unter denen sie arbeitet. Folgende Aspekte müssen in bezug auf die Arbeitsbedingungen der Zielgruppe besonders berücksichtigt werden:

– In den meisten Fällen erwerben Tagesmütter durch den Besuch der Fortbildung keine materiellen Vorteile bzw. Gratifikationen (denkbar wären hier z.B. Beiträge zur Altersabsicherung oder die Kopplung der Vermittlung von Tageskindern an den Besuch der Fortbildung). Es fehlt ein materieller Anreiz für die Tagesmütter, sich zum Fortbildungsbesuch zu verpflichten. An vielen Orten müssen Kurs-TeilnehmerInnen für den Besuch der Fortbildung sogar Teilnahmegebühren entrichten.
– Außerdem fehlt eine gesetzliche Grundlage für den Fortbildungsbesuch. Das Kinder- und Jugendhilfegesetz sieht keine verpflichtende Qualifizierung für Tagespflegepersonen vor. Aufgrund dieser mangelnden gesetzlichen Grundlagen tun sich Bildungsträger schwer damit, Tagesmütter zu einem längerfristigen Kursbesuch zu motivieren.

– Schließlich ist es wichtig zu berücksichtigen, daß es unter den Tagesmüttern verschiedene Gruppen gibt:
  a) diejenigen, die langfristig in diesem Feld arbeiten wollen und ihre Tätigkeit als Beruf verstehen,
  b) diejenigen, die übergangsweise für zwei bis vier Jahre in der Tagespflege tätig sind (Erziehungsurlaub, Arbeitslosigkeit),
  c) diejenigen, die einen Quereinstieg in einen sozialen und/oder pädagogischen Beruf anstreben,
  d) ausgebildete Erzieherinnen (besonders in den neuen Bundesländern), die in der Tagespflege tätig sind oder werden wollen.

Gerade für die zweite Gruppe („übergangsweise zwei bis vier Jahre"), die einen recht großen Anteil der verfügbaren Tagesmütter ausmacht, muß der Aufwand für die Fortbildung in einem vertretbaren Verhältnis zur Ausübung der Tagespflegetätigkeit stehen.

Diesen praktischen Argumenten der Zumutbarkeit steht der fachliche Qualitätsanspruch des Kinder- und Jugendhilfegesetzes gegenüber, der das Kindeswohl der betreuten Kinder in den Vordergrund stellt. Den Eltern soll mit der Tagespflege ein qualitativ gleichrangiges Angebot im Vergleich zur institutionellen Kinderbetreuung zur Verfügung stehen.

Verglichen mit der im Durchschnitt fünfjährigen Erzieherinnenausbildung könnte eine Tagespflege-Fortbildung mit einem Stundenumfang von 160 Unterrichtsstunden als völlig unzureichende Qualifizierungsmaßnahme erscheinen. Wenn die Tagespflege-Qualifizierung von der Stundenzahl her nur einen Bruchteil der Erzieherinnenausbildung ausmacht, dann kann die Qualität dieser beiden Betreuungsformen nicht vergleichbar sein, so ließe sich vermuten.

Dabei wird vernachlässigt, daß die 160-Std.-Qualifizierung nicht bei „null" beginnt, sondern auf Vorqualifikationen aufbaut. „Es wird bei Tagespflege-Interessentinnen und Interessenten ja vorausgesetzt, daß sie – etwa im Gegensatz zu Erzieher/innen – bereits einschlägige Erfahrungen für ihre Tätigkeit mitbringen, nämlich im allgemeinen durch die Erziehung eigener Kinder" (Schumann 1996, S. 354). Die Vorqualifikationen für die Tagespflege als familienorientierter Betreuungsform beziehen sich vorwiegend auf den Bereich der Kindererziehung, der Haushaltsführung und Gesundheitspflege. Die Familie stellt einen Lernort dar, an dem Kompetenzen lebensweltlich erworben werden können (z.B. Planung und Koordination, Fachwissen, Belastbarkeit, Zeitmanagement). Die Alltagspraxis schafft viele Möglichkeiten zur Selbstqualifizierung.

Derartige Selbstbildungsprozesse werden bislang in der Öffentlichkeit kaum als solche wahrgenommen und anerkannt. Entsprechende Vorqualifikationen werden häufig im Rahmen informeller Lernprozesse erworben (vgl. Nußhart 2000).

Familienkompetenzen werden oft unter dem Blickwinkel der Eignung für die Tagespflege subsumiert, indem das Vorhandensein entsprechender Kompetenzen implizit als Eignungskriterium für die Tagespflege-Tätigkeit verstanden wird (vgl. Lutter 1999, S. 96f.; *tagesmütter* Bundesverband 1997, S. 15f.). Bei der Bewertung des Stundenumfangs der Tagespflege-Qualifizierung müssen derartige Vorqualifikationen auf jeden Fall berücksichtigt werden. Aufgrund der Überlegungen zu Familienkompetenzen leiten sich für die Qualifizierung im wesentlichen folgende Funktionen ab:

– einen Reflexionsprozeß über die Familien-Tätigkeit zu initiieren, so daß sich Tagespflege-InteressentInnen über ihre eigenen Fähigkeiten und Grenzen klar werden,
– die spezifischen zusätzlichen Anforderungen, die durch die Aufnahme von Tageskindern entstehen, zu verdeutlichen und entsprechende Fähigkeiten zu vermitteln,
– eine realistische Einschätzung über die Rahmenbedingungen der Tagespflege-Beschäftigung zu vermitteln.

Am Ende des Kurses sollten die TeilnehmerInnen in der Lage sein, selbständig ihr individuelles Dienstleistungsangebot in der Tagespflege zu formulieren.

Unter den gegebenen Rahmenbedingungen und vor dem Hintergrund der Forschungsergebnisse hält das Projekt-Team eine Grundqualifizierung für Tagespflegepersonen im Umfang von 160 Unterrichtsstunden für angemessen und vertretbar. Auch der deutsche *tagesmütter* Bundesverband sieht in seinem Curriculum einen Stundenumfang von 160 Unterrichtsstunden vor (1997). Im internationalen Vergleich stellen 100 bis 120 Zeitstunden einen gewissen Standard dar (vgl. National Childminding Association 1993), was einem vergleichbaren Stundenkontingent entspricht. Nur aus Ländern, in denen das Berufsbild der Tagesmutter weiter entwickelt ist als in der Bundesrepublik Deutschland (z.B. Beschäftigung von Tagesmüttern im Angestelltenverhältnis) und in denen eine Vollausbildung angestrebt wird, liegen umfangreichere Konzepte vor (z.B. Lutter 1999, S. 99).

Es hat sich in der Praxis gezeigt, daß das vorrangige Bemühen darauf ausgerichtet ist, überhaupt eine fachlich angemessene Grundqualifizierung für an der Tagespflege interessierte Personen sicherzustellen. Dem Projektauftrag gemäß – Mindeststandards für die Qualifizierung in der Tagespflege zu formulieren – stellt sich daher unter Abwägung aller Projektergebnisse und oben dargestellter nationaler sowie internationaler Standards ein Qualifizierungskurs von 160 Unterrichtsstunden als angemessen dar. Die Entwicklung von Qualifizierungselementen, die über eine Grundqualifizierung hinausgehen, und die Anerkennung der Tagespflegetätigkeit und -fortbildung im Rahmen weiterführender beruflicher Ausbildungsgänge wären wünschenswert.

5.3 Aufbau und thematische Schwerpunkte

Der vorgesehene durchgängige 160-Stunden-Kurs unterteilt sich in eine Einführungsphase von 30 Stunden und eine Vertiefungsphase von 130 Stunden. In der Einführungsphase werden bereits alle Themen einmal angesprochen, die im zweiten Durchgang aufgegriffen und vertieft werden. Diese zweiteilige Struktur fand sich in den meisten Curricula aus den Modellorten wieder und entspricht dem Konzept spiralig verlaufender Lernprozesse: Die TeilnehmerInnen können in einem ersten, kurzen Durchgang ihre Neugier befriedigen und werden sensibilisiert, wie vielseitig die Anforderungen in der Tagespflege sind, die auf sie zukommen. Im zweiten Durchgang wird die thematische Auseinandersetzung ergänzt und erweitert. Unter Umständen werden die Teilnehmerinnen im Verlauf dieses Kursabschnitts durch die Aufnahme von Tageskindern auch bereits mit den Verzwicktheiten der Praxis konfrontiert (siehe Abschnitt Praxisvorbereitung und Praxisbegleitung) und können diesbezügliche Erfahrungen in das Kursgeschehen einbringen. Diese Struktur hat sich eindeutig bewährt.

Um eine fachübergreifende Themenbearbeitung zu ermöglichen (vgl. Kap. 3) und um das begrenzte Stundenkontingent enger auf die Tagespflege zu beziehen, hat das Projekt-Team auf eine Aufteilung in herkömmliche Unterrichtsfächer verzichtet („Psychologie", „Pädagogik", „Soziologie" etc.) und statt dessen die drei Arbeitsebenen der Tagesmutter als strukturierendes Merkmal für die Curriculumgestaltung ausgewählt:

- „Förderung von Kindern",
- „Kommunikation und Kooperation mit Eltern",
- „Arbeitsbedingungen der Tagesmutter".

Der Abschnitt „Förderung von Kindern" innerhalb der Vertiefungsphase des Curriculums wurde strukturiert anhand des im Kinder- und Jugendhilfegesetz § 22 (2) formulierten Auftrags an die Tagesmutter, die aufgenommenen Tageskinder durch Betreuung, Bildung und Erziehung zu fördern.

Der Abschnitt „Kommunikation und Kooperation" mit Eltern behandelt einerseits eine konstruktive Alltagskommunikation in der Tagespflege und soll andererseits Hilfestellung geben beim Umgang mit tagespflege-typischen Konfliktsituationen.

Im Abschnitt „Arbeitsbedingungen der Tagesmutter" werden u.a. die rechtlichen und finanziellen Rahmenbedingungen, die Notwendigkeit zur fachliche Vernetzung und Kooperation sowie ein aktiver Umgang mit der für die Tagespflege typischen isolierten Arbeitssituation behandelt.

Bei der Evaluation der Programme an den Modellorten hat sich herausgestellt, daß einer kontinuierlichen Gruppenarbeit zumindest in der Grundqualifizierung eine sehr große Bedeutung zukommt. Auf dieser Basis können sich die TeilnehmerInnen besser kennenlernen, und es kann eine Vertrauensbasis für intensive Reflexionsprozesse entstehen. Da der Gruppenprozeß einen entsprechenden Raum im Curriculum finden soll, wurden neun Unterrichtsstunden für Reflexion innerhalb der Fortbildungsgruppe vorgesehen.

5.4 Zur praxisvorbereitenden und praxisbegleitenden Funktion der Fortbildung

Die Fortbildung sollte sowohl eine praxisvorbereitende als auch eine praxisbegleitende Funktion haben. Im Projekt konnte das Projekt-Team beobachten, daß es diesbezüglich große regionale Unterschiede gibt: In manchen Kursen betreuen die Teilnehmerinnen bereits Tageskinder, während in anderen Kursen noch keine praktischen Erfahrungen in der Tagespflege vorliegen. Teilweise hat dies konzeptionelle Gründe und ist vom Bildungsträger so gewollt. Teilweise liegt es auch an der aktuellen Nachfrage nach Tagespflege, die an manchen Orten sehr hoch, an anderen eher gering ist. Dementsprechend bekommen Tagesmütter eher schnell bzw. eher zögerlich Tageskinder vermittelt.

In bezug auf die Praxisvorbereitung der Tagesmutter stellte das Projekt-Team fest, daß der Prozeß der Auseinandersetzung mit zukünftigen Anforderungen und der Selbstprüfung (Entscheidungsüberprüfung) in seiner Wichtigkeit häufig unterschätzt wird. Nicht immer wird ihm zeitlich genügend Raum eingeräumt, weshalb es in der Folge eher zu Betreuungsabbrüchen kommt. Die Betreuungsabbrüche kommen häufig durch unrealistische Erwartungen und schlechte Vorbereitung zustande und stellen eine große Belastung für die betroffenen Kinder und die beteiligten Familien dar.

Angesichts dieser Überlegungen empfiehlt das Forscherinnenteam, innerhalb der 160 Unterrichtsstunden die ersten 30 Unterrichtsstunden der Einführung zu widmen und dort alle praxisvorbereitenden Aspekte zu bearbeiten. Der Vertiefungsteil fordert bei der Ausgestaltung der curricularen Elemente mehr Flexibilität, insofern als im Curriculum methodische Varianten angeboten werden, je nachdem ob die TeilnehmerInnen eigene Erfahrungen aus der Tagespflege einbringen können oder nicht. Falls es aus einer Fortbildungsgruppe aktuelle Beispiele zum Thema gibt, so sollte auf jeden Fall im Sinne einer Praxisbegleitung darauf in der Gruppe eingegangen werden. Falls es keine aktuellen Anknüpfungspunkte in der Gruppe gibt, so stehen Fallstudien zur Verfügung, die typische Konfliktpotentiale in der Tagespflege verdeutlichen sollen.

Nicht zuletzt hängt die Frage nach der praxisvorbereitenden und praxisbegleitenden Funktion der Fortbildung auch ab von den entsprechenden Träger- und Kooperationsstrukturen vor Ort: Existieren praxisbegleitende Gesprächsgruppen, in denen auftauchende Praxisprobleme und -erfahrungen besprochen werden können? Stehen angemessene Beratungskapazitäten zur Verfügung? Oder muß die Fortbildungsgruppe mangels anderer Angebote ein Stück weit diese Funktion übernehmen?

5.5 Teilnahmeverpflichtung

Da in der Grundqualifizierung ausschließlich das absolut notwendige Spektrum an Themen behandelt wird, mit denen eine Tagespflegeperson sich auseinandergesetzt haben muß, sollte im Interesse einer qualifizierten Tagespflege eine Verpflichtung zur Kursteilnahme ausgesprochen werden. An den Modellstandorten gibt es deutliche Tendenzen in diese Richtung. In den Interviews haben sowohl die ReferentInnen der Fortbildung als auch anderweitige ExpertInnen der Tagespflege zum Ausdruck gebracht, daß sie eine Verpflichtung zur Qualifizierung für notwendig halten. Auch von seiten der befragten Tagesmütter wird diese Forderung angesprochen im Hinblick auf eine Statusverbesserung der Tagespflegetätigkeit.

5.6 Empfehlungen zur Durchführung einer Abschlußprüfung

Die Auswertung der Erfahrungen an den beteiligten Modellorten (vgl. Kap. 2) hat ergeben, daß ein mündliches Kolloquium zum Kursabschluß als angemessene Prüfungsform erscheint. Aus erwachsenenpädagogischer Sicht sollte es keine Abfragesituation darstellen, sondern ein Fachgespräch, in dem die Absolventinnen zeigen können, daß sie in der Lage sind, ihre Arbeit auf dem Hintergrund der behandelten Inhalte zu reflektieren und sich fachlich angemessen auszudrücken (vgl. Schmidt 2000, S. 15). Als Methode werden dafür vorgegebene Fallstudien empfohlen, weil sich daran erkennen läßt, wie differenziert und reflektiert eine Absolventin mit einer vorgegebenen Situation (im Gespräch) umgehen kann und ob sie sich in die Perspektive der anderen an der Tagespflege beteiligten Personen hineinversetzen kann.

Bewährt hat sich die gemeinsame Vorbereitung von Teilnehmerinnen auf das Abschlußkolloquium und ein Prüfungsgespräch in der Zweier- oder Dreiergruppe. Jedoch sollte jede Teilnehmerin eine eigene Fallstudie oder zumindest eine eigene Fragestellung zu einer gemeinsamen Fallstudie vorgelegt bekommen, auf die sie sich allein ca. 20 Minuten vorbereitet. Im Prüfungsgespräch stellt sie ihre Beurteilung der Fallsituation dar und begründet ihre Handlungsvorschläge. Die Kursleiterin kann vertiefende Fragen dazu stellen. Schließlich sollen auch die anderen Prüfungsteilnehmerinnen in das Fachgespräch einbezogen werden. Dieser Durchgang sollte etwa 20 bis 30 Minuten dauern. Er wiederholt sich für jede Teilnehmerin.

In bezug auf die Zusammensetzung der Prüfungskommission hat sich die Konzeption des *tagesmütter* Bundesverbands bewährt. In seinem „Leitfaden zur Umsetzung des Tagespflege-Curriculums für Tagespflegepersonen – Werkstattausgabe – und der Vergabe einer Grundqualifizierungslizenz" schlägt der Bundesverband vor, die Kommission mit folgenden Personen zu besetzen:

a) der Kursleitung,
b) einer Fachberaterin vor Ort (z.B. derjenigen, die für die Vermittlung von Tagespflegepersonen zuständig ist),
c) einer Persönlichkeit des öffentlichen Lebens mit Kenntnissen in der Tagespflege (z.B. aus dem Jugendhilfeausschuß, die Vorsitzende eines Tagesmüttervereins, eine Jugendamtsleiterin oder Leiterin eines Bildungsträgers).

In dieser Zusammensetzung übernimmt die Kursleitung die Gesprächsführung. Die anderen beiden Personen bringen evtl. beim Fachgespräch zusätzliche Fragen ein und stellen eine Form von Öffentlichkeit dar, vor der die Prüfungsteilnehmerinnen ihre Prüfungsleistung erbringen.

Falls es der Betreuungsaufwand erlaubt, wäre eine schriftliche Prüfung eine sinnvolle Ergänzung. Es sollte auch hier keine belastende Abfragesituation entstehen. Wenn es gelingt, eine schriftliche, nicht zu umfangreiche Hausarbeit (ca. sechs bis zehn Seiten) als produktive Herausforderung zu gestalten, bei der die Teilnehmerinnen ein nach Neigung und persönlicher Schwerpunktsetzung ausgewähltes Thema selbständig bearbeiten, so führt dies, wie die Erfahrungen an verschiedenen Modellorten zeigen, häufig zu intensiven Lern- und Wachstumsprozessen. Durch eine gründliche fachliche Auseinandersetzung werden Teilnehmerinnen dann zu Expertinnen in ihrem ausgewählten Feld. Diese Form des exemplarischen Lernens und Erarbeitens hat sich bewährt.

Für Teilnehmerinnen, die sich mit einer schriftlichen Arbeit sehr schwer tun, sollte ein Alternativangebot zur Verfügung stehen. Hier bietet sich an, daß die Teilnehmerin zu einem mit der Kursleitung abgesprochenen Thema eine Unterrichtsstunde gestaltet und die Einheit anschließend schriftlich dokumentiert. Diese Formen des Kursabschlusses erfordern eine sehr aufwendige und intensive Betreuung von seiten der Referentin. Um regelmäßig einen guten Lernerfolg zu gewährleisten, ist es dringend erforderlich, daß der hohe Betreuungsaufwand, den die Referentinnen erbringen, anerkannt und entgolten wird.

5.7 Ein spezielles Fortbildungsangebot für Personen mit pädagogischer Vorbildung?

Eine spezielle Zielgruppe der Fortbildung sind Personen mit pädagogischer Vorbildung (in der Regel Erzieherinnen). An einem Modellort werden für diese Gruppe spezielle Kurse vorgesehen, die auf einem verkürzten Stundenkontingent basieren. In Anerkennung nachgewiesener Ausbildungsleistungen brauchen die Teilnehmerinnen nicht das volle Fortbildungsprogramm zu durchlaufen. Die Äquivalenz dieser Ausbildungsinhalte sollte allerdings sehr sorgfältig geprüft werden. Die Pädagogik in Kindereinrichtungen weist zum Beispiel durchaus andere Charakteristiken auf als die Familienpädagogik im Haushalt der Tagesmutter. Auch die Zusammenarbeit mit den Eltern hat in der Tagespflege einen anderen Stellenwert als in Einrichtungen. Die Arbeitsbedingungen der Tagesmutter bedürfen einer speziellen Aufmerksamkeit. Damit ergeben sich in den zentralen Inhalten des vorgelegten Curriculums entscheidende Abweichungen zu herkömmlichen pädagogischen Ausbildungen. Da in der Tagespflege-Fortbildung keine Unterrichtsfächer, sondern Tagespflegesituationen behandelt werden, die von Tagesmüttern zu bewältigen sind, empfiehlt das Projekt-Team auf Basis der Untersuchungsergebnisse (vgl. auch Kapitel 2.4), auch Personen mit pädagogischer Vorbildung in das ausführliche Fortbildungsprogramm einzubeziehen.

Marianne Schumann

6 Exemplarisch ausgearbeitete curriculare Elemente

Zu den Hauptanliegen bei der Erstellung der curricularen Elemente gehört es, den im Projektverlauf definierten Qualitätsmerkmalen (vgl. Kapitel 3) weitmöglich gerecht zu werden. Dabei können schriftliche Ausarbeitungen selbstverständlich nur einen Teil der für eine gelingende Fortbildung erforderlichen Schritte abdecken. Wieweit es gelingt, die schriftlichen Anregungen im Rahmen didaktisch lebendiger und inhaltlich ergiebiger Kurse für Tagespflegepersonen tatsächlich zu nutzen, hängt von vielen Faktoren der jeweiligen Fortbildungspraxis ab.

Im folgenden soll erläutert werden, nach welchen Prinzipien die curricularen Elemente aufgebaut sind und welche Resonanz die Ausarbeitungen des DJI-Teams bei den KooperationspartnerInnen an den Modellorten gefunden haben. Es wird außerdem dargestellt, wie ein Leitfaden, der dem komplettierten Curriculum beigefügt werden soll, angedacht ist. Abschließend wird am Beispiel eines Themas ein Eindruck von der Gestaltung des DJI-Curriculums vermittelt.

6.1 Aufbau und Struktur der curricularen Elemente

Die Ergebnisse der wissenschaftlichen Begleitung des Modellprojekt legen nahe, eine *sehr genaue* Ausarbeitung der curricularen Elemente vorzunehmen. Eine detaillierte inhaltliche und methodische Ausführung des Curriculums – im Unterschied z.B. zu einem eher rudimentären Rahmenplan – erscheint insbesondere notwendig, um den Bezug der Fortbildung zur Praxis der Tagespflege sicherzustellen. In der Untersuchung wurde festgestellt, daß viele ReferentInnen keinerlei praktischen Berührungspunkt mit der Tagespflege hatten. Durch eine genaue Ausarbeitung erhält auch eine in Tagespflege wenig erfahrene Referentin einen Überblick über die zentralen Themen der Tagespflege und kann sich an die didaktischen Vorschläge anlehnen.

Mit Hilfe der ausführlichen Materialien soll außerdem das Ziel erreicht werden, den neuesten Stand der fachwissenschaftlichen Erkenntnisse und Diskussionen (vgl. Kapitel 3.3) der Praxis zugänglich zu machen. Aus den Interviews ist bekannt, daß es den ReferentInnen vielfach nicht möglich ist, mit nur einigermaßen angemessenem Zeitaufwand an die erforderlichen Fachinformationen heranzukommen und sie in ihre pädagogische Arbeit einzubinden. Dabei fällt auch ins Gewicht, daß in der Tagespflege eine Vielzahl an Fachgebieten und Forschungsfragen relevant ist. Forschungsergebnissen der Erwachsenenpädagogik, wonach TeilnehmerInnen eine sachlich engagierte und fachlich kompetente Vermittlung aktueller wissenschaftlicher Erkenntnisse besonders schätzen (vgl. Kapitel 3.1), kann daher häufig nicht im wünschenswerten Umfang nachgekommen werden.

Schließlich wird mit der Ausarbeitung detaillierter Fortbildungsmaterialien angestrebt, ReferentInnen und KursleiterInnen in der Fortbildung von Tagespflegepersonen eine gemeinsame fachliche Basis zu bieten. Es wäre unter diesem Gesichtspunkt begrüßenswert, wenn die aus der Projektarbeit hervorgegangenen curricularen Empfehlungen in Zukunft Gegenstand lebhafter fachlicher Diskussionen würden.

Im Zeitraum der Hauptphase des Projekts konnten 50 Unterrichtsstunden exemplarisch ausgearbeitet werden. In der Verlängerungsphase bis Ende 2001 wird das Curriculum auf 160 Unterrichtsstunden komplettiert werden.

Ein curriculares Element beschreibt immer eine Fortbildungsveranstaltung. Es kann sich dabei um eine Abend- oder Tagesveranstaltung handeln (in der Regel drei bis sechs Unterrichtsstunden).

Im einzelnen setzt sich ein curriculares Element aus folgenden *Bestandteilen* zusammen (s. auch Fallbeispiel in Abschnitt 6.4):

a) Empfehlungen für den formalen und zeitlichen Ablauf einer Veranstaltung (Leitfaden für die Referentin/den Referenten): Der Leitfaden bildet ein Kernstück eines jeden curricularen Elements. Aus ihm werden Ziele und einzelne Arbeitsschritte ersichtlich. Es wird exemplarisch der Ablauf des Kursabends oder Tages geschildert. Die Referentin erhält auch einen Überblick darüber, welche Arbeitsvorbereitungen zur Durchführung des Abends nötig sind. Es wird der zeitliche, methodische und inhaltliche Ablauf geschildert, als Beispiel, wie dieses Thema erarbeitet werden könnte. Bei manchen Themen werden alternative inhaltliche Vorschläge gemacht, die je nach Gruppenkonstellation und -interessen aufgegriffen werden können (s. das Beispiel im Abschnitt 6.4). Zur Orientierung werden im Ablauf auch Feinziele angegeben: Was soll das Ziel der einzelnen Aufgabenstellung sein? Dieser Leitfaden hat meist einen Umfang von zwei bis sechs Seiten.

b) Inhaltliche Ausarbeitungen zum Thema für die Referentin/den Referenten: Es handelt sich dabei um Zusammenfassungen des wissenschaftlichen Kenntnisstandes zu einem Thema als Hintergrundinformationen für die Referentin/Kursleiterin und um Leitfragen für Diskussionen (manchmal kombiniert mit der Darstellung möglicher inhaltlicher Schwerpunkte im Verlauf).

c) Arbeitsblätter zur Erarbeitung des Themas (meist in Kleingruppen von 2-4 Personen), anhand derer z.B. tagespflegetypische Fallbeispiele zu bearbeiten sind.

d) Übungen: z.B. Fertigkeits-, Kommunikations-, Beobachtungs- und Einfühlungsaufgaben, Rollenspiele, die sich an dem jeweils zu bearbeitenden Thema orientieren.

e) Methodische Lockerungselemente: z.B. Konzentrations-, Bewegungs- und Entspannungsübungen, Lied und Tanz sowie spielerische Elemente, die der „Auffrischung" der TeilnehmerInnen im Kurs zugute kommen und teilweise auch in den Tagespflege-Alltag zu übertragen sind.

f) Handreichungen für Tagesmütter: Informationen, Zusammenfassungen, „Botschaften" zum Thema, Checklisten oder Fragebögen, die sie für die Nachbereitung mit nach Hause nehmen können.

g) Vertiefungsaufgaben für Zuhause: z.B. Arbeitsblätter, Beobachtungsaufgaben, Übungen, Unterlagen für kollegiale Supervision. Damit werden die im Kurs erarbeiteten Inhalte auf den Alltag in der Tagespflege bezogen. Die Ergebnisse werden in die Gruppe rückgemeldet.

h) Literaturempfehlungen: jeweils für die Teilnehmerin/Tagesmutter und für den/die ReferentIn/KursleiterIn.

Die curricularen Empfehlungen sollen als Materialiensammlung verstanden werden, als Handreichung für die ReferentInnen. Sie sollen unseres Erachtens im Lose-Blatt-System zur Verfügung stehen, was den Vorteil hat, daß die Blätter herausnehmbar und leicht zu kopieren sind. Außerdem lassen sich die curricularen Elemente dadurch individuell ergänzen und kombinieren. Zur Orientierung, an welchen Stellen des gesamten Curriculums bestimmte Themen – unter verschiedenen Gesichtspunkten – behandelt werden, ist ein *Sachregister* vorgesehen.

6.2 Evaluation der curricularen Elemente

Um zu erfahren, wie die ReferentInnen aus den Modellorten die Ausarbeitungen der curricularen Elemente beurteilten, wurden 27 Mappen mit je 9 curricularen Elementen (über 150 Seiten Text) verschickt. Im Rahmen von Gruppen-Interviews vor Ort wurde um Rückmeldung gebeten.

Durchgängig wurden in den Rückmeldungen die curricularen Elemente als große Arbeitserleichterung und Hilfestellung für die Fortbildungsarbeit gesehen. Das Vorhaben, das Curriculum im Rahmen der Projektverlängerung zu komplettieren, stieß entsprechend auf ausgesprochene Zustimmung. Nahezu einhellig *positiv* herausgehoben wurden:

- die Fülle des Materials,
- die vielen Hintergrundinformationen für die ReferentInnen und die TeilnehmerInnen,
- die detaillierte didaktische Ausarbeitung, die doch Spielräume und Flexibilität für die konkrete Ausgestaltung läßt,
- die Handreichungen für die Teilnehmerinnen zum Mit-nach-Hause-Nehmen,
- der aktuelle wissenschaftliche Stand,
- die Literaturempfehlungen jeweils für die ReferentInnen und die TeilnehmerInnen,
- der enge Praxisbezug zur Tagespflege,
- der fachübergreifende Ansatz,
- der sprachliche Ausdruck, d.h. die gute Verständlichkeit,
- die vielen Karikaturen, praktischen Übungen und konkreten Beispiele.

In den Fachmeinungen spiegelten sich jedoch auch *Kontroversen* wider, wie an folgenden Beispielen zu sehen ist:

- Zum Niveau der Ausarbeitungen: Einerseits wurden mehr fachwissenschaftliche Detailinformationen gewünscht, etwa auf dem Gebiet der Entwicklungspsychologie. Andere ReferentInnen be-

tonten, daß das angebotene Niveau der curricularen Elemente stellenweise zu hoch sei und nicht die Realität der Teilnehmerinnen träfe. Zudem gäbe es eher zu viel Theorie in den Ausarbeitungen.
- Zur altersspezifischen Bearbeitung der Inhalte: Einerseits wurde bezogen auf die Altersgruppe der 0-3 jährigen um noch differenziertere Informationen und Themenbearbeitungen gebeten. Andererseits wurde dem DJI-Team die Aufforderung entgegengebracht, in möglichst vielen Kapiteln jeweils auf Kinder im Schulalter einzugehen, da sie ebenfalls in Tagespflege betreut und gefördert werden.

Es gab außerdem eine Fülle von allgemeinen Anregungen, so z.B.:
- der Wunsch nach einem zusätzlichen ReferentInnen-Leitfaden mit allgemeinen Hinweisen (z.B. zum Umgang mit den Informationen – sie sollen im allgemeinen nicht einfach als „Referate" vorgetragen werden),
- Aufforderungen zum Einsatz von mehr Filmmaterial,
- Vorschläge für mehr intensive Ganztagsveranstaltungen.

Schließlich erfolgten viele inhaltliche und methodische Empfehlungen oder Ergänzungen zu einzelnen curricularen Einheiten, auf die hier nicht näher eingegangen werden kann.

In den weiteren Ausarbeitungen werden die diversen Anregungen überprüft und gegebenenfalls bei den Überarbeitungen der betreffenden curricularen Elemente berücksichtigt werden.

6.3 Leitfaden zur Umsetzung des Curriculums

Es war von Anfang an vorgesehen – und wurde in den Feedback-Runden zum Curriculum auch gefordert (s.o.) –, dem Curriculum einen Leitfaden voranzustellen, der einen Bezug zu den Ergebnissen des Projekts herstellt und Hinweise enthält, was für die Referentin/den Referenten bei der Umsetzung des Curriculums beachtenswert ist. Im Zentrum dieses Leitfadens werden folgende Gesichtspunkte stehen:

- Qualitätsmerkmale für die Qualifizierung in der Tagespflege (vgl. Kapitel 3),
- Begründung des Themenaufbaus (vgl. Kapitel 5),
- Begründung des Aufbaus der einzelnen curricularen Elemente (s.o.),
- wichtige Rahmenbedingungen der Fortbildung (vgl. Kapitel 5).

Durch diese inhaltliche Anbindung wird deutlich herausgestellt, daß das Curriculum nicht als ein isoliertes Produkt betrachtet werden darf, sondern im Kontext und als Ergebnis eines komplexen Forschungsprozesses gesehen werden muß. Dies kann auch Befürchtungen entgegenwirken, die uns von einigen Seiten – u.a. aus dem Projektbeirat – entgegengebracht wurden:

– Wie kann verhindert werden, daß das Curriculum als „Rezeptbuch" angesehen wird, das auch von wenig qualifiziertem Lehrpersonal „abgearbeitet" werden kann?
– Wie kann verhindert werden, daß die Arbeitsbedingungen von ReferentInnen sich eher noch verschlechtern mit dem Argument: „Nun ist ja das Curriculum da – die meiste Arbeit ist getan?"

Das dem Curriculum zugrundeliegende pädagogische Konzept einer lebendigen, Erfahrungs- und TeilnehmerInnen-orientierten Erwachsenenbildung macht eine „Eins-zu-Eins"-Umsetzung des Curriculums unmöglich. Vielmehr sind die curricularen Anregungen flexibel und sensibel auf die jeweilige Gruppe zu beziehen. Zusätzliche, ergänzende bzw. alternative eigene Beiträge und Interpretationen der Referentin/des Referenten sind – abhängig vom Gruppenverlauf – unerläßlich. Dies aber kann in überzeugender Qualität nur durch eine pädagogische Fachkraft geschehen.

Die im Curriculum vorgesehenen partizipatorischen Elemente – Übungen, Rollenspiele etc. – können ebenfalls nur durch qualifizierte KursleiterInnen/ReferentInnen in die Fortbildung eingebracht werden. Voraussetzung ist eine spezielle Fortbildung in diesen Methoden und die eigenen Erfahrung damit. Fachlichkeit bedeutet auch, ein Gespür für die eigenen Stärken und Schwächen zu haben und nur jene Methoden – Rollenspiel, Körperübungen etc. – einzusetzen, die zu dem eigenen „Stil" passen. Die Bereitschaft, das eigene Repertoire durch Fortbildung ständig zu erweitern, ist ebenfalls ein Merkmal pädagogischer Kompetenz und professionellen Engagements.

Träger der Erwachsenenbildung bieten dann die erforderliche Voraussetzungen (im Sinne von „Strukturqualität"), wenn sie die pädagogischen Fachkräfte nicht im „Tagelöhner-Status", sondern mit angemessenen Arbeitsbedingungen und einem längerfristigen Vertrag beschäftigen. Regelmäßige bezahlte Supervision und Fortbildung sind unerläßlich für die fachliche Weiterqualifizierung. „Team-Teaching" muß finanziert werden – insbesondere für die Bearbeitung sehr persönlichkeitsnaher und problembeladener Themen –, damit sich die ReferentInnen gegenseitig fachlich unterstützen können.

Auf die weiterhin an uns herangetragene Frage: „Wie können Träger motiviert werden, die erforderlichen Rahmenbedingungen für die Umsetzung eines fachlich qualifizierten Curriculums zu schaffen?" können wir nur mit dem Zitat einer Referentin aus einem Modellort antworten:

> „Tagesmütter fortzubilden – das ist unwahrscheinlich wichtig. Die Frauen sind mit solchem Eifer dabei. Sie brauchen den Austausch in der Gruppe und das gemeinsame Nachdenken. Was ich ihnen mitgeben kann, zum Thema Erziehung zum Beispiel, das kommt ihren eigenen Kindern zugute und den Tageskindern. Und wenn sie durch den Kurs besser mit den Eltern zurechtkommen und sicherer werden – dann ist das soviel wert. ... Da lohnt sich der ganze Einsatz!"

6.4 Beispiel: Tageskinder – eigene Kinder. Wie komme ich damit zurecht?

Auf den nachfolgenden Seiten ist ein curriculares Element abgedruckt, das einen ersten Eindruck über die Gestaltung des Gesamtcurriculums vermittelt. Der Ausschnitt mit dem Titel „Tageskinder – eigene Kinder. Wie komme ich damit zurecht?" beschreibt eine Abendveranstaltung zum übergeordneten Thema „Förderung von Kindern" (vgl. Kapitel 5.1, Themenspektrum). Bei der Ausarbeitung wird von einem gewissen Vertrautheitsgrad in der Gruppe sowie der Einführung und Einübung wichtiger Kommunikationsregeln in den bisherigen Veranstaltungen ausgegangen.

6.4.1 Leitfaden für ReferentInnen

Tageskinder – eigene Kinder

Was soll mit der Bearbeitung des Themas erreicht werden?

- Erfahrungen mit dieser Schlüsselsituation der Tagespflege austauschen und reflektieren
- Verständnis für die eigenen Kinder/ die Tageskinder entwickeln
- erfahren, wie mit Konflikten zwischen eigenen Kindern und Tageskindern konstruktiv umgegangen werden kann
- Unterschiede hinsichtlich der emotionalen Betroffenheit als „Tagesmutter" und „Mutter" wahrnehmen und akzeptieren
- Möglichkeiten erkennen, im eigenen Alltag die Rollen „Tagesmutter" und „Mutter" positiv zu verbinden

Material und Vorbereitung

- Leitfaden für ReferentInnen
- Moderationskarten, Pinwände und Anstecker
- Handreichung für Tagesmütter; Literaturhinweise (kopiert für alle Teilnehmerinnen)
- Aussagen von Tagesmüttern über ihre emotionale Beziehung zum Tageskind (kopiert und ausgeschnitten)
- Einschätzbogen: Tagespflege und das Wohlergehen meines eigenen Kindes (kopiert für alle Teilnehmerinnen entsprechend der Anzahl ihrer eigenen Kinder)

Empfehlungen für den Ablauf

(Zeitbedarf: ca. 3 Zeiteinheiten à 45 Minuten und zusätzlich 15 Minuten Pause)

- Begrüßung und Organisatorisches
  (5-10 Minuten)
  Kurze Vorstellung des zeitlichen, inhaltlichen und methodischen Ablaufs; TeilnehmerInnenliste verteilen u.ä.
- Gesprächsrunde: praxisbegleitender Einstieg (10-20 Minuten)
  Wie war der Tag?
  Was gibt es Neues in Bezug auf den Tagespflegealltag?
  Hat sich seit dem letzten Mal eine Neuerung ergeben?
  Sind vom letzten Abend noch Fragen hängengeblieben?

Das Ziel dieses praxisbegleitenden Austauschs besteht darin, aktuelle Fragen und Praxisprobleme der Teilnehmerinnen zu besprechen und gegenseitiges Lernen zu ermöglichen. Außerdem wird der Anschluß an das letzte Zusammentreffen hergestellt. Wichtig ist, daß möglichst jede Teilnehmerin etwas sagt, aber die Regel eingeführt ist, daß es sich nur um relativ kurze Beiträge handelt.

— Thema: Ich betreue eigene Kinder und Tageskinder — was gefällt mir, was finde ich schwierig? (ca. 40 Minuten)
Die Teilnehmerinnen werden gebeten, sich in Gruppen aufzuteilen. Bei der Zusammensetzung soll darauf geachtet werden, daß die eigenen Kinder ein ungefähr ähnliches Alter haben — also Kleinkinder, Kindergartenkinder, Grundschulkinder, Kinder in weiterführenden Schulen. Wenn die Teilnehmerinnen mehrere eigene Kinder haben, so sollten sie sich danach richten, mit welchem Kind es eventuell Probleme gibt, über die sie sprechen möchten. Die Gruppen sollten höchstens aus vier Personen bestehen, ggf. zwei Parallelgruppen bilden (falls es z.B. mehr als vier Teilnehmerinnen mit eigenen Kleinkindern gibt). Falls einzelne TeilnehmerInnen noch kein Tageskind aufgenommen haben, so sollten sie ihre Erwartungen, Hoffnungen und Befürchtungen formulieren.

Jede Teilnehmerin soll 10 Minuten lang für sich über ihre Situation nachdenken und schriftlich auf Kärtchen festhalten, welche guten und welche eher schwierigen Erfahrungen sie gemacht hat. Jede Gruppe hat eine Pinwand — oder eine andere Fläche, an die Kärtchen geklebt werden können. Die Teilnehmerinnen stellen nacheinander den anderen ihre Karten vor und heften sie an, möglichst nach Themenschwerpunkten geordnet (15 Minuten). Jede Gruppe benennt eine Moderatorin, die auf die Einhaltung der Zeit achtet.

Anschließend berichten sich die Gruppen im Plenum gegenseitig zusammengefaßt ihre Ergebnisse. Der/die ReferentIn moderiert und versucht, auf Flipchart übergeordnete Gesichtspunkte und Themen herauszuarbeiten, die bei allen Gruppen eine Rolle spielen.

Das Ziel dieses Einstiegs ist es, die aktuellen Probleme und Themen der TeilnehmerInnen kennenzulernen. Bereits praktizierende Tagesmütter stellen fest, daß nicht nur sie Schwierigkeiten damit haben, Tageskinder und eigene Kinder gemeinsam zu be-

> *treuen und zu erziehen. Sie erkennen, daß es unterschiedliche Erfahrungen und Sichtweisen gibt. Vielleicht erhalten sie bei diesem Austausch bereits konkrete Anregungen. TeilnehmerInnen, die noch kein Tageskind betreuen, erhalten einen Einblick in die Praxis der Tagespflege.*

- Pause (ca. 15 Minuten)
- „Wenn Du glücklich bist, dann klatsche in die Hand"
 (ca. 10 Minuten)
 Zum erneuten Einstieg in die Gruppenarbeit und zur Auflockerung könnte nach der Pause das Lied „Wenn Du glücklich bist, dann klatsche in die Hand" gesungen werden. Die Gruppe bildet dafür einen Kreis. Die Strophen werden im Kreis stehend gesungen, beim Refrain fassen sich die TeilnehmerInnen bei den Händen und gehen im Rhythmus des Liedes im Kreis herum. Die jeweiligen Laute „klatsch, klatsch, seufz, seufz" etc. werden dann wieder im Stehen vollführt (s. S. 153/154).

> *Das Lied eignet sich gut für die Tagespflege, da es auch mit kleinen Kindern und in einer kleinen Gruppe gesungen werden kann. Der Inhalt des Liedes paßt zu der „Botschaft" dieses Abends, daß die Gefühle aller Beteiligten in der Tagespflege ernst genommen werden sollten.*

Unter Bezug auf die Themen, die vor der Pause in der Gruppe genannt wurden und die für die TeilnehmerInnen besonders aktuell sind, können *im 2. Teil des Abends unterschiedliche Schwerpunkte* gesetzt werden. Im folgenden werden einige Möglichkeiten genannt, die *alternativ eingesetzt* werden können.

- 1. Möglichkeit: Konflikte zwischen dem eigenen Kind und dem Tageskind – und meine Gefühle dabei (Rollenspiel, ca. 35 Minuten)
 Die Gruppe sucht ein Beispiel aus, das möglichst viele Teilnehmerinnen in dieser oder ähnlicher Form kennen. Je nach Vertrautheit der Gruppe mit Rollenspielen wird entweder ein ganzer Ablauf – improvisiert – gespielt oder die Gruppe arbeitet die Ausgangssituation und einige typische Interaktionssequenzen heraus, die dann in genau dieser Form – eventuell weitgehend nonverbal (s. Beispiel unten) – dargeboten werden.

Beispiel:
Vorgeschichte: Tageskind Lisa (2 Jahre, 3 Monate) und eigenes Kind Nora (2 Jahre, 7 Monate) sind seit anderthalb Jahren „Tagesgeschwister" und kamen immer gut miteinander aus. Seit Nora vor drei Monaten einen Bruder bekommen hat, ist die Harmonie zwischen den Mädchen allerdings aus dem Gleichgewicht gekommen. Nora reagiert häufig äußerst aggressiv auf Lisa, so z.B., wenn sie mit Noras Puppe spielen will.

Situation: Lisa will sich bei „Nate", Noras Mutter Renate Siebel, Hilfe holen beim Schuhanziehen. Nora, die gerade dabei ist, die Schuhe selbst anzuziehen (das kann sie seit kurzem und ist darauf sehr stolz), sieht das und stürzt sich schreiend auf Lisa. Mit einem heftigen „Nein" schubst sie sie weg und kuschelt sich selbst bei der Mutter an. Lisa schaut Nora entgeistert an, dann die Tagesmutter, Ratlosigkeit und aufkommender Zorn stehen in ihrem Gesicht. Etwas ängstlich geht sie wieder auf die Tagesmutter zu, von der Seite, auf der Nora nicht steht. Bestimmt ergreift sie Frau Siebels Hand: „Nate Lisa helfen!" sagt sie. Frau Siebel spürt, wie Nora an ihrer anderen Seite zittert vor Wut.....

Bevor diese Sequenz von drei Teilnehmerinnen gespielt wird, vereinbaren die übrigen Gruppenmitglieder, mit welcher der drei Personen – Nora, Lisa, Frau Siebel – sie sich identifizieren wollen. Jede Person sollte auf diese Weise möglichst mehrere „Anwältinnen" haben. Nachdem die Sequenz dargestellt wurde, fragt die Referentin die drei Darstellerinnen: „Wie ging es Ihnen in dieser Rolle?" Anschließend schildern die anderen Gruppenmitglieder ihre Gefühle. Gemeinsam überlegt die Gruppe, was Frau Siebel in dieser Situation tun könnte. Ziel sollte es dabei sein, den Konflikt so zu lösen, daß es keine Sieger und Verlierer gibt (s. niederlagenlose Lösung von Konflikten nach Thomas Gordon's „Familienkonferenz"), sondern alle Beteiligten in ihren Gefühlen und Bedürfnissen respektiert werden.

Die gefundenen Lösungen werden erneut gespielt, d.h. die obige Sequenz wird – vielleicht in mehreren Varianten – fortgesetzt. Die Referentin sollte darauf achten, daß jene Lösungen gespielt werden, bei denen alle Beteiligten ein gutes Gefühl haben. Indem die Kinder in das „Brainstorming" um die Lösung einbezogen werden (Mutter/Tagesmutter, das eigene Kind streichelnd, das andere an der Hand: „Oh, das ist schwierig – was können wir jetzt machen, Nora und Lisa?"), kommt es wahrscheinlich zu unerwarteten Vorschlägen. (Falls den Erwachsenen die Phantasie ausgeht, sollten sie an ähnliche Situationen denken, die sie schon erlebt haben.) So könnte zum Beispiel die Lösung sein, daß Nora – eng an die Mutter geschmiegt – Lisa die Schuhe anzieht und diese damit unter der Bedingung einverstanden ist, daß die Tagesmutter ihr dabei weiterhin die Hand hält. Die große Nähe, die für alle in dieser Situation entsteht, trägt mit zur Entspannung der aufgewühlten Gefühle bei. *Wichtig:* dies ist *eine* Lösung, die sich aufgrund des Handelns der Kinder ergeben *könnte*. Vieles andere wäre denkbar, es hängt von den Kindern ab, was ihrer situativen Befindlichkeit am ehesten entspricht.

Wenn du glücklich bist

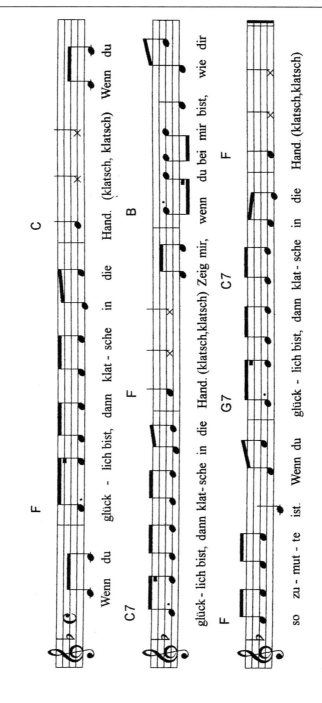

2. Wenn du wütend bist, dann stampfe mit dem Fuß. (stampf, stampf)
Wenn du wütend bist, dann stampfe mit dem Fuß. (stampf, stampf)
Zeig mir, wenn du bei mir bist, wie dir so zumute ist.
Wenn du wütend bist, dann stampfe mit dem Fuß. (stampf, stampf)

3. Wenn du traurig bist, dann seufze doch einmal! (seufz, seufz)
Wenn du traurig bist, dann seufze doch einmal! (seufz, seufz)
Zeig mir, wenn du bei mir bist, wie dir so zumute ist.
Wenn du traurig bist, dann seufze doch einmal! (seufz, seufz)

4. Und wenn du mich gern hast, gib mir einen Kuß. (schmatz, schmatz)
Und wenn du mich gern hast, gib mir einen Kuß. (schmatz, schmatz)
Zeig mir, wenn du bei mir bist, wie dir so zumute ist.
Und wenn du mich gern hast, gib mir einen Kuß. (schmatz, schmatz)

5. Wenn du bei mir bist, dann zeig mir, wie's dir geht. (klatsch, stampf, seufz, schmatz)
Wenn du bei mir bist, dann zeig mir, wie's dir geht. (klatsch, stampf, seufz, schmatz)
Zeig mir, wenn du bei mir bist, wie dir so zumute ist.
Wenn du bei mir bist, dann zeig mir, wie's dir geht. (klatsch, stampf, seufz, schmatz)

Schwedisches Kinderlied, entnommen der CD "Gerhard Schöne singt Kinderlieder aus aller Welt", Hamburg: Polydor GmbH, CD Nr. 527288-2

> *Das Rollenspiel kann dabei helfen, sich in die emotionale Lage der beteiligten Personen einzufühlen. Tagesmütter können z.B. erkennen, daß sie die Eifersucht der eigenen Kinder auf das Tageskind, seine Verlustängste manchmal übersehen. Sie erwarten in gewisser Weise von dem Kind, daß es sie bei dem Gelingen der Tagespflege „unterstützt" und überfordern es dabei. Ebenso kann Tagesmüttern bewußt werden, wie sehr sie selbst in dem Zwiespalt stehen, dem Tageskind gerecht werden zu wollen und gleichzeitig die besondere Beziehung zum eigenen Kind nicht zu verleugnen. Durch ein Hineinfühlen in das Tageskind kann deutlich werden, daß es von der Tagesmutter Wohlwollen und Fairness braucht, die „spezielle Liebe" aber eher bei seinen eigenen Eltern sucht.*

Im Anschluß an das Rollenspiel Anregung für den Tagespflege-Alltag: Konflikte zwischen eigenem und Tageskind beobachten – welche Lösungen finden die Kinder? Wie kann ich eine konstruktive Lösung unterstützen? (Erläuterung: 5 Minuten)
  Den Teilnehmerinnen vorschlagen, sich schriftliche Notizen über ihre Beobachtungen zu machen. Sehr günstig wäre es auch, sich zwischendurch in Zweierteams zu treffen und die Beobachtungen auszutauschen. Allerdings unbedingt darauf achten, daß nicht im Beisein der Kinder über sie gesprochen wird.

> *Dies verfolgt das Ziel, die Erkenntnisse des Abends auf den Alltag zu übertragen und zu vertiefen. Indem die Teilnehmerin eine beobachtende Haltung gegenüber Konflikten einnimmt, hilft sie den Kindern, eigene Lösungen zu finden. In dieser Veranstaltung wird davon ausgegangen, daß sich die Teilnehmerinnen schon intensiv mit dem „Werkzeug" des bewußten Beobachtens auseinandergesetzt haben (s. Themenspektrum „Förderung von Kindern: Kinder beobachten und wahrnehmen") und daran anknüpfen können.*

– 2. Möglichkeit: Läßt sich meine Tagespflege – Tätigkeit und das Wohlergehen meines Kindes/meiner Kinder miteinander vereinbaren? (ca. 40 Minuten)
An die Teilnehmerinnen wird der Einschätzbogen (s. 6.4.3) verteilt, den sie – jede für sich – ausfüllen, und zwar für jedes eigene Kind einen Bogen. In der Gruppe werden die Ergebnisse ausgetauscht.

Gesichtspunkte der Diskussion: Es könnte sich herausstellen, daß einige Teilnehmerinnen insgesamt sehr zufrieden sind mit der Situation. Für sie hat sich die Erwartung erfüllt, die Förderung der Entwicklung ihrer eigenen Kinder mit der Aufnahme eines oder mehrerer Tageskindes/er gut verbinden zu können. Andere Tagesmütter fühlen sich ausgelaugt und sind enttäuscht darüber, wieviel Zeit und Kraft die Tagesmutter-Tätigkeit ihnen „raubt". Sie leiden darunter, sich dem eigenen Kind/ den eigenen Kindern nicht mehr so widmen zu können wie vorher.

Was ist zu tun? Zum einen müßte – u.a. anhand der Antworten auf die Fragen – überprüft werden, ob es Anzeichen dafür gibt, daß die Kinder selbst ebenfalls empfinden, zu kurz zu kommen, oder ob es vor allem ein besonders großes Bedürfnis der Tagesmutter ist, sich den Kindern mehr zu widmen. Es könnte gefragt werden, welchen Hintergrund dieses Bedürfnis hat: Eher die Verantwortung für das Kind („Ich bin verpflichtet, seine Entwicklung aktiver zu fördern – es liegt an mir, ob aus dem Kind etwas wird."), eher die eigene Freude an der engen Beziehung zum Kind, an der gemeinsam und in Ruhe verbrachten Zeit („Es ist ein einmaliges Erlebnis, mein Kind heranwachsen zu sehen. Ich habe mir dieses Kind gewünscht und den Beruf – zeitweise – aufgegeben deswegen. Nun will ich die Zeit mehr genießen.") oder vielleicht eine Mischung von beidem.

Wenn die Kinder selbst nachhaltig nicht zufrieden sind mit dem Tagespflege-Arrangement und/oder wenn sich die Tagesmutter chronisch überlastet fühlt, so sollte dies sehr ernst genommen werden. Es muß gefragt werden, ob die Tagesmutter sich vielleicht überreden ließ, das Tageskind/ein weiteres Tageskind zu nehmen oder ob sie nicht sorgfältig genug abgewogen hat, wieweit der Mehrverdienst die mit der Tagespflege einhergehenden Einschränkungen aufwiegt. Vielleicht gibt es auch neue unvorhersehbare Belastungen in der Familie? Falls sich hier gravierende Probleme auftun, sollte auf jeden Fall eine Einzelberatung empfohlen werden.

In der Gruppe sollten Möglichkeiten erörtert werden, sich im Tagespflege-Alltag zu entlasten. Es sollte auch angesprochen werden, wie wichtig es ist, nicht „leichtfertig" zusätzliche Kinder in Tagespflege aufzunehmen. Das erreichte familiäre Gleichgewicht gerät durch jedes neue Kind erst einmal wieder ins Wanken. Es muß daher jedes Mal gefragt werden: Welche Aussichten bestehen im konkreten Fall, daß ein neues Gleichgewicht gefunden werden kann?

> *In der Fortbildung dieses Thema zu behandeln, erscheint sehr notwendig, da die große Nachfrage nach Tagespflege viele Tagesmütter in die „Versuchung" bringt, zu viele Kinder aufzunehmen und sich – sowie die Familie – damit zu überfordern. Gerade Frauen gelingt es häufig nicht, zu ihren Grenzen zu stehen, wenn sie um Hilfe (vielleicht sogar von Freundinnen, Bekannten) „angefleht" werden – und dies erleben Tagesmütter heutzutage keineswegs selten.*

- 3. Möglichkeit: Meine emotionale Beziehung zum Tageskind (ca. 40 Minuten)

Die Tagesmütter sitzen im Kreis. Vor ihnen liegen verdeckt Zettel mit acht verschiedenen Aussagen von Tagesmüttern, wie sie gefühlsmäßig zu ihrem Tageskind stehen. Jede Tagesmutter zieht einen Zettel, liest die Aussage für sich und versucht sich in die jeweilige Tagesmutter einzufühlen. Der Reihe nach werden die Statements vorgelesen, ohne Zwischenkommentare. (Wenn es mehr als acht Teilnehmerinnen sind, so werden einige Aussagen mehrmals vorkommen. Jede Aussage sollte aber nur einmal vorgelesen werden.)

Fragen der ReferentIn: Was fällt an diesen unterschiedlichen Aussagen von Tagesmüttern auf? Können Sie sich darin wiederfinden? Wenn Sie sich in die Tageskinder und deren Mütter/Väter hineinversetzen – wie wäre Ihnen zumute? Wie könnte es Ihrem eigenen Kind gehen? *Wichtig:* Es handelt sich hier um ein emotional sehr besetztes Thema für die Tagesmütter. Entsprechend notwendig ist es, daß das Gespräch sensibel moderiert wird. Jede Teilnehmerin sollte sich auf ihre eigenen Erfahrungen konzentrieren und davon sprechen. Abwertende Kommentare zu den Aussagen der anderen Teilnehmerinnen müssen vermieden werden. Es geht darum, zu verstehen, wie sich die jeweiligen Beziehungsmuster bilden können und welche Auswirkungen sie auf die Beteiligten haben.

> *Ziel dieser Arbeitseinheit ist es, ein Bewußtsein dafür zu fördern, daß die Tagesmutter – trotz der familiären Bezeichnung – zwar häufig eine nahe Bezugsperson des Kindes ist, aber nicht wirklich eine Elternrolle hat. Das Kind hat seine Eltern und zu ihnen ist die Beziehung in der Regel emotional enger als zur Tagesmutter. Außerdem hat es meistens noch andere wichtige Bezugspersonen außerhalb der Tagespflege (z.B. Großeltern, Geschwister). Um unbe-*

> *lastet von Loyalitätskonflikten in der Tagespflege leben zu können, ist es für das Tageskind wichtig zu spüren, daß die Tagesmutter emotional nicht von ihm „Besitz" ergreift. Die Eltern des Tageskindes legen großen Wert darauf, daß ihre besondere Beziehung zu ihrem Kind von der Tagesmutter respektiert wird. Nur auf dieser Basis kann eine faire Zusammenarbeit zwischen den Erwachsenen entstehen. Tagesmütter müssen sich ferner damit auseinandersetzen, daß sie ihr Tageskind nur „auf Zeit" betreuen, daß sie auch wieder Abschied nehmen müssen. Für alle Beteiligten ist es aus diesen verschiedenen Gründen im allgemeinen besser, wenn die Beziehung der Tagesmutter zum Tageskind zwar eng und herzlich, aber doch nicht „wie zum eigenen Kind" ist.*

- Blitzlicht oder Feedback-Übung (5-10 Minuten)
  Die/der ReferentIn stellt *eine* Frage (vgl. untenstehende Auswahl), die Teilnehmerinnen antworten *kurz* (1-2 Sätze) reihum. Die Antworten werden nicht kommentiert.
  - Wie geht es mir mit diesem Abend?
  - Wie fühle ich mich jetzt?
  - Was nehme ich mit in den Alltag?
  - Was fand ich gut und was fand ich nicht so gut? (1 bis 2 positive und negative Rückmeldungen, zuerst das Positive benennen).

  Das Ziel der Abschlußübung besteht darin:
  - die Eindrücke der Teinehmerinnen zu sammeln, für weitere Veranstaltungen verfügbar zu machen und daraus evtl. Impulse für Änderungen zu entnehmen,
  - den Teilnehmerinnen eine gewisse – subjektive – Ergebnissicherung zu ermöglichen, die durch das Aussprechen „Gestalt" annimmt
  - einen guten emotionalen Ausklang des Gruppenerlebnisses zu schaffen.

- Handreichungen und Literaturhinweise zum Thema verteilen

- Verabschiedung
  (zusammen 5-10 Minuten)

6.4.2 Handreichung für Tagesmütter

Tageskinder – eigene Kinder

Tageskinder – eigene Kinder:
Wie komme ich damit zurecht?

Zu den besonderen Merkmalen der Tagespflege gehört es, daß die erwachsene Bezugsperson und Erzieherin – die Tagesmutter – ihr eigenes Kind/eigene Kinder und ein Tageskind/Tageskinder gemeinsam betreut und erzieht. Im Kindergarten, aber auch in der Schule, ist es im allgemeinen nicht gestattet, daß die eigenen Kinder der PädagogInnen in der Gruppe/Klasse dabei sind. Dahinter steht wohl die Vermutung, daß es für beide Seiten – Erwachsene und Kinder – emotional schwierig ist, die private und die beruflich-öffentliche Beziehung zu vereinbaren. In der Tagespflege ist es demgegenüber die Entscheidung der Tagesmutter, die eigenen Kinder selbst zu betreuen, die die Aufnahme von Tageskindern – in der Regel – erst möglich macht.

Wenn es zu Konflikten zwischen Kindern in der Tagespflege kommt, so ist also häufig ein eigenes Kind der Tagesmutter beteiligt. Die besondere emotionale Beziehung zum eigenen Kind läßt die Tagesmutter solche Konflikte meistens anders erleben als wenn sich zwei „nicht-eigene" Kinder, also z.B. zwei Tageskinder, streiten.

„Was ich als Erzieherin über Konflikte unter Kindern weiß, weiß ich zwar theoretisch auch als Mutter. Doch da reagiere ich ganz anders. Wenn ich sehe, daß mein Kind gehauen wird, möchte ich mein Kind beschützen; wenn ich sehe, daß es selbst ein anderes haut, habe ich das Gefühl, in meiner Erziehung versagt zu haben. Auf jeden Fall will ich eingreifen. Es kostet mich dann viel Anstrengung, mich auch privat professionell zu verhalten und es nicht zu tun."
(Günther 1998, S. 67)

Es ist sehr wichtig, daß sich die Tagesmutter dieser „Komplikation" bewußt ist und sich darüber mit anderen Tagesmüttern – z.B. im Rahmen der Fortbildung – austauscht. Es geht darum zu akzeptieren, daß die Gefühle für das eigene Kind besonders intensiv sind und die Tagesmutter dazu auch stehen sollte. Dem Tageskind bringt sie Sympathie und Wohlwollen entgegen und geht auf seine Bedürfnisse nach Bindung und Geborgenheit ein – dabei kommt es aber meistens nicht zu der speziellen Gefühlstiefe, wie sie die Liebe von Eltern gegenüber ihrem eigenen Kind charakterisiert.

„Allgemein gesagt: die Grundvoraussetzung für die gesunde Entwicklung jedes Kindes ist das Zustandekommen einer ‚emotional hoch aufgeladenen irrationalen Gefühlsbindung zu einem anderen Menschen'. ...Jemand muß ins Kind vernarrt sein. Das heißt nichts anderes, als daß man für dieses eine, für dieses besondere Kind etwas zu tun bereit ist, was man für ein anderes Kind nicht ohne weiteres tun würde. Genau dieses eine Kind wird man als erstes aus einem brennenden Haus retten. Mit diesem Kind ist man eng verstrickt." (Bronfenbrenner 1993, S. 75)

Zwischen dem Tageskind und seinen Eltern besteht in der Regel ebenfalls eine besonders intensive Gefühlsbindung. Die Eltern des Tageskindes wünschen sich deshalb zwar eine familienähnliche Atmosphäre für ihr Kind in der Tagespflege und einen herzlichen, liebevollen Kontakt zwischen der Tagesmutter und ihrem Kind. Gleichzeitig ist es aber sehr wichtig für sie, in ihrer speziellen Elternrolle respektiert zu werden. In der Beziehung der Tagesmutter zum Tageskind darf also keinesfalls etwas „Besitzergreifendes" liegen. Die Kooperation mit den Eltern würde dadurch sehr belastet. Das Tageskind würde sich zwischen „seinen" Erwachsenen hin- und hergerissen fühlen – und ein unbeschwerter Alltag in der Tagespflege wäre kaum möglich.

Für das eigene Kind der Tagesmutter entsteht durch die Tagespflege eine ganz besondere Situation. Es muß sein privates „Zuhause" mit „fremden" Kindern teilen, die es sich meistens nicht ausgesucht hat. Denn auch wenn die Familie gefragt wird, ob sie mit der Tagespflege einverstanden ist, so kann man doch nicht von einer wirklichen Mitbestimmung des eigenen Kindes sprechen, das vielleicht bei Aufnahme des Tageskindes anderthalb Jahre alt ist. Es muß die Anwesenheit des Tageskindes „schlucken", ob es ihm gefällt oder nicht.

Zum Glück können die eigenen Kinder der Tagespflege-Situation meistens eine Menge Positives abgewinnen (vgl. Tomitza 2000). Das Familienleben wird durch die Tageskinder lebendiger, sie gewinnen Freunde, sie lernen eine Menge dazu. Größeren Kindern ist auch bewußt, daß die Familienkasse durch die Tagespflege aufgebessert wird – davon haben vielleicht auch sie selbst etwas. Es gibt aber auch Schattenseiten, die dazu führen können, daß sich das Kind der Tagesmutter bei sich zu Hause nicht mehr zu Hause fühlt. Dazu kann – je nach Alter – gehören: Die Tageskinder möchten mit dem Spielzeug des Tagesmutter-Kindes spielen, seine Bücher lesen, sie stören beim Hausaufgaben-Machen, sie sind laut, im Fernsehen dürfen tagsüber nur Kleinkind-geeignete Sendungen eingeschaltet werden (während die Klassenkameraden von „Raumschiff Enterprise" schwärmen), die Mutter hat nachmittags keine Zeit für Unternehmungen (Stadtgänge, an den See fahren), muß ab 16.00 Uhr zu Hause sein, weil die Tageskinder abgeholt werden.

Tagesmütter können diese Spannungsfelder nicht grundlegend beseitigen und müssen sich deshalb vor der Aufnahme von Tageskindern fragen, ob sie ihren Kindern die damit verbundenen Belastungen „zumuten" wollen. Sie können aber viel dazu tun, um Konfliktanlässe zu mildern und einen Ausgleich für Einschränkungen zu schaffen. Es bewährt sich, mit dem eigenen Kind/den eigenen Kindern darüber zu sprechen, was ihnen helfen könnte, das Beste aus der Situation zu machen. Hierbei ist es wichtig, daß die Vorschläge von den Kindern selbst kommen. Von den Tagesmüttern aufgestellte Regeln können nämlich manchmal haarscharf am eigentlichen Problem vorbeigehen. (Beispiel: Tagesmutter schlägt vor, daß Tageskinder immer klopfen müssen, bevor sie ins Zimmer des Schulkindes gehen. Das eigene Kind möchte aber direkt nach der Schule einfach gänzlich seine Ruhe haben und allein Musik in seinem Zimmer hören. Sein Wunsch: Es kommt von sich aus ins Wohnzimmer zu dem Tageskind/den Tageskindern, wenn es sich erholt fühlt.)

Es gibt einige in der Tagespflege bewährte Maßnahmen, die wohl meistens helfen, Konflikte zwischen den Kindern im Vorfeld zu vermeiden oder zu mildern. So sollte es z.B. eine „neutrale" Spielkiste geben, in der von Anfang an neues, weder dem eigenen Kind noch dem Tageskind gehörendes Spielzeug liegt. Das eigene Kind darf nicht gezwungen werden, sein Eigentum zur Verfügung zu stellen. Ebenso sollte vom Tageskind mitgebrachtes Spielzeug als sein eigenes respektiert werden.

Leiden die eigenen Kinder sehr darunter, ihre Mutter mit dem Tageskind/den Tageskindern teilen zu müssen, so kann ihnen eine bewußte, exklusive Zuwendung in der Zeit, in der das Tageskind nicht in der Familie ist, Sicherheit vermitteln. Auch im Verlauf des Tagespflege-Alltags ergibt sich immer wieder die Gelegenheit, dem eigenen Kind zu zeigen, daß es besonders gemocht wird. Selbstverständlich muß dabei auf die Gefühle des Tageskindes geachtet werden – ein faires Verhalten in diesem nicht immer einfachen „Dreiecksverhältnis" zeigt die Kompetenz einer Tagesmutter.

Exemplarisch ausgearbeitete curriculare Elemente

Quelle: Renate Alf: Vom Kinde verdreht. Cartoons aus dem Erziehungsalltag. Freiburg im Breisgau: Verlag Herder, 1999 (ohne Seitenangabe)

6.4.3 Einschätzbogen für Tagesmütter

Tageskinder – eigene Kinder

Tagespflege und das Wohlergehen meines eigenen Kindes – läßt sich das miteinander vereinbaren?

1. Mein eigenes Kind kommt gut damit zurecht, daß ich ein Tageskind/Tageskinder betreue.   stimmt   teils/teils   stimmt nicht

2. Mein Kind mag das Tageskind/die Tageskinder richtig gern.   stimmt   teils/teils   stimmt nicht

3. Mein eigenes Kind hat viel dadurch gelernt, daß wir das Tageskind/die Tageskinder in der Familie haben.   stimmt   teils/teils   stimmt nicht

4. Ich habe am Ende des Tagespflege-Tages genügend Energie übrig, um mich ausschließlich meinem Kind zuzuwenden.   stimmt   teils/teils   stimmt nicht

5. Ich kann die Freude, ein eigenes Kind/eigene Kinder zu haben, auch als Tagesmutter richtig genießen.   stimmt   teils/teils   stimmt nicht

6. Das Wohlergehen meines Kindes würde es wahrscheinlich nicht beeinträchtigen, wenn ich noch ein Tageskind aufnehmen würde.   stimmt   teils/teils   stimmt nicht

Hinweise zur Auswertung: Wenn Sie bei den Fragen 1-5 überwiegend „stimmt" angekreuzt haben, so läßt dies darauf schließen, daß sich Ihre Tagespflege-Tätigkeit mit dem Wohlergehen Ihres eigenen Kindes gut vereinbaren läßt. Sollten Sie überwiegend „stimmt nicht" angekreuzt haben, wäre es sinnvoll, zu überlegen, wie sich die Situation verbessern läßt. Der Austausch mit Ihren Tagespflege-Kolleginnen und eventuell einer Beraterin kann Sie dabei unterstützen. Frage 6 sollte mit „stimmt" beantwortet worden sein, bevor Sie sich für die Aufnahme eines weiteren Tageskindes entscheiden.

6.4.4 ReferentInnen-Informationen

Tageskinder – eigene Kinder

Tageskinder und eigene Kinder gemeinsam betreuen und fördern – eine Besonderheit in der Tagespflege

In dieser Veranstaltung wird ein Thema aufgegriffen, das bereits in der Einführungsphase eine Rolle gespielt hat (vgl. z.B. Themenspektrum „Tagespflege – die Perspektive der Kinder"). Ziel ist es, auf einige Aspekte vertieft einzugehen. Manche Teilnehmerinnen betreuen inzwischen Tageskinder und bringen eigene Erfahrungen ein. Es hängt von der Zusammensetzung und den Bedürfnissen in der Gruppe ab, worauf der Akzent gelegt werden sollte. Da das Thema „Eigene Kinder – Tageskinder" für viele Tagesmütter emotional stark besetzt ist, sollte auf jeden Fall ausreichend Zeit für die Bearbeitung der ausgewählten Inhalte zur Verfügung stehen. Falls in einer Gruppe mehrere der alternativ vorgeschlagenen Unterthemen sehr wichtig sind, so sollte das Thema bei einer anderen Fortbildungsveranstaltung noch einmal aufgegriffen werden.

Tagesmütter sind Frauen, die – nicht immer, aber häufig – bewußt zu Hause bleiben, um sich ihren eigenen Kindern zu widmen. Manche geben eine sehr geschätzte Berufstätigkeit deshalb, zumindest vorübergehend, auf. Dies erfolgt meistens in Absprache mit dem (Ehe-)Partner, dem ebenfalls daran gelegen ist, daß die Mutter „ganz für die Kinder da" ist. Das ausgeprägte Gefühl der Verantwortung für das Wohlergehen der eigenen Kinder und ihre positive Entwicklung kommt in dieser Entscheidung zum Ausdruck. Auch die Aufnahme von Tageskindern erfolgt häufig unter dem Gesichtspunkt, etwas Gutes für das Kind zu tun: „Dann hat mein Kind einen Spielgefährten, wächst nicht so alleine auf." Dieses Motiv fand sich in einer Hamburger Studie bei 60,4 % der Tagespflegepersonen (Krauß/Zauter 1993, S. 99). Der Zuverdienst zum Familieneinkommen wird bei dieser Hauptmotivation eher als angenehme Begleiterscheinung betrachtet.

Tagespflege-InteressentInnen übersehen allzu leicht – oder können es sich nicht richtig vorstellen –, daß die Betreuung eines Tageskindes nicht nur Vorteile mit sich bringt, sondern mit einer Menge Arbeit und Einschränkungen für alle Familienmitglieder verbunden ist. Die manchmal heftigen Eifersuchtsreaktionen des eigenen Kindes und die vielen dramatischen Konflikte zwischen den Kindern lassen dann manche Tagesmütter zweifeln, ob sie die richtige Entscheidung getroffen haben. Anhaltende Konflikte zwischen den Kindern gehören deshalb zu den häufigsten Abbruchgründen für die Tagespflege (Krauß/Zauter 1993, S. 133f.). Unterschätzt wird häufig auch die Angebundenheit an den eigenen Haushalt durch die Tageskinder, der Verlust an Freiheit, die Zeit nach den eigenen Bedürfnissen einzuteilen und mit dem eigenen Kind/den eigenen Kindern etwas zu unternehmen (Stich 1980, S. 112ff.).

In einer Beobachtungsstudie zeigte sich außerdem, wie sich im Verhalten der Tagesmütter gegenüber einem eigenen und einem ungefähr gleichaltrigen Tageskind ihre – durchaus nicht immer bewußte – Ambivalenz widerspiegelt, einerseits gerecht zum Tageskind sein zu wollen und andererseits dem eigenen Kind eine spezielle Förderung nicht vorenthalten zu wollen (Andres 1989, S. 233f.). Tagesmütter müssen sich also mit der Frage auseinandersetzen, was „Gerechtigkeit" gegenüber dem Tageskind im Alltag bedeutet. Es muß wohl davon ausgegangen werden, daß eine Tagesmutter sich umso offener und fairer einem Tageskind gegenüber verhalten kann, je weniger sie ihre spezifische Beziehung zum eigenen Kind verleugnen muß. Das Tageskind seinerseits hat eine besondere emotionale Beziehung zu seinen eigenen Eltern. Gerechtigkeit bedeutet deshalb nicht, daß die Tagesmutter das Tageskind wie ihr eigenes behandeln muß. Aber selbstverständlich hat das Tageskind einen Anspruch auf eine Tagesmutter, die sich ihm einfühlsam zuwendet, die sich fair verhält – auch bei Konflikten zwischen den Kindern – und die sich um seine individuelle Förderung nach Kräften bemüht.

Eine besondere Herausforderung für Tagesmütter kann auch darin bestehen, daß sie ihr eigenes Kind durch den Vergleich mit dem Tageskind in „einem anderen Licht" sehen. Vielleicht führen auch Reaktionen der Umgebung zu Gefühlen der Verunsicherung oder des Zorns. Eine Tagesmutter drückte dies z.B. so aus:

„Wenn z.B. Besuch da ist, ist das Tageskind furchtbar kontaktfreudig, fast aufdringlich. Da kommt einer rein, da sagt S. sofort ‚Guten Tag'. Die Leute haben dann nur Interesse an ihr. Meine Tochter sitzt da, tut nichts, macht nichts. Da denke ich meistens, das ist doch meine Tochter, redet doch mit meiner Tochter, warum redet ihr immer mit dem Tageskind." (Erler 1996, S. 284)

Es ist wichtig, daß sich Tagesmütter mit solchen Situationen und Gefühlen auseinandersetzen und sich mit Kolleginnen – auch in der Fortbildung – darüber austauschen. Es sollte ihnen bewußt werden, daß sie in der Tagespflege lediglich verschärft erleben, womit sie auch in anderen Zusammenhängen (z.B. Schule, Verwandtenkreis) konfrontiert sind: Das eigene Kind im Vergleich zu anderen wahrzunehmen, seine Stärken und Schwächen zu erleben, die Reaktion anderer auf das eigene Kind zu beobachten. Es gehört wohl zu den wichtigsten Aufgaben von Eltern, bei aller Förderung und allem Bemühen zu akzeptieren, daß ihre eigenen Kinder – wie sie selbst – nicht perfekt sind!

Die größte Brisanz hat das Thema „Eigene Kinder – Tageskinder" zweifellos für Tagesmütter, die – erstmalig – zu den eigenen kleinen Kindern Tageskinder im Kleinkindalter aufnehmen. Die Situation entspannt sich meistens, wenn die eigenen Kinder z.B. im Schulalter sind und Tageskinder im Kleinkindalter aufgenommen werden. Auch die zunehmende Erfahrung der Tagesmütter, ihre wachsende Professionalität tragen im allgemeinen zu einem spannungsfreieren Tagespflege-Alltag bei.

6.4.5 Arbeitsblatt

Aussagen von Tagesmüttern über ihre emotionale Beziehung zum Tageskind

(Quelle: Erler 1996, S. 280ff.)

„Erst muß ich zu meiner größten Überraschung sagen, das könnten beides meine Kinder sein. Sicher, wenn sie abends weg sind, dann ist meine Tochter mehr da, anders da, es ist ein anderes Gefühl. Aber so, was man so an einem gewissen Quantum an Liebe weggibt, das ist alles ziemlich gleich, tagsüber."

„Den D., genauso gerne wie mein eigenes Kind habe ich ihn gehabt, muß ich schon sagen. Ich würde auch keinen Unterschied empfinden zwischen meinen Kindern und ihm. Den beziehe ich jederzeit genauso ein oder habe ihn genauso gern".

„Ich habe Natascha im Grunde genommen immer mehr Liebe gegeben, weil, sie hat ja ihre Mutter nie dagehabt. Von daher habe ich natürlich das Kind von Anfang an fester an mich gebunden. Es war wie mein eigenes Kind, und so soll es ja wieder gar nicht sein."

„Ich habe ihn so wie meine eigenen Kinder hingenommen und gedrückt, d.h., ich habe mich davor gehütet, wenn die Mutter da war, weil ich einfach das Gefühl hatte, daß sie dann eifersüchtig war. Ich habe schon das Gefühl, daß es ihr unheimlich schwerfiel, nicht beim Kind zu sein."

„Ich habe die Tageskinder sehr lieb gehabt, aber so wie meinen eigenen Sohn konnte ich sie nicht liebhaben. Ich glaube, so muß es auch sein. Ich konnte zwar die anderen Kinder genauso in den Arm nehmen und abknuddeln wie meinen Sohn auch, im Gegenteil, die haben sich das noch eher gefallen lassen als meiner. Aber so geliebt, wie mein eigenes, das konnte ich nicht. Ich könnte z.b. meinen Sohn in den Po beißen, das könnte ich bei meinen Tageskindern nicht."

„Es hat eine Zeitlang gedauert, bis ich ihm so etwas wie Liebe entgegenbringen konnte. Ich muß ehrlich sagen, wir haben beide zu kämpfen gehabt. Es ging ganz, ganz langsam, daß wir uns irgendwie ein bißchen nähergekommen sind. Er kam dann ab und zu und schmuste ganz gerne, was ich vorher nicht für möglich gehalten hätte, weil er so voller Ablehnung war."

„Das liegt sehr an mir. Wenn ich meinen guten Tag habe und selber glücklich bin und fröhlich, dann bin ich fähig, das Tageskind zu umarmen, sie mal zu küssen, hochzuheben und lustig zu sein. An anderen, schwierigen Tagen schaffe ich es nicht. Da bin ich nicht fähig, zu ihr hinzugehen, auch wenn sie weint, daß ich hingehe und sie drücke. Da gehe ich zwar zu ihr hin und sage, na ja, ist schon wieder gut. Aber daß ich sie so an mich drücke, daß sie weiß, sie ist geborgen, sie braucht sich nicht aufzuregen, dazu bin ich nicht fähig."

„Ich habe anfangs fürchterlich Angst gehabt, der Beraterin zu sagen, daß ich das Kind nicht ganz so lieb habe. Das habe ich ewig vertuscht. Irgendwann mal habe ich ihr gesagt, daß die gewisse Beziehung fehlt und daß ich Angst habe, sie nimmt mir das Tageskind weg, obwohl wir gut auskommen. Ich fand es ganz gut, daß die Beraterin das einfach akzeptiert hat."

6.4.6 Literaturhinweise zum Thema „Tageskinder – eigene Kinder"

Andres, Beate (1989): Tagesmütter. Frauen zwischen privater und öffentlicher Mütterlichkeit. In: Klewitz, M./Schildmann, U./Wobbe, Th. (Hg.): Frauenberufe – hausarbeitsnah? Pfaffenweiler: Centaurus Verlag, S. 219-243

Bronfenbrenner, Urie (1993): „Universalien der Kindheit?" Interview: Donata Elschenbroich. In: Deutsches Jugendinstitut (Hg.): Was für Kinder. Aufwachsen in Deutschland. Ein Handbuch. München: Kösel Verlag, S. 74-79

Erler, Gisela (1996): Tagesmütter und Pflegekinder – Einblicke in ein Erziehungsgefüge. In: Bundesministerium für Familie, Senioren, Frauen und Jugend (Hg.): Kinderbetreuung in Tagespflege. Tagesmütter-Handbuch. Stuttgart, Berlin, Köln: Kohlhammer-Verlag, S. 269-299

Gordon, Thomas (1972): Familienkonferenz. Die Lösung von Konflikten zwischen Eltern und Kind. Hamburg: Verlag Hoffmann und Campe

Günther, Christine (1998): „Ich schlichte nicht, und ich ergreife keine Partei". In: Dittrich, Gisela/Dörfler, Mechthild/Schneider, Kornelia: Konflikte unter Kindern beobachten und verstehen. München: Deutsches Jugendinstitut, (Bezug: Deutsches Jugendinstitut, Nockherstr. 2, 81541 München)

Krauß, Günter/Zauter, Sigrid (1993): Kindertagespflege in Hamburg. (Hg. und Bezug: Behörde für Schule, Jugend und Berufsbildung, Amt für Jugend. Postfach 760608, 20083 Hamburg)

Stich, Jutta (1980): Die Tagesmütter – ihre Erfahrungen im Modellprojekt. In: Arbeitsgruppe Tagesmütter: Das Modellprojekt „Tagesmütter" – Abschlußbericht der wissenschaftlichen Begleitung. Stuttgart, Berlin, Köln, Mainz: Kohlhammer-Verlag (Band 85 der Schriftenreihe des Bundesministers für Jugend, Familie und Gesundheit), S. 99-146

Tomitza, Sven (2000) : Meine Mutter hat noch andere Kinder. Der Sohn einer Tagesmutter berichtet über seine Erfahrungen. In : *ZeT* Zeitschrift für Tagesmütter und -väter. Heft 2, März 2000, S. 20-21

Susanne Stempinski

7 Anhang I: Wissenschaftliche Anlage des Projekts

7.1 Mitglieder des Projektbeirats

Beratend unterstützt wurde das Projektteam durch einen Projektbeirat, in dem folgende VertreterInnen aus Politik, Wissenschaft sowie von Trägern der öffentlichen und freien Jugendhilfe vertreten waren: Frau Ursula Blanke, Senator für Arbeit, Frauen, Gesundheit, Jugend und Soziales, Bremen; Herr Wolfgang Dichans, Bundesministerium für Familie, Senioren, Frauen und Jugend, Bonn; Frau Elke Grün, Landesamt für Soziales, Jugend und Versorgung Rheinland-Pfalz, Mainz; Frau Angela Krenz, Sozialministerium Mecklenburg-Vorpommern, Schwerin; Frau Renate Schymik/Frau Ursula Trimpin (als Nachfolgerin von Frau Schymik), *tagesmütter* Bundesverband, Meerbusch; Herr Jochen Weber, Kommunale Spitzenverbände, Osnabrück; Frau Mechthild Weßels, Bundesarbeitsgemeinschaft der Freien Wohlfahrtsverbände, Frankfurt/M.; Frau Prof. Wiltrud Gieseke, Humboldt-Universität Berlin; Frau Prof. Heide Kallert, Johann-Wolfgang-Goethe-Universität Frankfurt/M.; Frau Renate Thiersch, Universität Tübingen.

7.2 Zeitplan: Projektphasen und Arbeitsschwerpunkte im Überblick

Vorbereitungs-phase	Mai 1997 bis Mai 1998	– Verhandlungen mit potentiellen Modellorten – Personelle Erweiterungen des Projekt-Teams – Literaturrecherchen – Entwicklung des Untersuchungsdesigns
Hauptphase	Juni 1998 bis April 1999	– Eröffnungstagung – Dokumentation der Eröffnungstagung in Form eines projektinternen Rundbriefs – Literaturanalyse und Identifizierung von ersten Gütekriterien – Entwicklung von Erhebungsinstrumenten – Umfangreiche Erhebungen an den Modellorten (Bestandsaufnahme) – Auswertungsarbeiten – Projektvorstellung beim Fachkongreß des *tagesmütter* Bundesverbandes
	Mai 1999 bis Dez. 1999	– Durchführung von drei mehrtägigen Workshops mit Fortbildungsreferentinnen aus den Modellorten – Dokumentation der Workshopergebnisse in Form von projektinternen Rundbriefen – Auswertungsarbeiten – Projektvorstellung auf einer internationalen Tagespflege-Fachtagung in Glasgow, Schottland
	Jan. 2000 bis Nov. 2000	– Entwicklung von Qualitätskriterien für die Tagespflege-Qualifizierung – Entwicklung eines „Bogens zur Selbstevaluation" für ReferentInnen – Projektinterne Abschlußtagung – Erstellung des Projekt-Abschlußberichts mit Empfehlungen zum inhaltlichen und konzeptuellen Aufbau, zur methodischen und inhaltlichen Ausgestaltung sowie zu Rahmenbedingungen der Tagespflege-Fortbildung – Entwicklung pädagogischer Materialien („curricularer Elemente") im Umfang von 50 Unterrichtsstunden
Verlängerungs-phase	Dez. 2000 bis Dez. 2001	– Entwicklung weiterer pädagogischer Materialien im Umfang von 110 Unterrichtsstunden – Produktziel: ein vollständiges Curriculum für die Grundqualifizierung von Tagespflegepersonen

7.3 Methoden der Datenerhebung an den Modellorten

7.3.1 Dokumentenanalyse

Ein erster Einblick über die Fortbildungsmaßnahmen an den Modellorten erfolgte durch die Analyse entsprechender schriftlicher Unterlagen. Um den Stand der Entwicklung an den neun Modellorten kennenzulernen, wurden folgende schriftliche Unterlagen analysiert:

- In erster Linie handelte es sich dabei um die jeweiligen *Veranstaltungsübersichten*, die auch die KursteilnehmerInnen ausgehändigt bekommen. Aus ihnen wird der Gesamtstundenumfang und die zeitliche Gliederung der Kurse sowie der Zeitumfang und die Themen der einzelnen Kursabende ersichtlich.
- Außerdem stand das *Curriculum des tagesmütter Bundesverbands* („Werkstattausgabe") zur Verfügung. Dieses Qualifizierungs-Konzept wurde 1997 vorgelegt und ist weitgehend auf ehrenamtlicher Basis erarbeitet worden. Es sieht insgesamt fünf Qualifizierungsbausteine vor, von denen die ersten Teile A (Vorbereitungskurs) und B (Grundqualifizierung für Personen mit bzw. ohne pädagogische Ausbildung) konzeptionell ausgearbeitet worden sind. Im methodischen Bereich läßt das Curriculum relativ großen Gestaltungsspielraum. Programme anderer Anbieter als des *tagesmütter* Bundesverbands waren nicht in einer vergleichbaren Ausführlichkeit vorhanden.
- Zusätzlich zu den Veranstaltungsübersichten wurden in verschiedenen Modellorten in geringen Umfang auch *Unterlagen zu einzelnen Kurseinheiten und Fortbildungsthemen* und *Unterrichtsmaterialien für Kursteilnehmerinnen* zur Verfügung gestellt. Aus einem Projektort lagen Protokolle eines bereits abgeschlossenen Kurses vor, die von Teilnehmerinnen angefertigt worden waren. Die Unterlagen wiesen einen sehr unterschiedlichen Grad der Ausarbeitung auf. Es zeigte sich, daß häufig auch ReferentInnen, die jahrelang in der Tagespflege-Fortbildung tätig sind, vorwiegend auf handschriftliche persönliche Aufzeichnungen zurückgreifen.

Um einen besseren Einblick zu gewinnen, wie die Kurs-Veranstaltungen inhaltlich und methodisch geplant werden, regte das DJI-Team die ReferentInnen an den Modellorten dazu an, gegen Honorar ihre privaten *Aufzeichnungen zu den durchgeführten Veranstaltungen schriftlich zu fixieren* und dem Forschungsteam zur Verfügung zu stellen. Diese Anregung wurde nur sehr zögerlich aufgenommen, was als Hinweis auf die Arbeitsbedingungen und die daraus resultierende Arbeitspraxis der ReferentInnen interpretiert werden kann: Aufgrund der engen zeitlichen Kapazitäten oder als Folge ihres persönlichen Arbeitsstils verzichteten sie auf die systematische, schriftliche Vorbereitung der Kurseinheiten. Selbst wenn schriftliche Unterlagen vorhanden waren, wurden diese nicht immer gern aus der Hand gegeben, wenn sie nicht einen bereits weit gediehenen Ausarbeitungsstand hatten und somit für Außenstehende gut verständlich waren. Dadurch waren dem DJI-Team schriftlich ausgearbeitete Veranstaltungskonzepte in wesentlich geringerem Umfang zugänglich, als ursprünglich angenommen worden war.

Anhand der vorliegenden und oben beschriebenen Datenquellen ließen sich zumeist der Aufbau sowie formale Charakteristika der Curricula rekonstruieren. In Form einer Synopse verschaffte sich das DJI-Team einen vergleichenden Überblick über:

- den Gesamtstundenumfang der Programme,
- die Aufteilung in Orientierungs-, Grund- und Aufbaukurse,
- das thematische Spektrum der Veranstaltungen,
- spezifische Schwerpunktsetzungen der einzelnen Programme,
- die Reihenfolge der behandelten Themen und deren zugeordnete Stundenkontingente,
- über bevorzugte Veranstaltungsformen bis zur
- Formulierung von Veranstaltungstiteln.

Außerdem erfolgte in dem geschilderten begrenzten Rahmen der Verfügbarkeit eine erste Bestandsaufnahme in bezug auf die inhaltliche und didaktisch-methodische Ausgestaltung einzelner Veranstaltungskonzepte.

Neben Beschreibungen der Fortbildungsprogramme konnte auf Projektberichte und im Rahmen der Entwicklungsarbeit an den Modellorten entstandene Expertisen zurückgegriffen werden. Diese Materialien halfen, die Entstehungsgeschichte der einzelnen Fortbildungsprogramme zu rekonstruieren. Zur Vertiefung dieser eher punktuell vorliegenden Informationen wurden ergänzende Interviews mit TrägervertreterInnen und EntwicklerInnen der Curricula geführt, in denen Erfahrungen mit dem Fortbildungsprogramm, mit Vorläufer-Curricula, sowie mit den jeweiligen zugrundeliegenden Rahmenbedingungen im Zentrum standen.

7.3.2 Interviews

Die Interviews wurden als teilstrukturierte Befragung mit Hilfe von Leitfäden durchgeführt. Es wurden Einzel- und Gruppeninterviews durchgeführt. Die Interviews dauerten in der Regel 45 bis 90 Minuten.

Die Fragestellungen an die *Kurs-ReferentInnen bzw. Curriculum-EntwicklerInnen* bezogen sich auf zwei verschiedene Bereiche:

a) Auf die *hospitierte Kursveranstaltung*:
Hier ging vor allem um Abweichungen zwischen der Planung und der tatsächlichen Durchführung der Veranstaltung und Zufriedenheit mit dem Ablauf der Veranstaltung. Dies ermöglichte dem DJI-Team, die Hospitationsbeobachtungen des Teams mit der Einschätzung der jeweiligen Referentin sowie der Beurteilung der Teilnehmerin anhand des Fragebogens miteinander in Beziehung zu setzen und entsprechend auszuwerten.

b) Auf das *Fortbildungsprogramm vor Ort* mit folgenden Fragestellungen:
– Welche positiven und negativen Erfahrungen wurden mit dem aktuellen Curriculum und den jeweiligen TeilnehmerInnengruppen gemacht?
– Wie oft und auf welcher Basis war das Programm bereits überarbeitet worden?
– Welche Rahmenbedingungen vor Ort erweisen sich als förderlich bzw. hinderlich (u.a. Trägerstrukturen, Finanzierung, TeilnehmerInnen-Beiträge, Öffentlichkeitsarbeit, Arbeitsbedingungen der ReferentInnen)?
– Sind die ReferentInnen mit dem Fortbildungsprogramm und den Bedingungen vor Ort zufrieden? Welche Wünsche äußern sie?

Insgesamt wurden 59 Einzelinterviews mit 23 ReferentInnen an den Modellorten durchgeführt.

Weitere 23 Einzelinterviews und ein Gruppeninterview fanden an den Modellorten statt mit *ExpertInnen aus den zuständigen Ministerien, Jugendämtern sowie von Trägern der Qualifizierungsprogramme*. Hierbei ging es um folgende Fragestellungen:

a) Welche Erwartungen werden an die Qualifizierungsmaßnahmen gerichtet?
b) Wie beurteilen die InterviewpartnerInnen den Stellenwert der Fortbildung für die Jugendhilfe?
c) Welche Erfahrungen machen sie mit den lokalen Kooperationsstrukturen zwischen öffentlicher Jugendhilfe/Trägern der Fortbildung/ReferentInnen? Welche Strukturen bewähren sich dabei aus welchen Gründen?
d) Welche Finanzierungsmodalitäten werden vor Ort umgesetzt?

44 Teilnehmerinnen der Fortbildung sowie 26 Tagesmütter aus Gesprächsgruppen wurden im Rahmen von neun Gruppeninterviews befragt. Die interviewten Kursteilnehmerinnen besuchten das am Ort aktuell geltende Programm in einem fortgeschrittenen Stadium oder hatten den Kurs bereits abgeschlossen. Von den Teilnehmerinnen der Gesprächsgruppen hatten einige an dem Qualifizierungsprogramm vor Ort teilgenommen, andere nicht. Folgende Fragestellungen standen dabei im Vordergrund:

a) Was motiviert die TeilnehmerInnen, die Fortbildung bzw. die Gesprächsgruppe zu besuchen?
b) Welche Stärken und Schwächen des Programms identifizieren die TeilnehmerInnen? Welche Änderungswünsche werden formuliert?
c) Wie werden Kursabschluß mit Zertifikat und Prüfung beurteilt?
d) Wie wird der Praxistransfer des Gelernten eingeschätzt?

Ein exemplarisches Gruppeninterview wurde *mit Eltern* durchgeführt, die ihre Kinder von einer Tagesmutter betreuen lassen. An die Eltern richteten sich folgende Fragestellungen:

a) In welchen Bereichen sollte eine Tagesmutter ausgebildet werden? Welche Erwartungen bestehen an die Fortbildung der Tagespflegeperson?
b) Ist im Interesse einer Qualifizierung der Tagespflege eine Fortbildung von Eltern in bezug auf die wesentlichen Aspekte der Tagespflege denkbar?

7.3.3 Schriftliche Befragung

Die Zufriedenheit der Kursteilnehmerinnen mit dem Fortbildungsprogramm wurde mittels einer anonymen schriftlichen Befragung ermittelt. Im Anschluß an alle hospitierten oder per Videoaufnahmen dokumentierten Kursveranstaltungen wurde ein Fragebogen ausgegeben, den die Teilnehmerinnen gebeten wurden, zu Hause auszufüllen. Von 382 verteilten Fragebögen wurden 235 ausgefüllt und an das Projekt-Team zurückgeschickt (Rücklaufquote 61,5%).
Der Fragebogen beinhaltete 29 Ratingfragen, die anhand einer Skala von 1 („trifft voll und ganz zu") bis 5 („trifft überhaupt nicht zu") beantwortet werden konnten, sowie 7 offene Fragen. Die Items des Ratingbogens lassen sich folgenden Kategorien zuordnen:

– Thema/Titel der Veranstaltung,
– Inhalte,
– Methoden,

- Kursatmosphäre,
- ReferentIn,
- Zufriedenheit,
- Fragen zur Person/Vorerfahrung mit Tagespflege.

Bei der Entwicklung des Fragebogens wurden Untersuchungen mit TeilnehmerInnen-Befragungen in der Erwachsenenbildung (u.a. Reischmann 1996, 1995) hinzugezogen und durch für das Feld der Tagespflege relevante Aspekte und Dimensionen ergänzt (z.B. Praxisorientierung, Wissenstransfer sowie Merkmale der Frauenbildung). Die Daten wurden computergestützt mit Hilfe eines Statistik-Programms (SPSS) ausgewertet.

7.3.4 Hospitation von Qualifizierungsveranstaltungen/Videohospitation

Zur Evaluation der Kursveranstaltungen führte das DJI-Team Hospitationen bei ausgewählten Kursveranstaltungen durch. Im Mittelpunkt der Beobachtung standen wichtige Faktoren des Lernprozesses – wie das pädagogische Konzept, die Auswahl und Vermittlung von Inhalten, Einsätze von Methoden und Medien, TeilnehmerInnenzentriertheit, Lernklima, Gruppenatmosphäre etc.

Bei der Auswahl der Kursveranstaltungen wurden folgende Kriterien berücksichtigt:

- paritätische Gewichtung der Modellorte,
- Zeitpunkt der Veranstaltung im Kursverlauf (zu Beginn/am Ende des Kurses),
- zentrale Themen und Schlüsselsituationen der Tagespflege,
- Unterschiede der Zielgruppen; es gab z.B. Kurse ausschließlich für pädagogisch vorgebildete Personen (in der Regel Erzieherinnen) und Kurse, die aus einer gemischten Gruppe von Teilnehmerinnen mit bzw. ohne fachliche Vorbildung bestand,
- organisatorische Durchführbarkeit der Reise- und Erhebungsaktivitäten an neun Modellorten in sechs Bundesländern (nach Möglichkeit wurden die Hospitationen, im Zweierteam vorgenommen.)

Der Besuch der DJI-Forscherinnen wurde den Fortbildungsteilnehmerinnen von der Kursleitung in der Regel vorher angekündigt. Am Anfang der Veranstaltung stellten die Mitarbeiterinnen des Forschungsteams sich und das Modellprojekt vor. Sie gaben außerdem Hinweise zur Fragebogenerhebung und erläuterten ihre Rolle als beobachtende Teilnehmerinnen. Die Beobachterinnen waren nicht in das Fortbildungsgeschehen involviert. Sie traten nach der Vorstellungsrunde in den Hintergrund und protokollierten den Verlauf der Veranstaltung anhand eines Beobachtungsinstrumentes. Im Vorfeld der Hospitationen wurde ein Instrument entwickelt, das großzügige Beobachtungsdimensionen abbildete und somit einerseits die Hospitation einheitlich strukturierte, andererseits noch hinreichend Offenheit für den je spezifischen Focus der Aufmerksamkeit zuließ. In der „Beobachtungsmappe" wurden außerdem allgemeine Daten zur Veranstaltung und zu den Rahmenbedingungen (z.B. Gruppengröße, Räumlichkeiten, Ausstattung, Kinderbetreuungsmöglichkeit) festgehalten. Der Ablauf der Veranstaltung wurde mit Hilfe des Instruments chronologisch erfaßt. Die Protokollierung des „unwiederbringlichen Flusses" des Kursgeschehens (Voigt 1997, S. 787) wurde ggf. ergänzt durch Papiere der Referentin und an die Teilnehmerinnen ausgegebene Arbeitsblätter. Die Protokollierung war insgesamt so ausführlich angelegt, daß eine Rekonstruktion der Veranstaltung für die weitere Arbeit im Projekt auch nach längerer Zeit möglich war.

Zusätzlich wurde an den Modellorten von einem qualifizierten Filmteam jeweils eine Veranstaltung *auf Video aufgezeichnet*. Der Einsatz der Videotechnik ermöglichte die Auswertung einzelner Veranstaltungen durch das Gesamtteam. Nach Voigt (1997, S. 787) bietet die Möglichkeit, Kurs-Szenen anhand von audiovisuellen Aufzeichnungen wiederholt betrachten zu können, vor allem folgende forschungsmethodischen Vorteile:

- Die BetrachterInnen können beim wiederholten Anschauen der gleichen Kurs-Sequenz den Focus des Beobachtungsinteresses systematisch variieren.
- Die technische Wiederholbarkeit der aufgenommenen Sequenzen gestattet es, Schlüsselszenen im Kursablauf intensiver zu analysieren.
- Beim erneuten Anschauen bietet sich die Chance, sich von ersten spontanen Deutungsmustern zu lösen.

Es war davon auszugehen, daß die Anwesenheit eines Videoteams grundsätzlich einen nicht zu unterschätzenden Eingriff in den Verlauf der Veranstaltung und die Dynamik der Fortbildungsgruppe darstellt. Dennoch meldeten Teilnehmerinnen und ReferentInnen in der überwiegenden Mehrheit zurück, daß „ihre" Veranstaltung mit weniger Einschränkungen abgelaufen ist, als vorher vermutet („so wie wir heute waren, sind wir sonst auch"). Auch die Auswertung durch das DJI-Team, das die Gruppen und ReferentInnen z.t. auch von vorhergehenden Hospitationen her kannte, bestätigte, daß die Aufnahmen das Verhalten von ReferentInnen und Teilnehmerinnen nicht wesentlich verzerrt haben. Dieser Erfolg erleichterte die Auswertung und war ganz wesentlich der einfühlsamzurückhaltenden Arbeitsweise des professionellen Videoteams zu verdanken.

Die Videoaufnahmen wurden anschließend mit dem gleichen Instrument strukturiert und dokumentiert, das auch bei den Hospitationen verwandt wurde – diesmal allerdings mit der zusätzlichen Möglichkeit, den Ablauf der Veranstaltung zu stoppen und Sequenzen wiederholt und gezielt unter bestimmten Fragestellungen zu betrachten.

Es wurden insgesamt 40 Unterrichtsstunden à 45 Minuten auf Video aufgezeichnet. Zusätzlich nahm das Team an insgesamt 110 Unterrichtsstunden hospitierend teil. Von den 110 Unterrichtsstunden wurden 63 von einem Zweierteam besucht. Die Themen der insgesamt 150 hospitierten Unterrichtsstunden verteilten sich auf die verschiedenen inhaltlichen Schwerpunkte gemäß der Tabelle:

Tagespflege als Betreuungsform	31 Ustd.
Entwicklungspsychologie/Pädagogik	75 Ustd.
Kommunikation/Kooperation zw. Eltern u. Tagespflegeperson	34 Ustd.
Arbeitsbedingungen der Tagespflegeperson/Recht/Finanzen	7 Ustd.
Beratung/Vermittlung	3 Ustd.

Die *Auswertung der Hospitationen* erfolgte einerseits in schriftlicher Form, andererseits diskursiv im Zweierteam und im Gesamtteam.
1. Nach Möglichkeit führte das Beobachtungsteam im Anschluß an die Hospitation (und das ReferentInnen-Interview) bereits vor Ort einen fachlichen Austausch durch.
2. Durch Reflexionen im gesamten Team konnten Veranstaltungen (vor allem solche zum gleichen Thema) vergleichend betrachtet werden.

3. Die Hospitationsergebnisse wurden in einer abschließenden Gesamtanalyse hinsichtlich ihres zentralen Aussagegehalts zur Qualität von Fortbildungen in der Tagespflege ausgewertet. Daraus wurden Gütemerkmale für die Fortbildung abgeleitet (vgl. Kap. 3).

Durch die Hospitationen und „Video-Hospitationen" erhielt das DJI-Team einen sehr guten Einblick in die pädagogische Arbeit an den Modellorten. Eine abschließende Bewertung der Gesamtprogramme ist aufgrund des exemplarischen Vorgehens und des punktuellen Einblicks jedoch nicht möglich.

7.3.5 Fachgespräche und Expertisen

Um das breite Spektrum an inhaltlichen und methodischen Fragestellungen im Projekt abdecken zu können, wurden vier Gespräche mit bundesweit relevanten Expertinnen der Tagespflege durchgeführt und fünf schriftliche Expertisen zu methodischen, inhaltlichen und Tagespflege-strukturellen Themen in Auftrag gegeben. Die Autorinnen der Expertisen waren entweder ebenfalls als langjährige wissenschaftlich orientierte Fachfrauen der Tagespflege ausgewiesen oder leisteten als Wissenschaftlerinnen anderer Fachrichtungen mit Unterstützung des DJI-Teams einen fachlichen Transfer interessanter Fragestellungen in die Tagespflege.

Es handelte sich um folgende Fachgespräche und schriftliche Expertisen:

- Ellen Bögemann-Großheim, Marietta Handgraaf
  Problemorientiertes Lernen (POL) als didaktischer Ansatz in der Qualifizierung von Tagespflegepersonen (schriftliche Expertise)
- Stephanie Cren, Sibylle Härtl
  Gewalt gegen Kinder – unter Berücksichtigung sexualisierter Gewalt – als Thema in der Tagespflege (Fachgespräch und schriftliche Expertise)
- Eveline Gerszonowicz
  Inhaltliche und methodische Ansätze in der Fortbildung von Tagespflegepersonen; Situation der Tagespflege in der Bundesrepublik Deutschland (Fachgespräch und zwei schriftliche Expertisen)
- Karin Hahn/Marion Limbach-Perl
  Organisationsrahmen und pädagogisches Konzept im Tagespflegeprojekt der Stadt Maintal (Fachgespräch)

- Kariane Höhn
  Entstehungsgeschichte und Konzept des Werkstattcurriculums des *tagesmütter* Bundesverbands für Kinderbetreuung in Tagespflege e. V. (Fachgespräch)
- Christine Nußhart
  Familienkompetenzen als Basisqualifikation von Tagespflegepersonen – Konsequenzen für die Konzipierung von Tagespflege-Fortbildungsprogrammen (schriftliche Expertise)

*Lis Keimeleder, Marianne Schumann,
Susanne Stempinski, Karin Weiß*

8 Anhang II: Selbstevaluationsbogen

Bogen zur Selbstevaluation

für ReferentInnen und KursleiterInnen

in Qualifizierungskursen für Tagesmütter und -väter

Anhang II: Selbstevaluationsbogen

entwickelt im Rahmen des Forschungsprojektes „Qualifizierung in der Tagespflege"
gefördert durch das Bundesministerium für Familie, Senioren, Frauen und Jugend
sowie durch das Sozialministerium Mecklenburg-Vorpommern,
das Ministerium für Kultur, Jugend, Familie und Frauen in Rheinland-Pfalz
und durch den Senator für Arbeit, Frauen, Gesundheit, Jugend und Soziales in Bremen

Autorinnen:

Lis Keimeleder
Susanne Stempinski
Marianne Schumann
Karin Weiß

© Deutsches Jugendinstitut e.V.
2000 München

Einleitung

Warum Selbstevaluation?

Evaluation – als ein Mittel zur Weiterentwicklung von fachlicher Qualität - ist zunächst ein ganz alltäglicher Prozess. Jeder Mensch vollzieht ihn ständig im Alltag, indem er, auf der Grundlage eigener Kriterien, die Stärken und die Schwächen einer Tätigkeit oder Sache analysiert und beurteilt.

Selbstevaluation ist dabei – im Gegensatz zur „Fremdevaluation" – ganz allgemein ein ‚von unten' ansetzender, freiwilliger Weg, um sich über die Ziele und Wirkungen der eigenen Arbeit Klarheit zu verschaffen.

Qualitätsentwicklung in pädagogischen Arbeitsfeldern ist an die engagierte Mitwirkung der Fachkräfte geknüpft. Selbstevaluation bedeutet, daß die Fachkraft ihr eigenes fachliches Handeln zum Gegenstand ihrer selbst gesteuerten Auswertung, Planung und Verbesserung macht und so den Prozeß der fachlichen Weiterentwicklung in Gang hält.

Was ist die Intention des Bogens?

Selbstevaluation fordert eine lösungsorientierte Sichtweise. Sie regt dazu an, Ideale zu entwerfen und zu überlegen, welche Möglichkeiten der eigenen Einflußnahme bestehen, um sich diesen Idealen anzunähern.

Die klassische Vorgehensweise zur Praxisveränderung verläuft dabei in der Schleife von eigener Zieldefinition, Umsetzung, Datenerhebung, Untersuchung, Bewertung, Berichterstellung und eventueller neuerlicher Konzeption bzw. Umsetzung und ist – auch vom zeitlichen Aufwand her – recht anspruchsvoll.

In Anlehnung an Beywl/Henze muß Selbstevaluation aber „nicht kontinuierlich als explizite und vollständige Methode eingesetzt werden, um von ihr profitieren zu können" (1999, S. 211). Die Bedingungen, unter denen ReferentInnen in der Weiterbildung freiberuflich tätig sind, sind wenig geeignet, Selbstevaluation im umfassenden, klassischen Sinne durchzuführen. Häufig findet sich – wie in der Praxis der Tagespflege – auch bei den in der Fortbildung tätigen Fachkräften das Phänomen der isolierten Arbeitsweise mit wenig kollegialem Austausch.

Das vorliegende Instrument setzt hier an. Es berücksichtigt die Bedingungen des im Aufbau befindlichen Feldes der Fortbildung in der Tagespflege. In diesem Sinne läßt sich der vorliegende Bogen als Orientierungsrahmen für Selbstreflexion, als professionelle Hilfestellung und Leitlinie verwenden.

Woraus ist der Bogen entstanden?

Die Qualitätskriterien in diesem Bogen basieren auf systematisch erhobenen Daten, die im Rahmen des Forschungsprojektes „Entwicklung und Evaluation curricularer Elemente zur Qualifizierung von Tagespflegepersonen" (Kurztitel: „Qualifizierung in der Tagespflege") gesammelt wurden. Das Projekt ging der Frage nach, welche Qualifizierungsprogramme sich für die Tagespflege als geeignet erweisen. Im Rahmen des Projektes wurden u.a. Fortbildungsveranstaltungen teilnehmend beobachtet und Fortbildungsmaterialien ausgewertet.

Für die Konzeption des Bogens zur Selbstevaluation waren u.a. die folgenden wichtigsten Quellen maßgebend:

- Neuere Ergebnisse aus der Erwachsenenbildung und Lerntheorie
- Eigene Befunde aus der wissenschaftlichen Evaluation von neun Fortbildungsprogrammen in der Tagespflege
- Kooperation und Abstimmung mit FortbildnerInnen in der Tagespflege im Rahmen von Workshops und Befragungen
- Schriftliche und mündliche Befragung von TeilnehmerInnen von Fortbildungsprogrammen der Tagespflege

Da mit dem Einsatz des vorliegenden Bogens für Selbstevaluation keine „Messung" von statistischen Werten stattfindet, entfällt die Ermittlung der meßtechnischen Güte des Instruments. Eine Überprüfung der praktischen Einsetzbarkeit und Gültigkeit (Validität), an der im Modellprojekt beteiligte ReferentInnen mitgewirkt haben, hat sehr gute Resultate ergeben.

Anhang II: Selbstevaluationsbogen

Wie ist der Bogen anzuwenden?

Die Leserin/der Leser erhält ein Instrument der Selbstreflexion an die Hand, das für die eigene Konzeptentwicklung und Arbeitsplanung einsetzbar ist. Es handelt sich *nicht* um einen „Beurteilungsbogen" für Träger, Vorgesetzte oder andere.

ReferentInnen können sich einen Überblick über das Leitideal für eine Qualifizierung in der Tagespflege verschaffen und sich selbst darin verorten. Der Bogen ermöglicht in einer systematischen Übersicht, einzelne Zielsetzungen für die Veränderung in der Praxis in den Blick zu nehmen, „blinde Flecken" ausfindig zu machen und eigene Kompetenzen zu erweitern. Das Instrument enthält eine 5-stufige Schätzskala zu jedem Bewertungsaspekt. Der/die LeserIn kann somit – wenn sinnvoll – Vergleiche durchführen (beispielsweise im Verlauf eines Kurses oder zwischen unterschiedlichen Gruppen). Die Schätzskala ist als zusätzliche Hilfe gedacht und von nachgeordneter Bedeutung. Der Bogen zur Selbst-evaluation ist als „qualitatives Instrument" konzipiert, der Schwerpunkt liegt auf den inhaltlichen Ausführungen zu den jeweiligen Kriterien und der reflexiven Auseinandersetzung damit.

Das eine oder andere ‚Leitideal' erscheint vielleicht überzeichnet. Die in den Evaluationskriterien formulierten Idealvorstellungen sind jedoch *richtungsweisend*, nicht Norm gebend gedacht. Es soll auch nicht der Eindruck entstehen, daß für eine gute Fortbildungsveranstaltung *alle* im Bogen aufgeführten Kriterien optimal erfüllt sein müssen. Die Qualität einer Veranstaltung hängt von vielen weiteren Einflußfaktoren ab, die in diesem Bogen keine Berücksichtigung finden (z.B. gruppen- und ortsspezifische Bedingungen – „Jeder Kurs/jeder Ort ist anders"). Der Bogen konzentriert sich ausschließlich auf den Einflußbereich der ReferentInnen. Hierbei sind die wesentlichen Kategorien aufgeführt, natürlich kann jede Nutzerin/jeder Nutzer den Bogen individuell ergänzen.

Zudem findet in der Praxis stets eine sensible Gratwanderung zwischen Planung und Improvisation statt: Zwar kann eine Referentin/ein Referent eine Veranstaltung nach den Regeln der Kunst konzipieren, ein Faktor X für flexible Reaktionen bei unvorhergesehenen Ereignissen muß jedoch offen bleiben. Im Hinblick auf die Zufriedenheit der Teilnehmerinnen kann – bei aller Sorgfalt – letztlich nur an das Sprichwort erinnert werden: „Allen Leuten recht getan, ist eine Kunst, die niemand kann".

Die 41 Items des Bogens zur Selbstevaluation sind folgenden 6 Bewertungsdimensionen zugeordnet:

- **Thema und Aufbau der Veranstaltung** (6 Items)
- **Inhalte** (9 Items)
- **Methoden** (14 Items)
- **Leitung der Veranstaltung / Kursleitung** (6 Items)
- **Lernklima / Gruppenatmosphäre** (3 Items)
- **Äußerer Rahmen der Veranstaltung** (3 Items)

Die/der AnwenderIn sollte sich nach der Durchführung einer Fortbildungsveranstaltung etwas Zeit nehmen, um in der Rückschau zu einer Einschätzung zu kommen und die gesamte Veranstaltung anhand des Bogens zur Selbstevaluation auszuwerten. Der Zeitabstand zur Fortbildungsveranstaltung sollte nicht größer als zwei Tage werden, da sonst erfahrungsgemäß Erinnerungslücken auftreten. Die 6 Bewertungsdimensionen lassen sich auch getrennt voneinander bearbeiten.

Thema und Aufbau der Veranstaltung

1. Der Titel bzw. die schriftliche Ankündigung im Programm ist für die Zielgruppe ansprechend formuliert.

Stimmt Voll	Stimmt weitgehend	Stimmt teils/teils	Stimmt weitgehend nicht	Stimmt überhaupt nicht
☐	☐	☐	☐	☐

   Es empfiehlt sich, die Titelgestaltung mit Bedacht vorzunehmen: Die sorgfältige Formulierung eines Themas ist bedeutsam für eine Identifikation der Teilnehmerinnen[1] mit der Veranstaltung. Auch unter dem Aspekt des meist knappen Zeitbudgets ist eine Fokussierung auf spezifische Teilfragen empfehlenswert. Dies kann evtl. auch über einen Untertitel erreicht werden. Ein in Frageform formulierter Titel spricht die Teilnehmerinnen sehr direkt an. Bei einem paßgenau formulierten Titel fühlen sich die Teilnehmerinnen im Idealfall bereits vor Beginn der Veranstaltung zur Reflexion über das Thema aufgefordert und können sich innerlich auf das Thema einstimmen. Unzutreffenden Vorstellungen über ein Thema kann so vorgebeugt werden.

2. Die Relevanz des Themas für die Tagespflege ist im Titel erkennbar.

Stimmt Voll	Stimmt weitgehend	Stimmt teils/teils	Stimmt weitgehend nicht	Stimmt überhaupt nicht
☐	☐	☐	☐	☐

   Im Hinblick auf das Ausbildungsziel erscheint eine sorgfältige Auswahl der behandelten Themen anhand des Kriteriums „Relevanz für die Tagespflege" unverzichtbar. Dies sollte nach Möglichkeit schon im Titel sichtbar werden.

3. Die Veranstaltung ist sinnvoll in den Gesamtzusammenhang des Kurses eingebettet.

Stimmt Voll	Stimmt weitgehend	Stimmt teils/teils	Stimmt weitgehend nicht	Stimmt überhaupt nicht
☐	☐	☐	☐	☐

   Eine aufeinander bezogene Abfolge von Themen erleichtert den Teilnehmerinnen, Zusammenhänge zu erkennen.

---

[1] Erfahrungsgemäß ist die Tagespflege ein Feld, in dem sich fast ausschließlich Frauen bewegen. Deshalb wird im folgenden die weibliche Form *Teilnehmerinnen* verwendet.

4. Die Veranstaltung ist in schlüssiger und nachvollziehbarer Weise aufgebaut bzw. untergliedert.

Stimmt Voll	Stimmt weitgehend	Stimmt teils/teils	Stimmt weitgehend nicht	Stimmt überhaupt nicht
☐	☐	☐	☐	☐

Die Unterthemen, Phasen, Abläufe (praktische, theoretische, reflektorische) der Veranstaltung sollten inhaltlich miteinander verknüpft sein und nicht isoliert stehen. Auch eine schlüssige Aufeinanderfolge von Unterthemen hilft bei der Ausleuchtung und konzentrierten Erarbeitung des Themas.

5. Die Teilnehmerinnen erhalten zu Beginn einen Einblick über die Struktur/Abfolge der Veranstaltung.

Stimmt Voll	Stimmt weitgehend	Stimmt teils/teils	Stimmt weitgehend nicht	Stimmt überhaupt nicht
☐	☐	☐	☐	☐

Eine Vorabinformation erleichtert die Orientierung und Konzentration der Teilnehmerinnen, ggf. auch die Möglichkeit der Mitwirkung. Den Teilnehmerinnen sollte, wenn die Qualifizierung im Rahmen eines „Kurses" organisiert wird, auch ein verläßlicher Ablaufplan vorliegen.

6. Der Inhalt der Veranstaltung entspricht dem angekündigten Titel.

Stimmt Voll	Stimmt weitgehend	Stimmt teils/teils	Stimmt weitgehend nicht	Stimmt überhaupt nicht
☐	☐	☐	☐	☐

Falls es relevante Abweichungen gibt, sollten sie vorher abgesprochen bzw. angekündigt werden. Zuverlässigkeit und Transparenz – auch in der Gestaltung des Kursablaufes – sind wichtig für eine positive Gestaltung der Beziehung zwischen Referentin und Teilnehmerinnen. Referentinnen fungieren dabei immer auch in der Rolle eines Modells für das Handeln von Tagesmüttern gegenüber Kindern und Eltern.

Anhang II: Selbstevaluationsbogen

Inhalte

Aufgrund des begrenzten Umfangs eines Curriculums von bis zu 160 Ustd. können Einblicke in einzelne Fachdisziplinen nur bedingt detailliert stattfinden. Die Fachinhalte sollten daher auf ihre Relevanz und ihre Anwendbarkeit für den Tagespflegealltag überprüft werden. Eine praxisorientierte Qualifizierung sollte theoretisches Wissen sehr gezielt integrieren, vor allem, wenn damit lediglich ein Einblick in wesentliche Grundlagen einer Fachdisziplin gegeben werden soll. Vielmehr sollte immer genügend Zeit eingeplant werden, um auch von notwendigen einzelfachspezifischen Grundlagen aus den Bezug zur Tagespflege herzustellen. Der theoretische oder wissenschaftliche Horizont sollte sich nicht in den Vordergrund drängen, wohl aber für vertiefende Fragen zur Verfügung stehen. So können z.B. entwicklungspsychologische Erkenntnisse der Tagesmutter bei der Orientierung helfen, wie sie mit Kindern einer bestimmten Altersstufe förderlich in Beziehung treten kann (Welche Form der Auseinandersetzung mit der Umwelt ist für diese Altersstufe typisch? Was kann das Kind, was kann es nicht? Welchen Spielraum braucht das Kind? Was überfordert es?). Es ist für die Tagesmutter jedoch weniger wichtig, Elemente einer oder gar mehrerer Entwicklungstheorien in ihrem Stufenaufbau zu kennen. Relevant sind in erster Linie die Folgerungen für den Praxisalltag.

Um die Informationen verinnerlichen und in eigenes Handeln umwandeln zu können, ist die Anknüpfung an Praxisbeispiele und Situationen aus dem Alltag der Tagesmutter wichtig. Auf Fallbeispiele oder konkrete Situationen bezogene Informationen können anwendungsbezogen zuerst innerlich erprobt und dann zuhause in Handlungen umgesetzt und ausprobiert werden. Am besten bringen die Teilnehmerinnen eigene Praxissituationen und Beispiele in die Qualifizierung ein.

7. Die fachlichen Informationen zum Thema sind zentral für die Tagespflege.

Stimmt Voll	Stimmt weitgehend	Stimmt teils/teils	Stimmt weitgehend nicht	Stimmt überhaupt nicht
☐	☐	☐	☐	☐

8. Die Informationen werden praxisorientiert (im Bezug auf die Tagespflege) vermittelt.

Stimmt Voll	Stimmt weitgehend	Stimmt teils/teils	Stimmt weitgehend nicht	Stimmt überhaupt nicht
☐	☐	☐	☐	☐

9. Das Thema wird interdisziplinär / fachübergreifend bearbeitet.

Um einen Sachverhalt praxisrelevant zu bearbeiten, ist es meist hilfreich, ihn aus der Sicht verschiedener (Fach-)Perspektiven zu besehen. Komplexe Sachverhalte erschließen sich oftmals erst aus der Verknüpfung von Sachinformationen (z.B. aus Psychologie und Pädagogik), woraus dann ein direkter Bezug zur Tagespflegepraxis entstehen kann.

Stimmt Voll	Stimmt weitgehend	Stimmt teils/teils	Stimmt weitgehend nicht	Stimmt überhaupt nicht
☐	☐	☐	☐	☒

10. Bei kinderbezogenen Themen werden die Teilnehmerinnen angeregt, sich in die Kinder einzufühlen.

Eine Relativierung der Erwachsenensicht ist oftmals die Voraussetzung für kindgerechtes erzieherisches Handeln. Der Schlüssel zum Verständnis eines Kindes liegt in der Einfühlung. Die Einfühlung in das eigene „innere Kind" und in das Kind, das einer erwachsenen Person in Obhut gegeben ist, muß eingeübt werden.

Stimmt Voll	Stimmt weitgehend	Stimmt teils/teils	Stimmt weitgehend nicht	Stimmt überhaupt nicht
☐	☐	☒	☐	☐

11. Sensibilität für geschlechtsspezifische Fragestellungen ist gegeben.

An Qualifizierungen für Tagespflegepersonen nehmen nahezu ausschließlich Frauen teil. Dies im sprachlichen Umgang (Teilnehmerinnen) und in der Vermittlung zu berücksichtigen, erscheint unverzichtbar (z.B. durch Umgang mit Sprache, Vermeidung von Rollenklischees, Beachten von geschlechtsspezifischer Sozialisation). Im Sinne einer allseitigen Persönlichkeitsentwicklung der Kinder sollte darüber hinaus für erzieherische Haltungen sensibilisiert werden, die die traditionellen Rollenstereotypen überwinden.

Stimmt Voll	Stimmt weitgehend	Stimmt teils/teils	Stimmt weitgehend nicht	Stimmt überhaupt nicht
☐	☐	☒	☐	☐

12. Das Wohl und die Würde des Kindes sind zentrale Grundlage aller fachlichen und pädagogischen Ausführungen.

Ausgegangen wird von einem humanistischen Erziehungsideal, das Achtung vor dem Kind und positive Elternschaft bzw. Tageselternschaft umfaßt. Kontraproduktiv sind demnach Aussagen, die im Hinblick auf diese Grundsätze als problematisch angesehen werden müssen (z.B. „Ab und zu ein Klaps schadet nicht").

Stimmt Voll	Stimmt weitgehend	Stimmt teils/teils	Stimmt weitgehend nicht	Stimmt überhaupt nicht
☐	☐	☒	☐	☐

Anhang II: Selbstevaluationsbogen   195

13. Die Stoffmenge ist von den Teilnehmerinnen gut zu bewältigen.

Stimmt Voll	Stimmt weitgehend	Stimmt teils/teils	Stimmt weitgehend nicht	Stimmt überhaupt nicht
☐	☐	☐	☐	☐

Leicht kommt es zu einer Überfrachtung einer Veranstaltung mit Inhalten. Die Stofffülle überfordert Tagespflegepersonen besonders, wenn sie nach einem langen Arbeitstag noch abends an einer Veranstaltung teilnehmen. Bei Überfrachtung bleibt zu wenig Zeit zur Reflexion und zu praktischen Übungen. Weniger ist mehr! Sind die TeilnehmerInnen erschöpft, sollte eine Pause gemacht werden (aus arbeitsökonomischen Gesichtspunkten spätestens nach 90 Min.). Auch Körperübungen oder Spiele können entspannen und auflockern. Die Zielgruppe (Frauen/Mütter) geht im Alltag häufig über ihre Erschöpfungsgrenze hinaus. Die Qualifizierung hat in diesem Punkt Vorbildwirkung. Überforderung führt im Erziehungsalltag nicht selten zu kritischen Situationen. Tagesmütter sollten geübt sein, Symptome von Überforderung bei sich selbst wahrzunehmen und geeignete Schritte kennen, wie sie damit umgehen können.

14. Die verschiedenen inhaltlichen Schwerpunkte werden angemessen auf die zur Verfügung stehende Zeit verteilt.

Stimmt Voll	Stimmt weitgehend	Stimmt teils/teils	Stimmt weitgehend nicht	Stimmt überhaupt nicht
☐	☐	☐	☐	☐

Die Referentin/der Referent sollte die Zeiteinteilung im Blick behalten, auch wenn es zu einer aktuellen Veränderung der inhaltlichen Schwerpunkte kommt (Störungen gehen vor). Aufgrund der weit verbreiteten Überfrachtung von Veranstaltungen ergibt sich oft ein „Stau" gegen Ende zu, so daß bei immer geringer werdender Aufnahmekapazität der TeilnehmerInnen der noch „durchzunehmende Stoff" in gesteigertem Tempo abgehandelt wird. Auf diese Weise bleibt kein Spielraum für Verarbeitung und Einübung von neu Gehörtem. Für die Bearbeitung der Themen sollte deshalb von Anfang an großzügig Zeit eingeplant werden.

15. Es findet eine fundierte und kritische Auseinandersetzung mit dem Thema der Veranstaltung statt, bei der auch Widersprüche, Ambivalenzen oder unterschiedliche theoretische Standpunkte angesprochen werden.

Stimmt Voll	Stimmt weitgehend	Stimmt teils/teils	Stimmt weitgehend nicht	Stimmt überhaupt nicht
☐	☐	☐	☐	☐

Eine facettenreiche Beleuchtung eines Themas mit allen Widersprüchlichkeiten des Alltags fördert differenzierte Sichtweisen der TeilnehmerInnen und ermöglicht ihnen die Reflexion der eigenen Positionen und „Deutungsmuster" (z.B. gesellschaftliche Realität von Frauen, Anspruch und Wirklichkeit, sich widersprechende Ziele in der Gestaltung des Alltags). Eine kritische Auseinandersetzung mit anderen Standpunkten, Selbstbehauptung bei gleichzeitiger Toleranz stellen gerade in der Tagespflege wichtige Qualifikationen dar. In der Kooperation zwischen Eltern und Tagespflegepersonen müssen im Interesse des Kindes in vielen Fragen Einigungen gefunden, aber auch eigene Positionen vertreten werden.
Sachinformationen sollten sich auf eine abgesicherte Basis beziehen. Es kann vorkommen, daß eine Eindeutigkeit über einen Sachverhalt nicht herzustellen ist, da (wissenschaftliche) ExpertInnen unterschiedliche Auslegungen vornehmen. Die TeilnehmerInnen sollten die Gelegenheit erhalten, sich gegebenenfalls mit unterschiedlichen inhaltlichen Sichtweisen auseinanderzusetzen und zu ihrem eigenen Standpunkt zu finden.

Methoden

16. Es werden Methoden angewendet, die es den Teilnehmerinnen ermöglichen, sich einzubringen.

Stimmt Voll	Stimmt weitgehend	Stimmt teils/teils	Stimmt weitgehend nicht	Stimmt überhaupt nicht
☐	☐	☐	☐	☐

Die Fähigkeiten, die Tagesmütter für ihre Arbeit brauchen, sind nicht vermittelbar durch ein methodisches Vorgehen, das die Teilnehmerinnen in eine rein rezeptive Haltung versetzt (z.B. Vortrag). Die Teilnehmerinnen müssen vielmehr die Gelegenheit erhalten, sich aktiv einbringen und den eigenen Erfahrungshintergrund reflektieren zu können. Aktivierende Methoden sind beispielsweise: Kleingruppenarbeit, Diskussion an konkreten Praxissituationen, Rollenspiel, Übungen (Wahrnehmung, Kommunikation, Kreativität). Die Handlungsmodelle, die Tagesmütter in der Interaktion im Rahmen der Qualifizierung ausprobieren/reflektieren können, sind erlebte Realität und insofern leichter übertragbar auf die Praxis der Tagespflege.

Es ist allgemein bekannt, daß Lernen durch Erfahrung die nachhaltigste Form von Lernen ist. In einem solchen Lehr-/Lernprozess nimmt die Referentin/der Referent die Rolle der Ermöglicherin/des Ermöglichers von Erfahrungen ein. Es ist erwiesen, daß selbstorganisiertes und eigeninitiatives Lernen am ehesten zu praxisrelevantem „Wissen" und Verständnis führt, das in Handeln umgesetzt werden kann.

Die Möglichkeit eines Erfahrungsaustausches zwischen den Teilnehmerinnen ist als ein grundlegendes Element in der Qualifizierung für die Tagespflege anzusehen. Die Teilnehmerinnen lernen aus der Praxis für die Praxis. Der Austausch sollte an Themen der Tagespflege orientiert sein, d.h. an Inhalten, die für das Ziel der Qualifizierung relevant sind. Idealerweise kommen diese Themen aus der Alltagspraxis der Teilnehmerinnen. Der Erfahrungsaustausch sollte von Anfang an – auch als Zeitfaktor – bei der Planung einer Veranstaltung berücksichtigt werden. Er sollte mit geeigneten Methoden von der Referentin/dem Referenten angeregt werden, z.B durch Gruppenarbeit, Leitfragen für Diskussionen.

17. Ein themenzentrierter Erfahrungsaustausch zwischen den Teilnehmerinnen wird gefördert.

Stimmt Voll	Stimmt weitgehend	Stimmt teils/teils	Stimmt weitgehend nicht	Stimmt überhaupt nicht
☐	☐	☐	☐	☐

Anhang II: Selbstevaluationsbogen

18. In der Veranstaltung kommen unterschiedliche Methoden zum Einsatz.

Stimmt Voll	Stimmt weitgehend	Stimmt teils/teils	Stimmt weitgehend nicht	Stimmt überhaupt nicht
☐	☐	☐	☐	☐

Durch Methodenvielfalt können die verschiedenen „Lernkanäle" angesprochen werden: Sehen, Hören, Erleben, kognitives Erfassen, Lernen durch Tun. Dies trägt dazu bei, daß die Teilnehmerinnen ihren Lernprozeß als spannend und anregend erleben und natürlich dazu, daß die Inhalte besser aufgenommen werden können.

19. Die theoretischen, praktischen und reflexiven Phasen der Veranstaltung sind im Verhältnis zueinander ausgewogen.

Stimmt Voll	Stimmt weitgehend	Stimmt teils/teils	Stimmt weitgehend nicht	Stimmt überhaupt nicht
☐	☐	☐	☐	☐

Die Ausgewogenheit der theoretischen, praktischen und reflexiven Teile einer Qualifizierungsveranstaltung trägt dazu bei, daß Informationen besser verarbeitet werden können. Wenn die Teilnehmerinnen durch ein Zuviel an theoretischer und abstrakter Wissensvermittlung überfordert werden, ermüden sie und können kaum Bezug zur Tagespflegepraxis herstellen. Bei ausschließlichem Erfahrungsaustausch wiederum wird oft das Bedürfnis nach Wissenszuwachs nicht erfüllt. Praktische Übungen und Phasen der Reflexion sind von entscheidender Bedeutung, wenn sich Handlungsorientierungen der Teilnehmerinnen ausprägen oder verändern sollen. Erst aus der Verknüpfung von neuem Wissen mit der eigenen Erfahrung ergibt sich Umsetzungswissen.

20. Die Umsetzung der theoretischen Erkenntnisse in Handlung wird in der Veranstaltung geübt/gefördert.

Stimmt Voll	Stimmt weitgehend	Stimmt teils/teils	Stimmt weitgehend nicht	Stimmt überhaupt nicht
☐	☐	☐	☐	☐

Durch Rollenspiel, praktische Übungen und andere methodische Vorgehensweisen kann ein Handlungsbezug aufgebaut und somit die Umsetzung von Einsichten und Erkenntnissen in Handlung gefördert werden.

21. Die Umsetzung von Einsichten und Erkenntnissen in die Alltagspraxis wird unterstützt und begleitet.

Stimmt Voll	Stimmt weitgehend	Stimmt teils/teils	Stimmt weitgehend nicht	Stimmt überhaupt nicht
▨	▨	▨	▨	▨

Über die Veranstaltung hinausgehend werden die Teilnehmerinnen dazu angeregt (z.B. durch Vertiefungsaufgaben für zu Hause", Kolleginnen-„Supervision", Beobachtungsaufgaben), die Inhalte der Qualifizierung in ihren Alltag (der Tagespflege) einzubringen. Die Erfahrungen bei der Umsetzung im Alltag werden sinnvollerweise in der Qualifizierungsgruppe wieder reflektiert.

22. Es gibt Absprachen zu Umgangs- und Arbeitsformen in der Gruppe.

Stimmt Voll	Stimmt weitgehend	Stimmt teils/teils	Stimmt weitgehend nicht	Stimmt überhaupt nicht
▨	▨	▨	▨	▨

Für das Arbeitsklima und unter dem Aspekt des Modell-Lernens ist es hilfreich, wenn sich eine Gruppe auf Kommunikationsregeln (z.B. nach dem Vorbild der themenzentrierten Interaktion) einigt, z.B. „Aussprechen lassen", „Störungen haben Vorrang", „keine Abwertungen von Beiträgen".

23. Die Kursteilnehmerinnen bekommen verständliche und ansprechende Kursmaterialien.

Stimmt Voll	Stimmt weitgehend	Stimmt teils/teils	Stimmt weitgehend nicht	Stimmt überhaupt nicht
▨	▨	▨	▨	▨

Es ist sehr anstrengend - wenn nicht gänzlich unmöglich -, mit innerer Anteilnahme und Aufmerksamkeit an einer Gruppe teilzunehmen und sich gleichzeitig Notizen über Inhalt und Verlauf einer Veranstaltung zu machen. Dennoch besteht bei vielen Teilnehmerinnen der Wunsch, schriftliches Material über das Gehörte/Erlebte/Gelernte in die Hand zu bekommen, um auch nach Ende der Qualifizierung darauf zurückgreifen zu können. Es ist daher sinnvoll, den Teilnehmerinnen einfache Zusammenfassungen über wichtige Punkte mitzugeben.

24. Die Teilnehmerinnen gestalten Teile von Veranstaltungen eigenständig mit, z.B. durch Referate, Vorstellen von Büchern, Spielen, Kleingruppen-Ergebnissen etc.

Stimmt Voll	Stimmt weitgehend	Stimmt teils/teils	Stimmt weitgehend nicht	Stimmt überhaupt nicht
▨	▨	▨	▨	▨

Im Sinne einer Stärkung des Selbst- und Kompetenzbewußtseins („Empowerment") kann es für die Teilnehmerinnen von Vorteil sein, wenn sie sich darin üben, vor Gruppen zu sprechen, zu argumentieren, Eigenes für andere verständlich und attraktiv aufzubereiten.

Anhang II: Selbstevaluationsbogen

Es wird vorausgesetzt, daß Tagespflegepersonen zum Wohle der Kinder bereit sind, an ihrer persönlichen Entwicklung zu arbeiten. Um Einstellungen und Verhaltensweisen hinterfragen und gegebenenfalls verändern zu können, ist es notwendig, mit den eigenen Erfahrungen und Gefühlen in Kontakt zu kommen und sie – persönlich und fachlich – zu reflektieren. Introspektion und Reflexion mit der Möglichkeit, sich selbst zu erfahren, sind somit ein wichtiges Element jeder praxisorientierten Qualifizierung im sozialen Feld. Mittlerweile gibt es auch vielfältige Methodenbausteine, die einen Rahmen für reflexive Veranstaltungsphasen bieten.

25. Introspektion, Reflexion und Selbsterfahrung werden durch geeignete Methoden gefördert.

Stimmt Voll	Stimmt weitgehend	Stimmt teils/teils	Stimmt weitgehend nicht	Stimmt überhaupt nicht
☐	☐	☐	☐	☐

Für das Gruppenklima ist es wichtig, daß alle ihre Position darstellen und einbringen können. Sollten fachliche Bedenken an einem Standpunkt auftreten, sollte die Referentin/der Referent im Sinne von „Deutungshilfen" Position beziehen, ohne aber der Person abzuwerten.

26. Es wird respektiert, wenn Teilnehmerinnen subjektiv zu unterschiedlichen Ergebnissen kommen.

Stimmt Voll	Stimmt weitgehend	Stimmt teils/teils	Stimmt weitgehend nicht	Stimmt überhaupt nicht
☐	☐	☐	☐	☐

Wenn eine Teilnehmerin beispielsweise starke Aversionen gegen Rollenspiele hat, sollte ihr ermöglicht werden, eine neutrale Position, z.B. die einer Beobachterin, einzunehmen.

27. Falls es Widerstände von Teilnehmerinnen gegenüber bestimmten Methoden gibt, werden sie respektiert.

Stimmt Voll	Stimmt weitgehend	Stimmt teils/teils	Stimmt weitgehend nicht	Stimmt überhaupt nicht
☐	☐	☐	☐	☐

28. Die Teilnehmerinnen werden bei der Wahrnehmung und Benennung ihrer persönlichen und fachlichen Kompetenzen unterstützt.

Stimmt Voll	Stimmt weitgehend	Stimmt teils/teils	Stimmt weitgehend nicht	Stimmt überhaupt nicht
☐	☐	☐	☐	☐

Die Selbstwahrnehmung von Frauen basiert auf Lebenserfahrungen in einer Welt, in der ihnen die Familienkompetenz mit großer Selbstverständlichkeit zugeschrieben wird. Die Sozialisation von Frauen ist in der Regel von klein auf darauf ausgerichtet, sozial-emotionale Kompetenzen zu entwickeln, die eine ganzheitliche Wahrnehmung ihrer Umwelt und eine ausgeprägte Fähigkeit, sich in andere hinein zu versetzen, möglich machen. Diese sozialen Kompetenzen sollten den Teilnehmerinnen als anerkennenswerte Bestandteile des eigenen Selbst bewußt sein bzw. bewußt gemacht werden. Weitere Kompetenzen, die durch die Qualifizierung gefördert werden, wie beispielsweise Professionalität, Selbstvertrauen, Überzeugungskraft usw. sollten den Frauen ebenfalls erfahrbar gemacht werden. Viele Frauen benötigen Unterstützung (von der Gruppe und der Referentin/dem Referenten) in der Wahrnehmung und Anerkennung ihrer Kompetenzen, Fähigkeiten und Talente und sie brauchen ein Experimentierfeld, das Mißerfolge zuläßt und Erfolge ermöglicht. In der Forschung (Frauenforschung, Depressionsforschung, Streßforschung u.a.) ist bekannt, daß ein negatives Selbstbild (....was ich nicht kann', ,daß ich nichts wert bin' usw.) nicht selten hartnäckig verteidigt wird und nur langsam und mit Ermutigung von außen veränderbar ist.

29. Am Ende der Veranstaltung gibt es eine kurze Zusammenfassung.

Stimmt Voll	Stimmt weitgehend	Stimmt teils/teils	Stimmt weitgehend nicht	Stimmt überhaupt nicht
☐	☐	☐	☐	☐

Die Referentin/der Referent kann am Ende einer Veranstaltung in wenigen Sätzen aus ihrer/seiner Sicht die Essenz des gemeinsam Erarbeiteten zusammenfassen. Auf diese Weise kann die Veranstaltung zum Schluß noch einmal „auf den Punkt gebracht" werden, was den Teilnehmerinnen die Zuordnung/den Überblick erleichtert. Eine andere Möglichkeit, die etwas mehr Zeit in Anspruch nimmt, besteht in einer gemeinsamen Schlußrunde. Dabei können alle, besonders auch die Teilnehmerinnen, die wichtigsten Aspekte aus ihrer Sicht einbringen. Hier können dann evtl. auch Themen vermerkt werden, die bei einem folgenden Treffen noch einmal aufgegriffen werden sollen.

Leitung der Veranstaltung / Kursleitung

Fachkompetenz drückt sich im Zusammenhang mit der Qualifizierung für Tagespflege zuallererst in der Fähigkeit aus, die für die Tagespflege typischen Situationen und Praxisprobleme zu kennen und in ihrer Bedeutung beurteilen und behandeln zu können. Es gibt außerdem eine fachliche Sicherheit im Sinne von Versiertheit in den relevanten Fachgebieten (z.B. Psychologie, Pädagogik) jenseits der Tagespflege. Eine solche fachliche Sicherheit kann in der Qualifizierung für Tagesmütter voll zum Tragen kommen, wenn dieses Wissen mit den für die Tagespflege typischen Situationen und Praxisproblemen verknüpft wird. Fachliche Sicherheit drückt sich z.B. auch darin aus, daß die Referentin/der Referent das Konzept einer Veranstaltung flexibel handhaben und auf die Bedarfe der Gruppe oder Einzelner eingehen kann.

Ein idealtypisches Profil für eine Fortbildnerin in der Tagespflege basiert auf den folgenden Kompetenzen: Eine in Tagespflege erfahrene Fachfrau, die aus einem eigenen Erfahrungsschatz schöpft bzw. fundierten Einblick in die wichtigen Praxisprobleme hat und zudem auch über Psychologie, Pädagogik und Erwachsenen-/Frauenbildung gut Bescheid weiß – in dem Sinne, daß sie Lust am lebendigen Lernen hat, sich als Moderatorin von Lern- und Entwicklungsprozessen begreift und die Teilnehmerinnen als Expertinnen anerkennen kann. Jede Annäherung an diese „Idealgestalt" ist für die Qualifizierung ein Gewinn.

Verfügt eine Referentin/ein Referent weder über eigene Erfahrungen noch über fundierte Kenntnisse in der Tagespflege, sollten sie/er unbedingt um so stärker die Erfahrungen teilnehmender Tagesmütter einbezogen werden. Selbstverständlich sind die Erfahrungen der Teilnehmerinnen auch für in der Tagespflege versierte ReferentInnen unverzichtbar.

Im günstigsten Fall hat eine Referentin/ein Referent eigene Erfahrungen im Bereich der Tagespflege oder findet Wege, sich das nötige Wissen über typische Situationen und Praxisprobleme verfügbar zu machen.

30. Als ReferentIn/KursleiterIn fühle ich mich fachlich sicher.

Stimmt Voll	Stimmt weitgehend	Stimmt teils/teils	Stimmt weitgehend nicht	Stimmt überhaupt nicht
☐	☐	☐	☐	☐

31. Ich bringe als ReferentIn/KursleiterIn in die Veranstaltung eigene Erfahrungen/Kenntnisse in der Tagespflege ein.

Stimmt Voll	Stimmt weitgehend	Stimmt teils/teils	Stimmt weitgehend nicht	Stimmt überhaupt nicht
☐	☐	☐	☐	☐

In den aus der Humanistischen Psychologie entstandenen Arbeitsformen für pädagogische Gruppensituationen wird die Herstellung einer persönlichen Beziehung auf der Grundlage von Offenheit und Ehrlichkeit, Selbst-Wahrnehmung, Beachtung der eigenen Gefühle und derjenigen der anderen als wichtigstes Moment von positiven Interaktionsprozessen verstanden. Als grundlegendes Element wird auch die Sprache der Annahme angesehen. Einer Referentin/einem Referenten kommt insoweit Vorbildfunktion zu, als sie/er den Teilnehmerinnen die Erfahrung des Angenommenseins und Respektiertseins als Person ermöglicht (in allen Widersprüchen und ‚Unzulänglichkeiten' und jenseits aller sachlichen Differenzen). Diese Erfahrung können die Teilnehmerinnen idealerweise dann auf den Umgang mit den Tages- und den eigenen Kindern sowie auf den Umgang mit den Eltern der Tageskinder übertragen.

32. Meine Haltung als ReferentIn/KursleiterIn gegenüber den Teilnehmerinnen ist zugewandt, wohlwollend und ermöglichend.

Stimmt Voll	Stimmt weitgehend	Stimmt teils/teils	Stimmt weitgehend nicht	Stimmt überhaupt nicht
☐	☐	☐	☐	☐

Ein konstruktiver Umgang mit Wünschen und Kritik von Teilnehmerinnen kann als Ausdruck einer gleichberechtigten Beziehung zwischen ReferentIn und Teilnehmerinnen verstanden werden, in der die Teilnehmerinnen als Expertinnen ihres eigenen Lebens- und Erfahrungshintergrundes anerkannt werden. Dazu bedarf es auf seiten der Referentin/des Referenten kommunikativer Kompetenz und Erfahrung, um bei flexibler Handhabung von Konzepten und teilnehmerorientiertem Unterrichtsstil den Überblick bei der Gestaltung der Veranstaltung zu behalten. Die Reife einer Referentin/eines Referenten zeigt sich darin, daß sie z.B. auch indirekte „Kritik" (wie Unruhe oder Lethargie) aufgreifen und thematisieren kann („Störungen gehen vor") anstatt „Stoff durchzuziehen". Hilfreich kann es sein, regelmäßig um Feedback zu bitten, evtl. schriftlich und anonym.

33. Die Teilnehmerinnen erhalten von mir als ReferentIn/KursleiterIn die Gelegenheit, eigene Wünsche und Kritik bezüglich Themen oder Methoden einzubringen.

Stimmt Voll	Stimmt weitgehend	Stimmt teils/teils	Stimmt weitgehend nicht	Stimmt überhaupt nicht
☐	☐	☐	☐	☐

Die Teilnehmerinnen werden ernst genommen und als Erwachsene gleichwertig angesprochen. Verschiedene Meinungen dürfen nebeneinander bestehen – wenn nötig gibt die Referentin/der Referent eine Deutungs- bzw. Einordnungshilfe.
Wichtig ist außerdem, im Kontakt mit den Teilnehmerinnen Anklänge an eine schulische Atmosphäre zu vermeiden. Viele Erwachsene haben in der Schule schlechte Erfahrungen gemacht und begegnen deshalb schulischen bzw. stark hierarchischen Lernsituationen mit diffuser Angst. Das größte Kompliment kann deshalb sein: „Es ist gar nicht wie in der Schule!"

34. Ich spreche als ReferentIn/KursleiterIn die Teilnehmerinnen partnerschaftlich an.

Stimmt Voll	Stimmt weitgehend	Stimmt teils/teils	Stimmt weitgehend nicht	Stimmt überhaupt nicht
☐	☐	☐	☐	☐

Anhang II: Selbstevaluationsbogen 203

Lernklima / Gruppenatmosphäre

In der Frauenbildungsforschung wird die Bedeutung des Gruppenklimas in Bildungsangeboten für Frauen besonders hervorgehoben. Durch die aufgrund weiblicher Sozialisation im allgemeinen ausgeprägte Sozial- und Beziehungskompetenz von Frauen stellt sich häufig recht schnell eine gute Basis für intensive Gruppenarbeit ein. Dennoch können z.B. mangelnde gegenseitige Akzeptanz/Toleranz, Konkurrenzgefühle, geringes Selbstwertgefühl oder starker Selbstdarstellungsdrang den Zusammenhalt einer Gruppe beeinträchtigen und die Gruppe lähmen.

Hier im Dienste eines positiven Gruppenklimas vermittelnd tätig zu werden, gehört zu den Qualitäten einer kompetenten Referentin/eines Referenten. Ein grundlegendes Wissen um gruppendynamische Prozesse und den Umgang damit ist dabei hilfreich.

35. Zwischen der Gruppe der Teilnehmerinnen und mir als Referentin/KursleiterIn besteht ein guter Kontakt.

Stimmt Voll	Stimmt weitgehend	Stimmt teils/teils	Stimmt weitgehend nicht	Stimmt überhaupt nicht
☐	☐	☐	☐	☐

Bei gutem Kontakt kann die Referentin/der Referent die Dynamik in der Gruppe und die Befindlichkeit einzelner Teilnehmerinnen wahrnehmen und, falls nötig, darauf reagieren. Ein guter Kontakt ist daran zu erkennen, daß ein Klima der Offenheit und des Vertrauens besteht und die Teilnehmerinnen nicht das Gefühl haben, sie müssen sich mit eigenen Anmerkungen zurückhalten. Ein guter Kontakt schließt aber nicht aus, daß sich die Referentin/der Referent sich ihrer/seiner Rolle bewußt bleibt und sich gegebenenfalls auch abgrenzen kann, wenn erwartet wird, daß sie/er zur persönlichen Freundin/zum Freund wird.

36. Das Gruppenklima ist partnerschaftlich und ermöglichend.

Stimmt Voll	Stimmt weitgehend	Stimmt teils/teils	Stimmt weitgehend nicht	Stimmt überhaupt nicht
☐	☐	☐	☐	☐

Interesse und Lebendigkeit können die Teilnehmerinnen am besten in einer entspannten Atmosphäre entwickeln, in der sie sich weder über- noch unterfordert fühlen. Insofern kann ihre (An-)Teilnahme am Gruppenprozeß auch ein geeignetes Meßinstrument dafür sein, wie sehr Inhalt und Form der Veranstaltung mit ihren Interessen und Bedürfnissen zusammengehen. Im Idealfall können die Teilnehmerinnen sich gelassen und mit Freude am Tun auf die Veranstaltung einlassen. Ein Merkmal für ein entspanntes Gruppenklima ist, wenn auch miteinander gelacht werden kann.

37. Die Teilnehmerinnen wirken interessiert, lebendig.

Stimmt Voll	Stimmt weitgehend	Stimmt teils/teils	Stimmt weitgehend nicht	Stimmt überhaupt nicht
☐	☐	☐	☐	☐

Das Gefühl des Miteinander-Vertraut-Seins stellt sich leichter ein, wenn sich die gleichen Teilnehmerinnen über mehrere Veranstaltungen hinweg in derselben Gruppenzusammensetzung treffen können. Dieser Prozeß wird außerdem unterstützt durch informelle Austauschmöglichkeiten im Rahmen der Veranstaltung (ausreichende Pausen, Kleingruppenarbeit).

38. Die Teilnehmerinnen sind in der Gruppe vertraut miteinander.

Stimmt Voll	Stimmt weitgehend	Stimmt teils/teils	Stimmt weitgehend nicht	Stimmt überhaupt nicht
☐	☐	☐	☐	☐

Äußerer Rahmen der Veranstaltung

39. Die Raumgröße ist für die Gruppe angemessen.

Stimmt Voll	Stimmt weitgehend	Stimmt teils/teils	Stimmt weitgehend nicht	Stimmt überhaupt nicht
☐	☐	☐	☐	☐

Da die Umgebung nicht unerheblichen Einfluß auf den Gruppenprozeß hat, sollte nach Möglichkeit versucht werden, einen angemessenen Raum zu finden. Zu große Räume können sich ebenso negativ auf eine Gruppe auswirken, wie zu kleine. Mit ungünstigen Gegebenheiten sollte konstruktiv umgegangen werden (z.B. Auflösung von frontalen Sitzordnungen). Für Kleingruppenarbeit sollten im Bedarfsfall geeignete Räume vorhanden sein (nach Möglichkeit anderes als Notlösungen wie ungeheizte, zugige Gänge)

40. Die Ausstattung des Raumes ist zweckmäßig.

Stimmt Voll	Stimmt weitgehend	Stimmt teils/teils	Stimmt weitgehend nicht	Stimmt überhaupt nicht
☐	☐	☐	☐	☐

Wünschenswert ist, daß Medien zur Verfügung stehen, die zur Arbeit in der Gruppe gebraucht werden (z.B. Flipchart, Moderationsmaterial, Video-Gerät, Kasettenrecorder).

41. Der äußere Rahmen ist angenehm.

Stimmt Voll	Stimmt weitgehend	Stimmt teils/teils	Stimmt weitgehend nicht	Stimmt überhaupt nicht
☐	☐	☐	☐	☐

Die Ergebnisse der Frauenbildungsforschung belegen, daß Frauen in ihrem Lernverhalten auch durch ein positives Ambiente positiv beeinflußt werden. So kann die Referentin/der Referent versuchen, die Räumlichkeiten bewußt freundlich zu gestalten (z.B. durch Blumen oder themenbezogene Plakate). Für die Zielgruppe der Tagesmütter ist es Alltag, andere zu versorgen. Um so dankbarer wird aufgenommen, wenn sie selbst in einer freundlichen Atmosphäre „verwöhnt" werden. In diesem Sinne ist es ausgesprochen günstig, wenn die Infrastruktur für die Pausen auch die Möglichkeit für Getränke/einen Imbiß zur Verfügung stellt. Natürlich verfügt nicht jedes Haus über einen Automaten oder gar eine Cafeteria. In diesen Fällen hat es sich auch bewährt, daß die Teilnehmerinnen selbst Getränke mitbringen. Für eine intensive Gruppenarbeit ist schließlich auch noch wichtig, daß sie geschützt ist vor allzu beeinträchtigenden Einflüssen aus der Umgebung (z.B. Unterbrechungen, stark ablenkende Lärmquellen in unmittelbarer Umgebung). Das strukturell bedingte Auftreten solcher Störfaktoren sollte nach Möglichkeit ausgeschlossen werden.

Literatur

Arnold, Rolf (Hrsg.)
Lebendiges Lernen. Grundlagen der Berufs- und Erwachsenenbildung Bd. 5, Baltmannsweiler 1996

Arnold, Rolf (Hrsg.)
Qualitätsentwicklung in der Erwachsenenbildung, Opladen 1997

Balser, Ingrid/Helbig, Petra/Hahn, Karin/Limbach-Perl, Marion/Kallert, Heide
Qualitätsentwicklung in der Tagespflege. Arbeitsergebnisse des Fachkolloquiums „Kinderbetreuung in der Tagespflege" an der Universität Frankfurt/M. 1997

Beywl, Wolfgang/Bettina Henze
Praxisbegleitende Trainigs in Selbstevaluation. Ein Einstieg in die Qualitätsentwicklung von unten. In: Päd Forum 3 (Juni) 1999, S. 211-218

Cohn, Ruth C.
Von der Psychoanalyse zur themenzentrierten Interaktion, Stuttgart 1991

Geißler, Karlheinz/Wolfgang Wittwer
Aus der Situation lernen. Seminarkonzepte zur Ausbildungsförderung, Bundesinstitut für Berufsbildung BIBB, Berlin 1994

Gieseke, Wiltrud (Hrsg.)
Feministische Bildung – Frauenbildung, Pfaffenweiler 1993

Gieseke, Wiltrud/Ruth Siebers
Zur Relativität von Methoden in erfahrungsverarbeitenden Lernkontexten, in: Arnold, Rolf (Hrsg.): Lebendiges Lernen. Grundlagen der Berufs- und Erwachsenenbildung Bd. 5, Baltmannsweiler 1996

Kallert, Heide/Petra Helbig
Das Tagespflege-Projekt Maintal. Berichte der wissenschaftlichen Begleitung. Frankfurt/Main Eigenverlag, 1994 und 1995

Löhmer, Cornelia/Standhardt, Rüdiger (Hrsg.)
TZI. Pädagogisch-therapeutische Gruppenarbeit nach Ruth C. Cohn, Stuttgart 1993

Rogers, Carl R.:
Freiheit und Engagement. Personenzentriertes Leben und Lernen, München 1984

Schiersmann, Christiane
Lernen Frauen anders? Analysen und Konsequenzen für die Gestaltung von Unterricht, in: Angelika Wenger-Hadwig (Hrsg.): Feministische Pädagogik? Ein Problem, das alle angeht, Innsbruck 1997

Schicke, Hildegard
Selbstevaluation in der Weiterbildung/Frauenbildung. Hrsg.: Koordinierungs- und Beratungszentrum für die Weiterbildung von Frauen (KOBRA), Berlin 1997

Siebert, Horst
Entwicklungen und Paradigmen der Erwachsenenbildungsforschung. In: Grundlagen der Weiterbildung e.V. (Hrsg.) Grundlagen der Weiterbildung – Praxishilfen Loseblatt-Sammlung 1989 f, Neuwied 1998

von Spiegel, Hiltrud
Aus Erfahrung lernen. Qualifizierung durch Selbstevaluation, Münster 1993

von Spiegel, Hiltrud
Selbstevaluation als Mittel beruflicher Qualifizierung. In: Heiner, Maja (Hgin): Selbstevaluation als Qualifizierung in der sozialen Arbeit, Freiburg i.Br. 1994

Vock, Rainer
Selbstevaluation in Qualifizierungs- und Beschäftigungsprojekten, Teil 1: Theoretische und methodische Grundlagen, Teil 2: Praktische Anwendungsmöglichkeiten. Reihe: hiba-weiterbildung Band 20/05, Heidelberg 1998

Literatur

Abelmann-Vollmer, Katharina/Honkanen-Schoberth, Paula (2000): Starke Eltern – Starke Kinder. Elternkurs. Wege zur gewaltfreien Erziehung. Redemanuskript der Autorinnen anläßlich der Tagung von BMFSFJ und DJI „Gewaltfreies Erziehen in Familien – Schritte der Veränderung" am 21./22. März 2000 in Berlin

Abts, Gisela/Vanderheiden, Elisabeth (1999): Qualität des Angebots – didaktische Prinzipien. In: Qualitätsentwicklung – Frauen gehen in die Offensive. Dokumentation der Tagung v. 17.10.1999 in Mainz, hg. vom Sachausschuß Frauenbildung des Landesbeirates für Weiterbildung in Rheinland-Pfalz

Andres, Beate (1999): Leben lernen in der Tagespflege. In: tagesmütter Bundesverband für Kinderbetreuung in Tagespflege e.V. (Hg.): Bundesfachkongreß zur Kinderbetreuung in Tagespflege – Dokumentation, Meerbusch, S. 16-22

Andres, Beate (1989): Tagesmütter. Frauen zwischen privater und öffentlicher Mütterlichkeit. In: Klewitz, M./Schildmann, U./Wobbe, Th. (Hg.): Frauenberufe – hausarbeitsnah? Pfaffenweiler: Centaurus Verlag, S. 219-243

Arbeitsgemeinschaft für Jugendhilfe als Deutsches Nationalkomitee der Weltorganisation für frühkindliche Erziehung (1999, 2. Aufl.): Der Erzieherinnenberuf im europäischen Kontext. Qualifizierungsziele und -empfehlungen. Stellungnahme, verabschiedet vom Vorstand der Arbeitsgemeinschaft für Jugendhilfe am 26.11.1998, Bonn

Arbeitsgruppe Tagesmütter (1980): Das Modellprojekt „Tagesmütter" – Abschlußbericht der wissenschaftlichen Begleitung (Schriftenreihe des Bundesministers für Jugend, Familie und Gesundheit, Band 85). Stuttgart, Berlin, Köln, Mainz (vergriffen)

Arnold, Rolf (Hg.) (1996 a): Lebendiges Lernen. Grundlagen der Berufs- und Erwachsenenbildung Band 5

Arnold, Rolf (1996 b): „Lebendiges Lernen ist eine notwendige, aber keine hinreichende Voraussetzung von Bildung!". In: Arnold, Rolf (Hg.): Lebendiges Lernen. Grundlagen der Berufs- und Erwachsenenbildung Band 5, S. 1-7

Arnold, Rolf (1996 c): Deutungslernen in der Erwachsenenbildung. Z.f.Päd., 42. Jg., 1996, Nr. 5, S. 719–730

Arnold, Rolf/Schüßler, Ingeborg (1996): Deutungslernen – ein konstruktivistischer Ansatz lebendigen Lernens, in: Arnold, Rolf (Hg.): Lebendiges Lernen. Grundlagen der Berufs- und Erwachsenenbildung Band 5, S. 184-206

Arnold, Rolf (1994): Qualitätssicherung in der Weiterbildung, in: GdWZ 51, S. 6-10

Baake, Dieter (1999): Die 0-5 Jährigen. Einführung in die Probleme der frühen Kindheit, Weinheim und Basel

Benard, Christiane/Schlaffer, Edith (1983): Frauenkarrieren an der Universität. Oder: Gibt es doch einen weiblichen Masochismus? In: Pusch, Luise (Hg.): Feminismus. Inspektion der Herrenkultur, Frankfurt/M.
Bewyl, Wolfgang/Henze, Bettina (1999): Praxisbegleitende Trainings in Selbstevaluation. Ein Einstieg in die Selbstevaluation von unten. In: Päd Forum 3, S. 211-218
Bögemann-Großheim, Ellen/Handgraaf, Marietta (2000): Problemorientiertes Lernen (POL) als didaktischer Ansatz in der Qualifizierung von Tagespflegepersonen. Unveröffentlichte Expertise für das DJI-Projekt „Entwicklung und Evaluation curricularer Elemente zur Qualifizierung von Tagespflegepersonen", Duisburg
Bögemann-Großheim, Ellen/Brendel, Sabine (1998): Kann Lernen auch Spaß machen? Problemorientiertes Lernen (POL) in der Pflegeaus- und weiterbildung, In: Mabuse 115 September/Oktober, S. 24-25
Böhnisch, L./Münchmeier, R. (1993): Pädagogik des Jugendraums. Zur Begründung und Praxis einer sozialräumlichen Jugendpädagogik
Bronfenbrenner, Urie (1980): Ökologie der menschlichen Entwicklung, Stuttgart
Bronfenbrenner, Urie (1990): Sozialökologie. In: Kruse, L./Graumann, C.-F. u. Lantermann, E.-D. (Hg.): Ökologische Psychologie. Ein Handbuch in Schlüsselbegriffen, München, S. 75-79
Bronfenbrenner, Urie (1993): „Universalien der Kindheit?" Interview: Donata Elschenbroich. In: Deutsches Jugendinstitut (Hg.): Was für Kinder. Aufwachsen in Deutschland. Ein Handbuch. München: Kösel Verlag, S. 74-79
Bundesinstitut für Berufsbildung BIBB (Hg.) (1997): Qualitätssicherung und Chancengleichheit in der beruflichen Aus- und Weiterbildung von Frauen, Berlin
Bundesministerium für Familie, Senioren, Frauen und Jugend (Hg.) (1999): Die Rechte der Kinder von logo einfach erklärt, Berlin
Bundesministerium für Familie, Senioren, Frauen und Jugend (Hg.) (1998): Übereinkommen über die Rechte des Kindes, Bonn
Bundesministerium für Familie, Senioren, Frauen und Jugend (Hg.) (1998): Leitfaden für Selbstevaluation und Qualitätssicherung. QS 19 aus der Reihe Materialien zur Qualitätssicherung in der Kinder- und Jugendhilfe, Autorin: Christiane Liebald, Bonn
Bundesministerium für Familie, Senioren, Frauen und Jugend (Hg.) (1996) : Kinderbetreuung in Tagespflege. Tagesmütter-Handbuch, Stuttgart, Berlin, Köln
Chamberlain, Sigrid (1998): Adolf Hitler, die deutsche Mutter und ihr erstes Kind. Über zwei NS-Erziehungsbücher, Gießen
Deutsches Institut für Erwachsenenbildung DIE (Hg.) (1995): Qualität in der Weiterbildung. Dokumentation DIE-Kolloquium 1995, DIE-Materialien für Erwachsenenbildung 3, Frankfurt/M.
Dichans, Wolfgang (1998): Entstehungsgeschichte und Stellenwert des Modellprojekts. Statement bei der Eröffnungstagung zum Modellprojekt „Entwicklung und Evaluation curricularer Elemente zur Qualifizierung von Tagespflegepersonen". In: Projekt-Rundbrief 1/98 (projektinternes, unveröffentlichtes Manuskript), S. 7-9
Dichans, Wolfgang (1996): Qualität in der Tagespflege: Anspruch – Wirklichkeit – Perspektiven. In: tagesmütter, 4/1996, tagesmütter Bundesverband (Hg.), S. 3-6
Dreier, Annette (1999): Was tut der Wind, wenn er nicht weht? Begegnung mit der Kleinkindpädagogik in Reggio Emilia, Neuwied/Berlin

Enders-Dragässer, Uta/Fuchs, Claudia (Hg.) (1990): Frauensache Schule. Aus dem deutschen Schulalltag: Erfahrungen, Analysen, Alternativen, Frankfurt/M.

Enders-Dragässer, Uta/Fuchs, Claudia (Hg.) (1989): Interaktionen der Geschlechter. Sexismusstrukturen in der Schule, Weinheim

Erler, Gisela (1996): Tagesmütter und Pflegekinder – Einblicke in ein Erziehungsgefüge. In: Bundesministerium für Familie, Senioren, Frauen und Jugend (Hg.): Kinderbetreuung in Tagespflege. Tagesmütter-Handbuch. Stuttgart, Berlin, Köln: Kohlhammer-Verlag, S. 269-299

Faulstich, Hannelore (1993): Auswirkungen der Sozialisation auf Lernen und Lehren. In: Deutsches Institut für Fernstudien an der Universität Tübingen, Arbeitskreis „Frauen und Weiterbildung" (Hg.): Frauen in der Weiterbildung – Lehren und Lernen – Dokumentation der Arbeitstagung vom 26.2. bis 27.2.1993 in Tübingen, Tübingen, S. 14-33

Faulstich, Peter (1991): Qualitätskriterien für die Erwachsenenbildung als Fokus der Berufsbildungsforschung. In: Meifort, B./Sauter, E. (Hg.): Qualität in der beruflichen Weiterbildung. Ergebnisse eines Workshops des Bundesinstituts für Berufsbildung, 27./28. Juni 1990, Bundesinstitut für Berufsbildung. Der Generalsekretär (Hg.), Tagungen und Expertengespräche zur beruflichen Bildung, Heft 11, Berlin, S. 188f.

Faulstich, Peter (1988): Qualitätskriterien für Bildungsangebote im Bereich Informationstechniken. Modellversuch Qualifizierungsberatung (Hg.), Kassel

„Fehler im Programm" (1992). In: test, 27. Jg., Heft 8, S. 24-28

Flade, A./Achnitz, C. (1991): Der alltägliche Lebensraum von Kindern. Ergebnisse und eine Untersuchung zum home range. Hg. vom Institut Wohnen und Umwelt, Darmstadt

Flick, Uwe (1995): Qualitative Forschung. Theorie, Methoden, Anwendung in Psychologie und Sozialwissenschaften, Reinbek bei Hamburg

Frinke-Dammann, Susanne/Scholz, Reiner (1998): Tagesmütter. Eine Orientierungshilfe, Reinbek bei Hamburg

Freudenreich, Dorothea/Diehl, Uta u.a. (1996): Die Themenzentrierte Interaktion – ein Modell des Gruppenleitens. In: Arnold, Rolf (Hg.): Lebendiges Lernen. Grundlagen der Berufs- und Erwachsenenbildung Band 5, S 57-75

Gerszonowicz, Eveline (1993): Tagespflege: Notlösung oder Alternative? Berlin: Eveline Gerszonowicz Pädagogischer Verlag

Gieseke, Wiltrud (1997): Die Qualitätsdiskussion aus erwachsenenpädagogischer Sicht. Was bedeutet Qualität in der Erwachsenenpädagogik?. In: Arnold, Rolf (Hg.): Qualitätssicherung in der Erwachsenenbildung, Opladen, S. 29-47

Gieseke, Wiltrud (1997 a): Von der fehlenden Liebe zum eigenen Geschlecht. In: Gieseke, Wiltrud (Hg.): Feministische Bildung – Frauenbildung, Pfaffenweiler, S. 41-55

Gieseke, Wiltrud (1997 b): Frauenbildung in der Geschlechterdifferenz. Zwischen Qualifizierung und feministischer Bildung. In: Gieseke, Wiltrud (Hg.): Feministische Bildung – Frauenbildung, Pfaffenweiler, S. 1-16

Gieseke, Wiltrud (Hg) (1997 c): Feministische Bildung – Frauenbildung, Pfaffenweiler

Gieseke, Wiltrud (1997 d): Frauenbildung in der Geschlechterdifferenz – Zwischen Qualifizierung und feministischer Bildung. In: Gieseke, Wiltrud (Hg.): Feministische Bildung – Frauenbildung, Pfaffenweiler, S. 9f.

Gieseke, Wiltrud (1997 e): Evaluation in der Weiterbildung. Gutachten für das Landesinstitut für Schule und Weiterbildung, Soest

Gieseke, Wiltrud/Siebers, Ruth (1996 a): Zur Relativität von Methoden in erfahrungsverarbeitenden Lernkontexten. In: Arnold, Rolf (Hg.): Lebendiges Lernen. Grundlagen der Berufs- und Erwachsenenbildung Band 5, S. 207-214
Gieseke, Wiltrud (1995): Qualität in der Weiterbildung – eine pädagogische Aufgabe? In: Qualität in der Weiterbildung. Dokumentation DIE-Kolloquium 1995, DIE Materialien für Erwachsenenbildung 3. Hg. vom Deutschen Institut für Erwachsenenbildung, Frankfurt/M, S. 20-27
Gieseke, Wiltrud (1995 a): Emotionalität in Bildungsprozessen Erwachsener. In: REPORT Nr. 35, Literatur- und Forschungsreport Weiterbildung Juni 1995, S. 38-46
Gieseke, Wiltrud u.a.: (1995): Erwachsenenbildung als Frauenbildung. Hg. von der Pädagogischen Arbeitsstelle des Deutschen Volkshochschul-Verbandes (DIE), Bad Heilbrunn
Gnahs, Dieter (1995): Weiterbildungsqualität aus Sicht der Teilnehmenden. In: REPORT, Literatur- und Forschungsreport Weiterbildung, Wissenschaftliche Halbjahreszeitschrift, Deutsches Institut für Erwachsenenbildung (Hg.), Nr. 35, S. 62-68
Gordon, Thomas (1999 a): Familienkonferenz in der Praxis. Wie Konflikte mit Kindern gelöst werden, München
Gordon, Thomas (1999 b): Die Neue Familienkonferenz. Kinder erziehen ohne zu strafen, Hamburg
Gordon, Thomas (1976): Familienkonferenz. Die Lösung von Konflikten zwischen Eltern und Kind, Hamburg
Gordon, Thomas (1972): Familienkonferenz. Die Lösung von Konflikten zwischen Eltern und Kind. Hamburg
Grüner, Herbert (1993): Evaluation und Evaluationsforschung im Bildungswesen. In: Pädagogische Rundschau, Heft 47, S. 29–52
Günther, Christine (1998): „Ich schlichte nicht, und ich ergreife keine Partei". In: Dittrich, Gisela/Dörfler, Mechthild/Schneider, Kornelia: Konflikte unter Kindern beobachten und verstehen. München: Deutsches Jugendinstitut, (Bezug: Deutsches Jugendinstitut, Nockherstr. 2, 81541 München)
Handgraaf, Marietta/Bögemann-Großheim, Ellen (2000): Problemorientiertes Lernen (POL) als didaktischer Ansatz in der Qualifizierung von Tagespflegepersonen. Unveröffentlichte Expertise im Auftrag des Projekts „Qualifizierung in der Tagespflege", Deutsches Jugendinstitut
Heiner, Maja (1998): Lernende Organisation und Experimentierende Evaluation. Verheißungen Lernender Organisationen. In: Heiner, Maja (Hg.): Experimentierende Evaluation. Ansätze zur Entwicklung lernender Organisationen, Weinheim/München, S. 11-55
Heiner, Maja (1996): Evaluation zwischen Qualifizierung, Qualitätsentwicklung und Qualitätssicherung. In: Heiner, Maja (Hg.): Qualitätsentwicklung durch Evaluation. Freiburg im Breisgau, S. 20-48
Holenstein, Hildegard (1999): Fähig werden zur Selbstevaluation: Erfahrungsberichte und Orientierungshilfen, Zürich
Horstkemper, Marianne (1991): Geschlecht und Selbstvertrauen. Eine Längsschnittstudie über Mädchensozialisation in der Schule, Weinheim/München
Juul, Jesper (2000): Grenzen, Nähe, Respekt. Wie Eltern und Kinder sich finden, Reinbek bei Hamburg
Juul, Jesper (1997): Das kompetente Kind. Auf dem Weg zu einer neuen Wertgrundlage für die ganze Familie, Reinbek bei Hamburg

Kade, Sylvia (1991): Frauenbildung: Eine themenorientierte Dokumentation, hg. von der Pädagogischen Arbeitsstelle, Deutscher Volkshochschulverband, Frankfurt/M.
Kallert, Heide/Helbig, Petra (1994, 1995): Das Tagespflege-Projekt Maintal. Berichte der wissenschaftlichen Begleitung, Frankfurt/M.
Karlsson, Malene (1995): Familientagespflege in Europa. Hrsg.: Europäische Kommission, Netzwerk Kinderbetreuung. (Bezug: Deutsches Jugendinstitut, Abtl. Familie, Ursula Schindler, Nockherstr. 2, 81541 München)
Kellner, Hedwig (1995): Konferenzen, Sitzungen, Workshops effizient gestalten, München/Wien
Knoll, Jörg (1992): Kurs- und Seminarmethoden. Ein Trainingsbuch zur Gestaltung von Kursen und Seminaren, Arbeits- und Gesprächskreisen. Weinheim/Basel
Krauß,Günter/Zauter, Sigrid (1993): Kindertagespflege in Hamburg. (Hg. und Bezug: Behörde für Schule, Jugend und Berufsbildung, Amt für Jugend. Postfach 760608, 20083 Hamburg)
Kurth, Tanja (1999): Tagesmutter. Kinderbetreuung mit Familienanschluß. Was Eltern und Tagesmütter wissen wollen, München
Laewen, Joachim/Andres, Beate/Hedervari, Eva (1990): Ohne Eltern geht es nicht. Die Eingewöhnung von Kindern in Krippen und Tagespflegestellen, Berlin
Laewen, Joachim/Hedervari, Eva/Andres, Beate (1992): Forschungsbericht zur Stabilität von Tagespflegestellen und Pflegeverhältnissen in Berlin (West), INFANS Forschungsbericht 1, Berlin
Landesverband der Volkshochschulen Niedersachsens e.V. (Hg.) (1997): Qualitätssicherung in der Volkshochschule. Fragenkatalog zur Selbstevaluation, Hannover
Leohnard, Hans-Walter (1996): Teil I: Natur und Geschlecht. In: Hopfner, Johanna/Leonhard, Hans-Walter: Geschlechterdebatte. Eine Kritik, Bad Heilbronn, S. 23-27
Liedloff, Jean (1993): Auf der Suche nach dem verlorenen Glück. Gegen die Zerstörung unserer Glücksfähigkeit in der frühen Kindheit, München
Lipp, Ulrich/Will, Hermann (1996): Das große Workshop-Buch. Konzeption, Inszenierung und Moderation von Klausuren, Besprechungen und Seminaren, Weinheim/Basel
Lutter, Elisabeth (1999): Fahrplan Familienpädagogik. Berufsbild und Berufsausbildung für Tagesmütter und Pflegeeltern. Eine Dokumentation des EU-Projektes „Cinderella", Wien
Lutter, Elisabeth (Hg.) (1999): Kleines Handbuch zur Tagespflege, Wien
Mayring, Philipp (1990): Einführung in die qualitative Sozialforschung, München
Meinhardt-Bocklet, Henriette (1995): Qualitätssicherung und Fortbildung. In: Qualität in der Weiterbildung, Dokumentation DIE-Kolloquium 1995, DIE, Materialien für Erwachsenenbildung 3, hg. vom Deutschen Institut für Erwachsenenbildung, Frankfurt/M, S. 80-81
Merkens, Hans (1997): Stichproben bei qualitativen Studien. In: Friebertshäuser, Barbara/Prengel, Annedore (Hg.): Handbuch Qualitative Forschungsmethoden in der Erziehungswissenschaft, Weinheim/München, S. 97-106
Mies, Maria (1978): Methodische Postulate zur Frauenforschung. In: Beiträge zur feministischen Theorie und Praxis, H. 1
Minnesota Extension Service, University of Minnesota (1995–1999): Positive Parenting (1-3). A Video based Parent Education Curriculum, Project Leader and Executive Producer: Ronald L. Pitzer

Miller, Alice (1994): Das Drama des begabten Kindes und die Suche nach dem wahren Selbst. Eine Um- und Fortschreibung, Frankfurt/M.

Miller, Alice (1980): Am Anfang war Erziehung, Frankfurt/M.

Müller, Gerd F./Moskau, Gaby (1978): Elterntraining: Familienleben als Lernprozeß. Ein Praxisbuch zur Erleichterung der Erziehung, Köln

National Childminding Association (1993; Hg.): The Key to Quality. A Guide and Resource Material for Training Childminders, Bromley (Großbritannien)

Nuissl, Ekkehard (1995): Qualität und Markt. Pädagogische Kommentierungen zu den Aufgeregtheiten der Qualitätsdebatte. In: Qualität in der Weiterbildung. Dokumentation DIE-Kolloquium 1995, DIE-Materialien für Erwachsenenbildung 3, hg. vom Deutschen Institut für Erwachsenenbildung, Frankfurt/M., S. 8-20

Nußhart, Christine (2000): Familienkompetenzen als Basisqualifikation von Tagespflegepersonen – Konsequenzen für die Konzipierung von Tagespflege-Fortbildungsprogrammen (unveröffentlichte Expertise, die im Rahmen des Modellprojekts angefertigt wurde)

PAG Institut für Psychologie (Hg.) (1999): Triple P – Positives Erziehungsprogramm. Deutsche Bearbeitung von Christoph-Dornier-Stiftung für Klinische Psychologie, Münster

Poljak, Inge/Pulz, Lisa (2000): Tagelöhnerinnen im Bildungsbereich. In: Erziehung und Wissenschaft, 11/2000, hg. von der Gewerkschaft für Erziehung und Wissenschaft (GEW), S. 27-28

Pusch, Luise F. (1990): Alle Menschen werden Schwestern, Frankfurt/M.

Rabenstein, Reinhold (1996): Lernen kann auch Spaß machen. Einstieg, Aktivierung, Reflexion: Themen bearbeiten in Gruppen, Münster

Reischmann, Jost (1996), Kursbeurteilungsbogen KBB (Beiheft, Kopiervorlagen, Auswertungsprogramm), Tübingen/Bamberg

Reischmann, Jost/Dieckhoff, Klaus (1996): „Da habe ich wirklich was gelernt!". In: Arnold, Rolf (Hg.): Lebendiges Lernen. Grundlagen der Berufs- und Erwachsenenbildung Band 5, S. 162-183

Reischmann, Jost (1995): Kursbeurteilungsbogen KBB. Ein Fragebogeninstrument zur Messung der Qualität von Weiterbildungskursen. In: Arbinger, R. /Jäger, R. S. (Hg.): Zukunftsperspektiven empirisch-pädagogischer Forschung (Empirische Pädagogik, Beiheift 4), Landau, S. 269-279

Rogers, Carl R. (1988): Die klientzentrierte Gesprächspsychotherapie, Frankfurt/M.

Rogers, Carl R. (1974): Lernen in Freiheit, München

Sauer, Ursula (1993): Qualifizierungsmaßnahmen für Frauen als Möglichkeit zur Identitätsbildung und Subjektwerdung. In: Wiltrud Gieseke (Hg.): Feministische Bildung – Frauenbildung, Pfaffenweiler, S. 91-102

Save the Children (Hg.) (1999): We can work it out. Parenting with confidence. A training pack for parenting groups, London. Zu beziehen über: Publication Sales, Save the Children, 17 Grove Lane, London SE5 8RD, Fax: GB – 0171 708 2508

Save the Children (Hg.) (1996): Let's work together, Managing children's behaviour. A resource for everyone who works with other people's children, London. Zu beziehen über: Publication Sales, Save the Children, 17 Grove Lane, London SE5 8RD, Fax: GB – 0171 708 2508

Schäfer, G. E. (1995): Bildungsprozesse im Kindesalter. Grundlagentexte Pädagogik

Schicke, Hildegard (1999): Qualitätssicherung und Frauenbildung. In: Qualitätsentwicklung – Frauen gehen in die Offensive. Hg. vom Sachausschuss Frauenbildung des Landesbeirates für Weiterbildung in Rheinland-Pfalz, Dokumentation der Tagung v. 17.10.1999

Schicke, Hildegard (1999): Selbstevaluation in der Weiterbildung/Frauenbildung, hg. vom Koordinierungs- und Beratungszentrum für die Weiterbildung von Frauen (KOBRA), Berlin

Schiersmann, Christiane (1997): Lernen Frauen anders? Analysen und Konsequenzen für die Gestaltung von Unterricht. In: Wenger-Hadwig, Angelika (Hg.): Feministische Pädagogik? Ein Problem, das alle angeht, Innsbruck/Wien, S. 50-71

Schiersmann, Christiane (1997 a): Lernen Frauen anders? Geschlechtsdifferente Aspekte des Sprach- und Kommunikationsverhaltens und Konsequenzen für die Weiterbildung. In: Grundlagen der Weiterbildung e.V. (Hg.): Grundlagen der Weiterbildung. Praxishilfen. Teil 8. Neuwied, Berlin, S. 50-71

Schlutz, Erhard (1995): Zur Qualitätssicherung als Professionsaufgabe. In: Qualität in der Weiterbildung. Dokumentation DIE-Kolloquium 1995. In: DIE Materialien für Erwachsenenbildung 3, hg. vom Deutschen Institut für Erwachsenenbildung, Frankfurt/M., S. 27-36

Schmidt, Jens U. (2000): Erfassen neue Prüfungsformen wirklich berufliche Handlungskompetenz? In: Berufsbildung in Wissenschaft und Praxis 2/2000, S. 11-16

Schründer-Lenzen, Agi (1997): Triangulation und idealtypisches Verstehen in der (Re-)Konstruktion subjektiver Theorien. In: Friebertshäuser, Barbara/Prengel, Annedore (Hg.): Handbuch Qualitative Forschungsmethoden in der Erziehungswissenschaft, Weinheim, S.107-117

Schumann, Marianne (2000): Modellprojekt „Qualifizierung in der Tagespflege". Zusammenfassung wichtiger Ergebnisse. In: ZeT. Zeitschrift für Tagesmütter und –väter, Heft 6, (Auskunft betr. Abonnement der Zeitschrift: *tagesmütter* Bundesverband für Kinderbetreuung in Tagespflege e.V., Breite Str. 2, 40670 Meerbusch, Tel. 02159/1377), S. 24-26

Schumann, Marianne (1998): Qualität in der Tagespflege – alte Fragen neu gestellt. In: Joachim Merchel (Hg.): Qualität in der Jugendhilfe. Kriterien und Bewertungsmöglichkeiten, Münster, S. 202-220

Schumann, Marianne (1996): Qualifizierung von Tagespflegepersonen durch Aus- und Fortbildung, in: Bundesministerium für Familie, Senioren, Frauen und Jugend (Hg.): Kinderbetreuung in Tagespflege. Tagesmütter-Handbuch, Stuttgart, S. 351-407

Schumann, Marianne/Stempinski, Susanne (1998): Modellprojekt „Entwicklung und Evaluation curricularer Elemente zur Qualifizierung von Tagespflegepersonen". Forum 4 des Fachkongresses. In: tagesmütter Bundesverband für Kinderbetreuung in Tagespflege e.V. (Hg.): Bundesfachkongreß zur Kinderbetreuung in Tagespflege – Dokumentation, Meerbusch , S. 45-48

Seckinger, Mike/van Santen, Eric (2000): Tagesmütter. Empirische Daten zur Tagespflege in Deutschland. In: Soziale Arbeit, Heft 4, S. 144-149

Siebert, Horst (1998): Entwicklungen und Paradigmen der Erwachsenenbildungsforschung. In: Grundlagen der Weiterbildung e.V. (Hg.): Grundlagen der Weiterbildung – Praxishilfen, Neuwied, Kap. 8.10, S. 1-17

Sonntag, Ute (1993): Die Opferrolle überwinden. Frauenspezifische Aspekte der Umsetzung des Empowermentkonzeptes. In: Blätter der Wohlfahrtspflege – Deutsche Zeitschrift für Sozialarbeit 2/93, S. 50-51

von Spiegel, Hiltrud (1993): Aus Erfahrung lernen. Qualifizierung durch Selbstevaluation (Diss.), Münster

Stalmann, Franziska (1996): Die Schule macht die Mädchen dumm. Die Probleme mit der Koedukation, München
Stich, Jutta (1980): Die Tagesmütter – ihre Erfahrungen im Modellprojekt. In: Arbeitsgruppe Tagesmütter: Das Modellprojekt „Tagesmütter" – Abschlußbericht der wissenschaftlichen Begleitung. Stuttgart, Berlin, Köln, Mainz: Kohlhammer-Verlag (Band 85 der Schriftenreihe des Bundesministers für Jugend, Familie und Gesundheit), S. 99-146
Stiegler, Barbara (1992): Vom gesellschaftlichen Umgang mit den Qualifikationen von Frauen – eine Kritik des herrschenden Qualifikationskonzeptes. Hg. vom Forschungsinstitut der Friedrich-Ebert-Stiftung, Bonn
Stockmann, Rita (1993): Qualitätsaspekte beruflicher Weiterbildung, hg. vom Bundesinstitut für Berufsbildung, Berlin und Bonn
Strittmatter, Anton (1999): Selbstevaluation. Jenseits von Nabelschau und Kontrolltheater. In: Päd. Forum 3 (Juni), S. 227 – 231
tagesmütter Bundesverband für Kinderbetreuung in Tagespflege e.V. (Hg.)(1997): Tagespflege-Curriculum zur Qualifizierung von Tagespflegepersonen – Werkstattausgabe, Meerbusch
Textor, Martin (1998): Familientagespflege. In: Fthenakis, Wassilios E./Textor, Martin R. (Hg.): Qualität von Kinderbetreuung: Konzepte, Forschungsergebnisse, internationaler Vergleich, Weinheim/Basel, S. 75-86
Tomitza, Sven (2000) : Meine Mutter hat noch andere Kinder. Der Sohn einer Tagesmutter berichtet über seine Erfahrungen. In : ZeT Zeitschrift für Tagesmütter und- väter. Heft 2, März 200, S. 20-21
Trimpin, Ursula (1998): 20 Jahre tagesmütter Bundesverband e.V.. In: tagesmütter, 3/1998, Zeitschrift, hg. vom tagesmütter Bundesverband, Meerbusch, S. 7-10
Tröml-Plötz, Senta (Hg.) (1996): Frauengespräche: Sprache der Verständigung, Frankfurt/M.
Tröml-Plötz, Senta (1991): Vatersprache, Mutterland. Beobachtungen zu Sprache und Politik, München
Vester, Frederic (1978): Denken, Lernen, Vergessen. Was geht in unserem Kopf vor, wie lernt das Gehirn und wann läßt es uns im Stich? München
Vock, Rainer (1998): Selbstevaluation in Qualifizierungs- und Beschäftigungsprojekten, Teil 1: Theoretische und methodische Grundlagen, Teil 2: Praktische Anwendungsmöglichkeiten, Reihe: hiba-weiterbildung, Band 20/05, Heidelberg
Voigt, Jörg (1997): Unterrichtsbeobachtung. In: Friebertshäuser, Barbara/Prengel, Annedore (Hg.): Handbuch Qualitative Forschungsmethoden in der Erziehungswissenschaft, München/Weinheim, S. 785-794
Weidenmann, Bernd (1995): Erfolgreiche Kurse und Seminare. Professionelles Lernen mit Erwachsenen, Weinheim/Basel
Weigel, Nicole/Seckinger, Mike/van Santen, Eric/Markert, Andreas (1999): Freien Trägern auf der Spur – Analysen zu Handlungsfeldern und Strukturen der Jugendhilfe, München
Weisel, Barbara (1998): „Wir sind die Volkshochschule"? In: DIE – Zeitschrift für Erwachsenenbildung, 1/98, S. 37-39
Wiesner, Reinhard u.a. (2000): SGB VIII, Kinder- und Jugendhilfe, München
Zimbardo, Philip G. (1992): Psychologie, Berlin u.a.

DISKURS

Studien zu Kindheit, Jugend, Familie und Gesellschaft
Herausgegeben vom Deutschen Jugendinstitut, München (DJI)
Vertrieb über den Verlag Leske + Budrich
Erscheint dreimal jährlich.
Jahresabonnement 57,– DM, Einzelheft 24,– DM
jeweils zuzüglich Versandkosten.

■ Leske + Budrich
Postfach 30 05 51 · 51334 Leverkusen · www.leske-budrich.de

Aktuelle Titel des DJI:

Alois Weidacher (Hrsg.)
In Deutschland zu Hause
Politische Orientierungen griechischer,
italienischer, türkischer und deutscher
junger Erwachsener im Vergleich
DJI-Ausländersurvey
2000. 291 Seiten. Kart.
48,– DM/44,50 SFr/350 ÖS
ISBN 3-8100-2508-9

Der Band informiert über Ähnlichkeiten
und Unterschiede in politischen Orientierungen,
Einstellungen und Engagements
bei griechischen, italienischen, türkischen
und deutschen jungen Erwachsenen in Deutschland.

Martina Gille
Winfried Krüger (Hrsg.)
Unzufriedene Demokraten
Politische Orientierungen der 16- bis 29jährigen
im vereinigten Deutschland
DJI-Jugendsurvey 2
2000. 481 Seiten. Kart.
39,80 DM/37,– SFr/291 ÖS
ISBN 3-8100-2558-5

In diesem Buch werden auf der Grundlage
einer repräsentativen Studie zentrale Aspekte zu
Stand und Entwicklung des Verhältnisses Jugendlicher
und junger Erwachsener zur Politik dargestellt.

Walter Bien
Richard Rathgeber (Hrsg.)
Die Familie in der Sozialberichterstattung
Ein europäischer Vergleich
DJI-Familiensurvey 8
2000. 257 Seiten. Kart.
48,– DM/44,50 SFr/350 ÖS
ISBN 3-8100-2532-1

Das Buch soll zur wissenschaftlichen
und politischen Diskussion über
die amtliche Sozialberichterstattung beitragen.

■ **Leske + Budrich · www.leske-budrich.de**